지방 창생

CHIHOU SHOUMETSU 2 by Jinkousenryakukaigi

지방 창생

지방 소멸 이후, 다시 쓰는 국가 생존 시나리오

인구전략회의 지음

김영혜 옮김

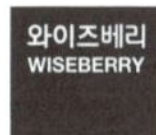

와이즈베리
WISEBERRY

일본은 인구 감소 시대에 진입했습니다. 지금의 흐름이 바뀌지 않으면 2023년 1억 2,400만 명이었던 인구는 2100년에 6,300만 명으로 감소하리라 예상됩니다. 인구가 절반으로 줄어드는 전례 없는 사태를 눈앞에 두고 있습니다.

현재 상황을 유지할 경우 일본 경제의 축소라는 혼란에 휘말릴 것입니다. 점점 국부를 잃어갈 뿐만 아니라 사회보장조차 유지하기가 매우 어려워질 것입니다. 국제적인 위치 또한 계속 낮아져 '소국'으로 살아가야 할 것입니다. 많은 사람이 일본의 미래를 내다보며 이 같은 불안감을 토로합니다.

이러한 저출생의 흐름을 아무런 대책 없이 지켜보기만 해야 할까요? 역사적 전환기 속에서 지금 바로 행동하지 않으면 일본과 일본인은 인구 감소라는 거대한 소용돌이에 말려들 것이 자명합니다.

이와 같은 문제의식을 가진 사람들이 뜻을 모아 한자리에 모였습니다. 인구 감소라는 현상에 대응하고 지속 가능한 사회를 만들어가기 위해 의견을 교환하는 장으로서 '인구전략회의'를 설립하고 한마음으로 목소리를 내어 제언합니다.

인구전략회의 의장 미무라 아키오

차례

소멸 가능성이 있는 도시 896개의 충격

소멸은 무엇이었나?

현재 일본의 인구 감소 추세를 방치하면 전국 지방자치단체(줄여서 '지자체') 896개가 소멸한다.

일본 종합 월간지 〈주오코론(中央公論)〉 2014년 6월호에 게재된 "소멸 가능성이 있는 도시 896 리스트"는 각계각층에 충격을 주었다.

당시 도쿄대학교 대학원 객원교수였던 마스다 히로야(增田寬也) 씨와 그가 좌장으로 있던 일본창성회의·인구 감소 문제 검토 분과회[*]가 공동으로 리스트를 발표했다. 훗날 '마스다 보고서'로 불리게 되는

---

[*] 일본창성회의는 2011년 5월 일본 생산성본부가 발족한 민간 회의체로 10년 후의 세계와 동아시아를 예측해 일본의 미래 그리기를 목표로 삼았으며, 일본의 에너지 문제와 인구 문제에 관한 정책적 제언을 주로 했다. 그 산하 조직인 인구 감소 문제 검토 분과회에서는 '저출생 멈추기, 건강한 지방 전략'이라는 주제로 저출생 극복을 위한 지방 활성화 전략, 즉 '지방 창생(地方創生)'을 제언했다.

자료다. 또한 이 보고서를 전후로 게재됐던 연관 기사는 전부 책으로 엮여 《지방 소멸》로 출간됐으며, 이 책은 2015년 '신서대상'을 수상하는 등 베스트셀러가 됐다.

전국 지방자치단체 관계자들이 맞닥뜨린 소멸 가능성을 어떻게 예측했는지 잠시 살펴보기로 하자.

첫째, 인구의 재생산력을 측정하는 지표로 20~39세 젊은 남녀 인구에 주목했다는 점이다.

인구 동태를 예측하기에 앞서 중요한 지표가 되는 것이 15~49세 여성의 연령대별 출산율을 합한 '합계출산율'(Total Fertility Rate, TFR. 이하 출산율)[*]이다. 단, 해당 데이터의 95%가 젊은 여성이므로 출산율의 주도권을 쥔 인구에 초점을 맞췄다.

국립 사회보장·인구문제 연구소(줄여서 '사인연')의 2013년 〈일본의 지역별 장래 추계 인구〉 데이터를 바탕으로 2012년 당시의 출산율인 1.14명이 유지된다고 가정하고 계산한 결과, 2010~2040년의 젊은 여성 인구가 50% 이하로 감소하는 지자체가 373개, 그중에서 지자체 인구가 1만 명 이하인 곳은 243개였다.

둘째, 이 숫자에는 대도시로 유출된 인구로 인한 인구 감소도 포함됐다는 점이다.

이동 가능성은 배제하고 2010~2015년 사이에 인구 이동 상황이 유지된다고 가정하자 2010~2040년 사이에 젊은 여성 인구가 50% 이상 감소하는 지자체가 급격하게 늘어 896개가 됐다. 책 뒤편에 실

---

[*] 한 여성이 가임 기간(15~49세)에 출산할 것으로 기대되는 평균 출생아 수.

은 '소멸 가능성이 있는 도시'는 이를 리스트로 정리해 게재한 것이었다. 심지어 896개 중 523개 지자체는 인구 1만 명 이하가 될 것으로 예상했다.

표0-1은 특히 감소율이 높은 20개의 시와 도시, 촌 단위 행정구역을 발췌해 재수록했다. 군마 현 난모쿠 촌은 젊은 여성 인구 감소율이 89.9%에 육박하며 1순위를 차지했다. 또 2010년에는 99명이었으나 2040년에는 10명까지 줄어든 충격적인 숫자를 확인할 수 있다.

그 외 표에 없으나 도쿄 23구 중에서 유일하게 도시마 구만 소멸 가능성이 있는 도시가 된 것도 주목받았다.

본문 12쪽의 그림0-1은 인구의 이동률을 포함 및 배제한 데이터를 한꺼번에 볼 수 있도록 각 행정구역의 지자체에서 소멸 가능성이 있는 도시의 비율을 재수록한 것이다. 수도권 근처 지역의 지속 가능 여부를 판단하는 데 인구 이동이 미치는 영향은 비교적 적으나, 도호쿠나 주고쿠, 시코쿠, 규슈 지역에서는 큰 영향을 미치고 있음을 알 수 있다. 다만, 후쿠시마 현은 동일본대지진에 의한 도쿄전력 후쿠시마 제1원자력발전소 사고 영향으로 행정구역별 인구를 파악하기 어려우므로 이 책에 실린 그림과 표 어느 곳에도 넣지 않았다.

이 분석을 발판 삼아 저출생과 지방 쇠퇴에 맞서는 대책으로 크게 두 가지 목표를 설정하고 제안했다.

하나는 희망 출산율* 1.8명을 실현하는 것이다. 이 숫자는 부부의

---

* 현재 결혼을 희망하는 모든 청년이 결혼한 후 낳고 싶은 아이를 모두 낳았다고 가정할 때의 출산율.

표0-1 감소율이 가장 높은 20개 행정구역(〈주오코론〉 2014년 6월호 게재)

		2010~2040년 젊은 여성 인구 감소율(%) (이동 가능성 배제)	2040년 젊은 여성 총인구(인)	2010년 젊은 여성 총인구(인)
1	군마 현 난모쿠 촌	−89.9	10 (626)	99 (2,423)
2	나라 현 가와카미 촌	−89.0	8 (457)	73 (1,643)
3	아오모리 현 이마베쓰 정	−88.2	20 (1,211)	172 (3,217)
4	홋카이도 오쿠시리 정	−86.7	27 (1,064)	202 (3,033)
5	홋카이도 기코나이 정	−86.5	45 (2,057)	331 (5,341)
6	군마 현 간나 정	−85.5	13 (691)	92 (2,352)
7	홋카이도 유바리 시	−84.6	100 (3,104)	653 (10,922)
8	홋카이도 우타시나이 시	−84.5	48 (1,271)	311 (4,387)
9	홋카이도 마쓰마에 정	−84.4	93 (3,162)	597 (8,748)
10	홋카이도 후쿠시마 정	−84.4	53 (1,660)	340 (5,114)
11	나라 현 요시노 정	−84.4	105 (3,063)	670 (8,642)
12	군마 현 시모니타 정	−83.7	89 (3,431)	547 (8,911)
13	도쿠시마 현 나카 정	−83.7	85 (3,320)	522 (9,318)
14	고치 현 무로토 시	−83.4	156 (4,868)	941 (15,210)
15	니가타 현 아와시마무라 촌	−83.2	2 (163)	14 (366)
16	아오모리 현 소토가하마 정	−83.1	77 (2,458)	455 (7,089)
17	교토 부 미나미야마시로 촌	−83.0	42 (1,223)	244 (3,078)
18	와카야마 현 고야 정	−83.0	47 (1,680)	276 (3,975)
19	나라 현 히가시요시노 촌	−82.7	16 (631)	91 (2,143)
20	도쿠시마 현 가미야마 정	−82.6	60 (2,181)	344 (6,038)

비고: ① 국립 사회보장·인구문제 연구소 〈일본의 지역별 장래 추계 인구〉(2013년 3월 추산)와 연관 데이터로 작성.
② 인구 추계는 소수점 이하를 포함하므로 각각의 젊은 여성 감소율상 수치가 일치하지 않는 경우가 있음.

그림0-1 20~39세 여성이 절반 이하인 지방자치단체 비교(2010~2040년)

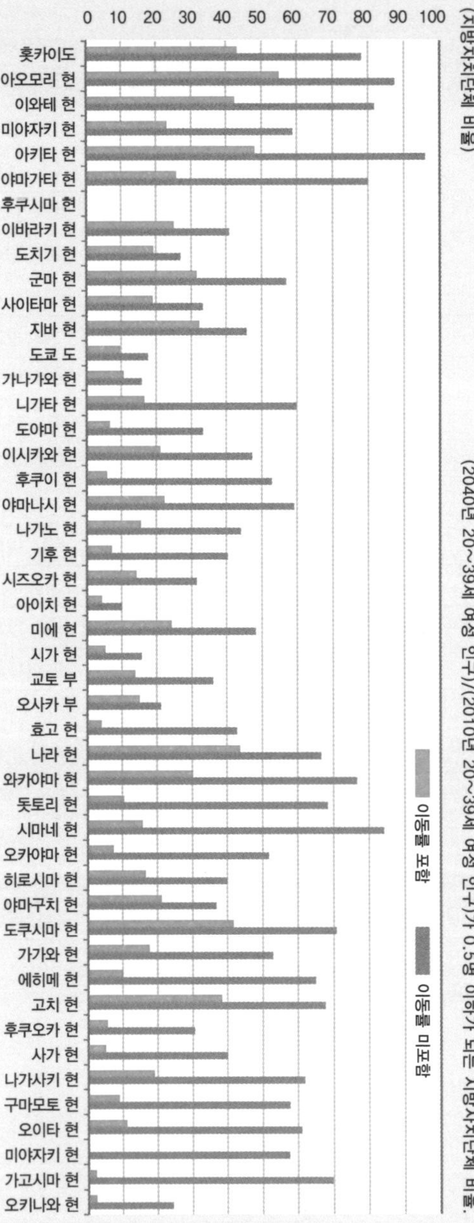

• 국립 사회보장·인구문제 연구소 인구 추계를 전제로 하면, 20~39세 여성 인구가 2010년부터 2040년 사이 절반 이하가 되는 지방자치단체 비율은 20.5%다.
• 심지어 인구 이동률을 포함하지 않는다고 가정할 때 20~39세 여성 인구가 2010년부터 2040년까지 절반 이하가 되는 지방자치단체는 49.8%다.

비고 국립 사회보장·인구문제 연구소 〈일본의 지역별 장래 추계 인구〉(2013년 3월 추산)와 연관 데이터로 작성했다.

이상적인 아이 수와 미혼 여성의 결혼 희망률을 더해 산출했다. 또 하나는 도쿄일극집중*에 제동을 거는 것이다. 이를 위해 청년 유출을 막아 인구 댐 역할을 하는 지역 거점도시 만들기가 목표로 제시됐다.

이러한 목표를 실현하기 위해 국가 수준에서 장기 비전과 통합 전략을 수립하고 이를 지원하는 종합전략본부를 설립해야 하며, 지방자치단체 단에서는 지역의 실태에 맞는 전략을 맡아 지역전략협의회를 설치해야 할 필요성을 설명했다.

더 구체적으로 살펴보면 ① 저출생 멈추기 전략, ② 건강한 지방 전략, ③ 여성·인재 활성화 전략을 중점으로 두고 저출생과 도쿄일극집중 현상에 서둘러 제동을 걸기를 제언하는 내용이다.

그래도 멈추지 않는 인구 감소

그로부터 10년이 흘러, 정부와 지자체는 다양한 정책을 도입했다. 2014년 9월에는 내각에 '지방 창생(地方創生)' 담당 장관직이 신설되고, 2015년에는 여성 활동 추진법을 도입했다. 이어서 같은 해에 정부가 희망 출산율 1.8명 실현을 목표로 세웠다.

그럼에도 인구 감소는 멈출 기미가 보이지 않았다. 2022년도 출생자 수는 결국 80만 명 이하가 됐다. 출산율은 1.26명으로 감소해

---

* 중심이 되는 세력이 한쪽으로 집중되거나 그렇게 만드는 것. 인구가 도쿄 한곳에 집중되는 현상으로, '극점 사회'라고도 한다.

10년 전과 비교하면 더욱 나빠졌다. 신종 코로나바이러스 감염 확대로 한때 줄어든 것처럼 보였던 도쿄 인구 유입도 또다시 가속화되고 있다. 이대로 두면 지방 소멸이 아니라 일본 소멸이 될 것이다.

10년 전 예측을 바탕으로 한 국립 사회보장·인구문제 연구소 데이터의 최신 버전은 2023년 12월 22일에 공개됐다. 2024년은 2014년 《지방 소멸》이 발표된 이후 딱 10년이 흐른 시점이다. 이젠 정말로 코앞에 닥친 인구 감소 문제를 정면 돌파해야만 한다.

〈주오코론〉 편집부

지방 소멸에 관한
최신 데이터 편

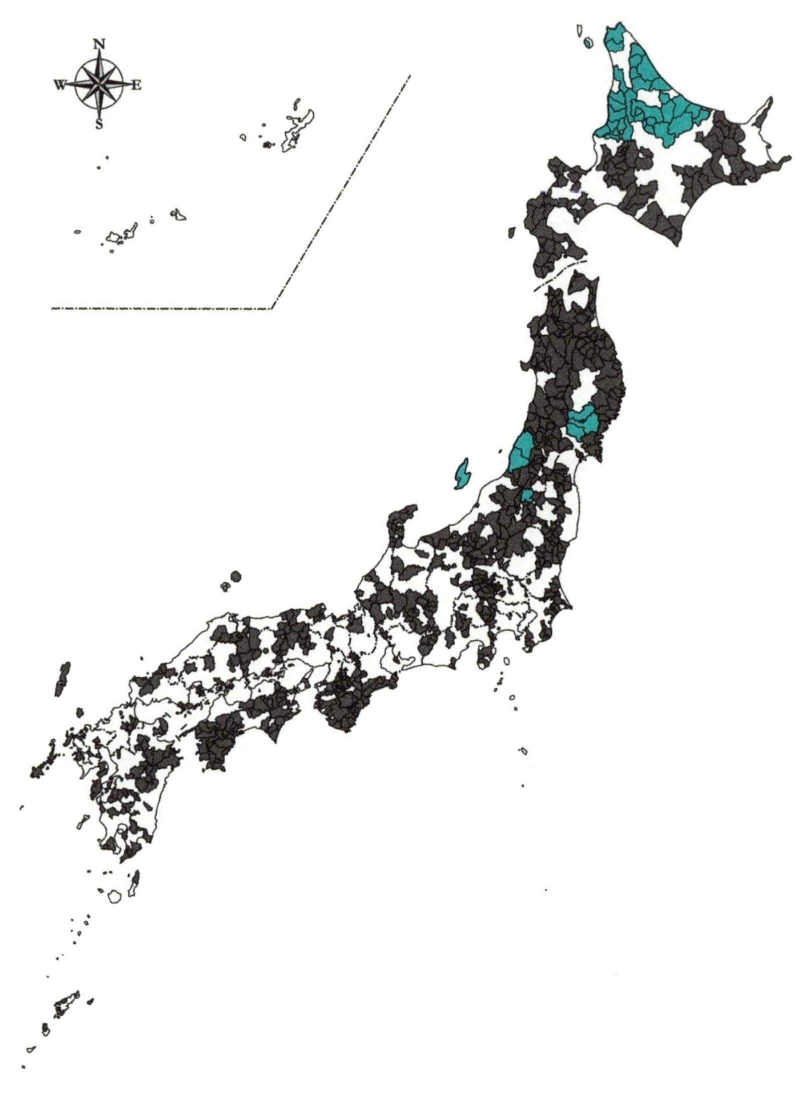

소멸 가능성이 있는 지자체 744개(음영으로 표시된 행정구역)

지방자치단체 지속 가능성 분석 보고서

이제는 지역별 특성에 맞는 맞춤 인구 대책이 필요하다

미무라 아키오(三村明夫) 일본제철 주식회사 명예회장

+

인구전략회의

2014년 5월에 일본창성회의(좌장: 마스다 히로야)가 소멸 가능성이 있는 도시 리스트를 발표한 이후 10년이 흘렀다. 이번 인구전략회의(의장: 미무라 아키오, 부의장: 마스다 히로야)는 2023년 12월에 공표한 새로운 〈일본의 지역별 장래 추계 인구〉(국립 사회보장·인구문제 연구소)에 기초해 인구로 본 전국 지방자치단체의 지속 가능성을 분석했다.

이번에는 2014년 분석을 살펴보면서 새로운 시각을 더해 인구의 자연 감소 대책(출산율 증가)과 사회 감소 대책(인구 유출 개선)이라는 양면에서 분석했다. 각 지방자치단체나 지역 인구의 실태와 과제를 먼저 생각해본 다음 참고하면 좋을 것이다.

1. 이 분석의 사고법

• 2014년 분석 방식의 확장

2014년 분석은 〈일본의 지역별 장래 추계 인구〉에서 20~39세 여성 인구(이하 젊은 여성 인구)의 장래 동향에 착안했다. 젊은 여성 인구가 계속 줄어들면 출산율은 낮아지고 총인구 감소를 막을 수 없을 것이다. 인구 감소 속도를 생각하면 젊은 여성 인구가 2010년부터 2040년까지 30년간 50% 이상 급감하는 지역은 산술적으로 70년 후에는 20%, 100년 후에는 10%만 남는다. 2014년의 분석 방식으로 이런 지역은 결국 소멸하리라 추측할 수 있다.

이번에도 이 같은 방식을 기본적으로 채택해 젊은 여성 인구가 2020년부터 2050년까지 30년간 절반 이상 사라지는 지자체를 '소멸 가능성이 있는 지자체'로 규정했다.

여기서 나아가 각 지자체가 심각한 인구 감소에서 벗어나려면 어떠한 대책을 마련해야 할지도 분석했다. 왜 이러한 분석을 추가했을까?

2014년 분석 결과는 분명 각 지자체에 큰 영향을 주었다. 하지만 각 지자체에서는 인구 유출을 개선하기 위한 사회 감소 대책에만 중점을 두었을 뿐이다. 수도권으로 향하는 인구 유출 방지는 제쳐두고, 근처 지자체에서 젊은 인구를 서로 뺏으려는 현상도 보였다. 이러한 제로섬 게임* 같은 대처는 출산율 증가로 이어지지도 않는다. 결과적으로 일본 전체 인구 감소 기조를 바꾸기에도 효과가 미미할 수밖에 없었다.

• '봉쇄 인구' 시나리오로 자연 감소를 분석

2014년과 달리 이번에는 〈일본의 지역별 장래 추계 인구〉에서 공표한 '봉쇄 인구'를 가정한 추산 결과 데이터(각 지자체에서 인구 이동 없이 출생과 사망이라는 요인만으로 인구가 변화한다고 가정한 추계 결과)를 활용해 별도로 분석을 시행했다. 봉쇄 인구 분석과 함께 일정 수준의 이동이 계속된다는 가정(이하 '이동 시나리오')을 두고, 두 예측을 같이 비교했다. 이렇게 하면 젊은 여성 인구 동향에 영향을 미치는 요인이 구조적으로 드러나게 된다. 따라서 지역 특성에 맞는 인구 감소 대책의 중요성이 무엇인지 명확하게 알 수 있다.

예를 들어 봉쇄 인구 시나리오상 젊은 여성 인구가 급감하는 지역이라면 출산율 증가라는 '자연 감소' 대책이 중요한 과제가 될 것이다. 반대로 봉쇄 인구 시나리오상에서는 인구 감소가 적지만, 이동 시

---

* 게임 이론 용어로, 참가자 각자가 선택하는 것이 무엇이든 최종 이득과 손실은 제로가 되는 게임.

나리오상에서 인구가 급감하는 지역이라면 인구 유출 개선이라는 '사회 감소' 대책이 중요할 것이다. 이처럼 지역에 따라 시행해야 할 대책이 달라진다.

2. 소멸할 수도 있는 지자체의 현재 좌표

• 소멸 가능성이 있는 곳은 744개 지자체

봉쇄 인구 시나리오 분석 결과, 이동 시나리오에서 젊은 여성 인구의 감소율이 2020년부터 2050년 사이에 50% 이상 줄어드는 지자체(소멸 가능성이 있는 지자체)는 744개다. 2014년 896개의 지자체와 비교하면 약간 개선된 수치다.[*1] 그중 지난 분석에서는 대상이 되지 않았던 후쿠시마 현 지자체를 제외하면 711개가 된다.

이번에 소멸 가능성 있는 지자체를 벗어난 곳은 239개였다. 지자체 744개 중 신규에 해당하는 지자체는 99개(그중 후쿠시마 현 지자체가 33개)다. 그리고 지난 분석과 이번 분석에서 모두 소멸 가능성 있는 지자체인 상황은 변함없으나, 젊은 여성 인구 감소율이 개선된 곳은 362개, 더 나빠진 곳은 283개다(그림1-1).

• 저출생 흐름에 변화는 없었다

이번 조사 결과는 2023년 12월에 공표된 〈일본의 지역별 장래 추계 인구〉와 그 바탕이 된 2023년 4월 발표 보고서 〈일본의 장래 추계 인구〉(2023) 추산 결과를 반영했다. 이러한 장래 인구 추계에는 지난 번과 비교해 외국인의 입국 초과수*가 많이 증가했으므로 이번 분석에서는 인구 감소 경향이 개선된 것처럼 보인다.

그러나 실상은 저출생 기조가 전혀 바뀌지 않았다는 사실에 유의해야 한다. 일본인 인구로 보면 앞서 말한 일본 장래 인구 추계에도 일본인 여성 출산율 가정치(중위 추계)는 지난 분석 추계인 1.40명(2065년 시점)보다 낮은 1.29명(2070년 시점)까지 낮아져 낙관적으로 볼 상황은 아니다.

---

* 일본에 거주하는 외국인 수가 일본 내 출생, 사망, 이동과 같은 자연적인 인구 변화로 설명할 수 없을 만큼 많아 외부에서 유입된 인구가 자연 증가분을 넘어선 상태를 의미한다.

3. 분석 결과에 따른 새로운 체계

• 지자체 인구 특성별 아홉 가지 분류

봉쇄 인구 시나리오를 적용한 추계도 새로운 분석 방식을 추가해 다음과 같은 아홉 가지 분류를 설정했다. 세로축은 이동 시나리오상에서 젊은 여성 인구 감소율에 따른 분류, 가로축은 봉쇄 인구 시나리오상에서 젊은 여성 인구 감소율에 따른 분류다(표1-1).

(1) 자립 지속 가능한 지자체(A)

이동 시나리오 및 봉쇄 인구 시나리오 모두 젊은 여성 인구 감소율이 20% 미만인 지자체는 자립 지속 가능한 지자체로 분류했다. 감소율이 20% 미만이면 100년 후에도 젊은 여성이 절반 가까이 남아 있어 지자체 스스로 지속될 가능성이 높다고 여겼기 때문이다.

(2) 블랙홀형 지자체(B-①, B-②)

이동 시나리오에서는 젊은 여성 인구의 감소율이 50% 미만인데도, 봉쇄 인구 시나리오에서는 감소율이 50% 이상인 지자체가 있다. 이러한 지자체의 인구 증가분은 다른 지역으로부터 발생하는 인구 유출에 의존하고 있다고 본다. 심지어 해당 지역의 출산율은 매우 낮다. 이런 곳을 두고 인구 블랙홀형 지자체라고 표현할 수 있다.

(3) 소멸 가능성 있는 지자체(C-①, C-②, C-③)

전과 마찬가지로 이동 시나리오에 따른 감소율이 50% 이상인 지자

표1-1 지자체 인구 특성별 아홉 가지 분류(자연 감소 대책과 사회 감소 대책)

A 자립 지속 가능한 지자체: 65(A)
B 블랙홀형 지자체: 25(B-①: 18, B-②: 7)
C 소멸 가능성 있는 지자체: 744(C-①: 176, C-②: 545, C-③: 23)
D 그 밖의 지자체: 895(D-①: 121, D-②: 260, D-③: 23)

봉쇄 인구 시나리오 / 이동 시나리오	감소율 20% 미만	감소율 20~50% 미만	감소율 50% 이상
감소율 20% 미만	A 자립 지속 가능	D-① 자연 감소 대책 필요	B-① 자연 감소 대책
감소율 20~50% 미만	D-② 사회 감소 대책 필요	D-③ 자연 감소 대책 필요 사회 감소 대책 필요	B-② 자연 감소 대책 매우 필요 사회 감소 대책 필요
감소율 50% 이상	C-① 사회 감소 대책 매우 필요	C-② 자연 감소 대책 필요 사회 감소 대책 매우 필요	C-③ 자연 감소 대책 매우 필요 사회 감소 대책 매우 필요

※주: 세로축 및 가로축의 감소율은 젊은 여성 인구(20~39세)의 감소율.

체다.[*2]

(4) 그 밖의 지자체(D-①, D-②, D-③)

앞에서 설명한 분류에 해당하지 않으며, 여기에 해당하는 대부분의 지자체에서 젊은 여성 인구가 감소할 것으로 전망한다.[*3] 감소하는 상황에 따라 필요한 대책이 달라질 수 있으니 유념해야 한다.

• 전반적인 상황

아홉 가지 분류에 해당하는 지자체 분포는 그림1-2에서 보는 바와

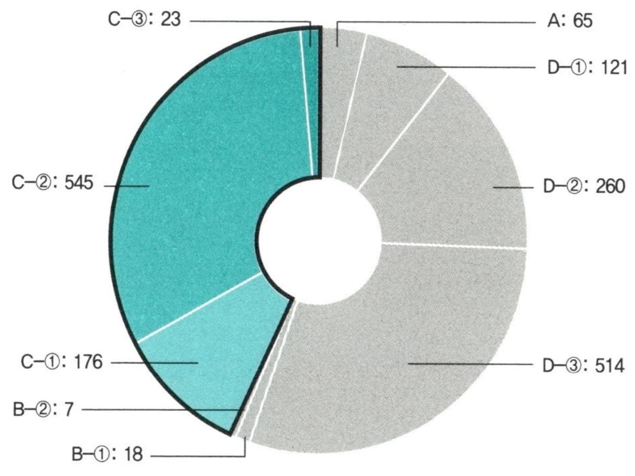

같다.

자립 지속 가능한 지자체는 65개로, 전체 1,729개 지자체의 4%에도 미치지 않는다. 또한 블랙홀형 지자체는 25개로, 전체의 1%다. 소멸 가능성이 있는 지자체의 총합은 744개로 43%를 차지하는데, 그 중에서도 구조적으로 가장 심각한 지자체(C-③)는 23개로, 1%나 된다. 게다가 어느 항목에도 해당하지 않는 그 밖의 지자체는 895개로, 52%나 차지한다. 하지만 자연 감소 대책과 사회 감소 대책이 모두 필요한 지자체(D-③)가 514개로 30% 수준이다.

• 인구 규모별 상황

인구 규모별로 보면 자연 감소가 심각한 블랙홀형 지자체는 50만 명 이상인 지자체에서는 7개고, 30만~50만 명 미만인 지자체에서는

5개가 된다. 따라서 인구가 많은 대도시에서는 출산율 증가가 시급한 과제임을 알 수 있다. 소멸 가능한 지자체는 5만 명 미만인 지자체에서 증가하고 있으며, 특히 1만 명 미만인 지자체에서는 60%를 넘어선다. 한편, 자립 지속 가능한 지자체 수는 적지만 1만~5만 명 규모를 중심으로 비교적 소규모 지자체에 분포하고 있다.

전반적으로 파악해보자면 큰 인구 규모를 가진 지자체는 자연 감소 대책이 필요하고, 반면 소형 지자체에는 사회 감소와 자연 감소 모두에 대응하는 정책이 필요하다고 봐야 할 것이다.

• 지역 블록별 상황

지역 블록별로 보면 상황이 크게 달라진다(표1-2). 홋카이도는 소멸 가능성이 있는 지자체가 117개에 이른다. 홋카이도 지자체 대부분은 인구 유출이 심하고 사회 감소 대책이 필요하다. 자연 감소 대책도 필요한 지자체가 적지 않다.

도호쿠 지역은 소멸 가능성이 있는 지자체가 165개다. 그 수와 비중이 전국에서 최고로 많고 사회 감소 대책과 자연 감소 대책이 모두 필요한 지자체가 대부분이다. 간토 지역은 소멸 가능성이 있는 지자체가 91개에 그치는 한편, 블랙홀형 지자체가 도쿄 도의 17개를 포함해 21개나 된다.

주부 지방은 소멸 가능성이 있는 지자체가 109개지만, 자립 지속 가능한 지자체는 12개다. 긴키 지역은 소멸 가능성이 있는 지자체가 93개, 블랙홀형 지자체가 2개 존재하며, 자연 감소 대책이 반드시 필요하다. 주고쿠와 시코쿠 지역은 소멸 가능성이 있는 지자체가 93개

표1-2 지역 블록별 분포

	자립 지속 가능 지자체(A)	블랙홀형 지자체(B)	소멸 가능성 있는 지자체(C)	그 밖의 지자체(D)
홋카이도	0	2	117	60
도호쿠	1	0	165	49
간토	8	21	91	196
주부	12	0	109	195
긴키	7	2	93	125
주고쿠 · 시코쿠	3	0	93	106
규슈 · 오키나와	34	0	76	164

지만 2014년 당시 리스트에 속했으나 지금은 제외된 지자체가 많다. 특히 시마네 현은 제외된 지자체가 12개에 이르며, 소멸 가능성이 있는 지자체는 겨우 4개 정도로 줄었다. 규슈 지역과 오키나와는 소멸 가능성이 있는 지자체가 76개로 가장 적으면서도 자립 지속 가능한 지자체가 34개나 있다. 전국적으로 자립 지속 가능한 지자체가 65개인데, 그 절반 이상을 차지하는 수치다. 그중에서도 오키나와 현이 17개, 후쿠오카 현이 9개, 구마모토 현이 7개에 이른다.

이처럼 인구 규모나 지역에 따라 인구 특성 차이가 뚜렷이 드러난다. 각 지자체는 자체적인 실태와 과제에 맞춰 인구의 자연 감소 대책과 사회 감소 대책을 적절히 조합해 대응해야 할 것이다.

*참고 2024년 4월 24일 공표된 〈2024 지방자치단체 지속 가능성 분석 보고서 – 새로운 지역별 장래 인구 추계에서 드러난 지자체의 실태와 과제〉를 전문 게재했다. 단, 보고서 본문 일부인 그림 외에 봉쇄 인구 시나리오 추계 결과는 게재하지 않았다.

[주]

***1** 이번 추계에서 소멸 가능성이 있는 지자체 산출을 위해 정령지정도시(政令指定都市)[*]
는 모두 하나의 시로 정리해서 산출했다(지난 분석에서 정령지정도시는 구 단위로 산출).
한편 후쿠시마 현의 지자체 추계(하마도리 지역에 속한 13개 시정촌은 하나로 뭉쳐서 추
계)를 포함했으므로 지난 분석과 대상이 되는 지자체에 차이가 있다는 점에 유의해야
한다.

***2** C-③에서 극히 예외적으로 젊은 여성 인구 유입이 있는 경우가 존재한다는 점을 유의
해야 한다.

***3** 그 밖의 지자체(D)는 895곳으로 그중 대부분이 젊은 여성 인구가 감소했으나, 예외적
으로 이동 시나리오에서 5개 지자체, 봉쇄 인구 시나리오에서 54개 지자체는 증가할
것으로 예측한다.

---

[*] 일본 지방자치법 제252조 19항 이하에서 정한 일본의 도시 제도 중 하나다. 일본의 지
자체 중 법적 기준으로 인구가 50만 명 이상이면 신청할 수 있다. 한국으로 비교하면
특례 도시와 광역시의 중간 단계 정도로 가늠할 수 있다.

전국 1,729개 지자체 리스트로 확인한 지역별 특성

인구 감소 현상은 불규칙하지만 반드시 패턴이 존재한다

인구전략회의

소멸 가능성이 있는 지자체 수는 2014년 896개에서 744개로 감소했으나 저출생 기조는 변함이 없다. 심지어 지역에 따라서는 오히려 악화했다. 10년 만에 갱신한 소멸 가능성이 있는 지자체 리스트를 상세히 분석하면 지역에 따라 불규칙하기는 하나, 인구가 멈출 줄 모르고 심각하게 감소 중인 일본의 현실이 명확히 드러난다. 게다가 이번 리스트는 지자체에 따라 자연 감소와 사회 감소처럼 인구 감소의 요인이 매우 다르다는 사실을 드러낸다.

• 이번에도 감소율 1위를 차지한 군마 현 난모쿠 촌

20~39세 젊은 여성 인구 감소율이 가장 높은 상위 20개 행정구역 중에서 1위를 차지한 곳은 군마 현 난모쿠 촌이다. 2014년 분석에서도 1위였다. 10년 전 감소율 상위 20개 지자체 중에서 난모쿠 촌을 포함한 9개의 행정구역이 이번에도 이름을 올렸다.

구역별로 보면 홋카이도는 우타시나이 시(3위), 기코나이 정(11위) 등 5개 지자체, 나라 현도 구로타키 촌(5위), 요시노 정(8위) 등 5개 지자체, 아오모리 현은 소토가하마 정(2위), 이마베쓰 정(4위) 등 지자체 4개가 포함돼 이 3개 지역만 합해도 20개 지자체의 70%에 이른다.

• 도도부현 관청 소재지 중 유일하게 소멸 가능성이 있는 지자체로 꼽힌 아오모리 시

리스트 전체를 보면 도호쿠 지방 각 현의 인구 감소 흐름이 더욱 명확하다. 여기서는 각 현의 모든 지자체 수 대비 소멸 가능성이 있는 지자체의 비율에 주목해야 한다.

표2-1 감소율이 가장 높은 행정구역 20개(괄호 안은 2014년 순위)

			젊은 여성 감소율(%) 이동 시나리오 2020 → 2050	2050년 젊은 여성 인구 (총인구)(명)		2020년 젊은 여성 인구 (총인구)(명)		아홉 가지 분류
1	(1)	군마 현 난모쿠 촌	-88.0	6	(406)	50	(1,611)	C-③
2	(16)	아오모리 현 소토가하마 정	-87.5	30	(1,749)	240	(5,401)	C-③
3	(8)	홋카이도 우타시나이 시	-86.7	18	(838)	135	(2,989)	C-③
4	(3)	아오모리 현 이마베쓰 정	-86.0	13	(691)	93	(2,334)	C-②
5		교토 부 가사기 정	-85.7	8	(367)	56	(1,144)	C-②
6		나라 현 구로타키 촌	-85.7	5	(183)	35	(623)	C-②
7		아오모리 현 사이 촌	-85.2	13	(607)	88	(1,788)	C-②
8	(11)	나라 현 요시노 정	-84.9	52	(1,952)	344	(2,229)	C-③
9		미에 현 미나미이세 정	-83.5	82	(3,427)	498	(10,989)	C-②
10		나라 현 미쓰에 촌	-83.3	9	(422)	54	(1,479)	C-②
11	(5)	홋카이도 기코나이 정	-82.8	35	(1,295)	204	(3,832)	C-②
12	(9)	홋카이도 마쓰마에 정	-82.8	55	(1,939)	319	(6,260)	C-②
13		나라 현 시모이치 정	-82.2	61	(1,737)	342	(5,037)	C-③
14		홋카이도 가미스나가와 정	-82.1	27	(895)	151	(2,841)	C-②
15		나라 현 노세가와 촌	-81.8	4	(98)	22	(357)	C-③
16		오사카 부 노세 정	-81.4	109	(3,838)	587	(9,079)	C-②
17	(12)	군마 현 시모니타 정	-80.7	63	(2,268)	326	(6,576)	C-②
18		홋카이도 시라누카 정	-80.3	102	(2,841)	518	(7,289)	C-②
19	(14)	고치 현 무로토 시	-80.2	103	(3,777)	521	(11,742)	C-②
20		아오모리 현 후카우라 정	-80.1	69	(2,547)	347	(7,346)	C-②

소멸 가능성이 있는 지자체를 비율순으로 나열하면 전국 1위에서 4위가 도호쿠 지방 4개 현에서 나온다. 아키타 현은 25개 행정구역 중 24개가 소멸 가능성이 있는 지자체로 밝혀졌다. 2014년과 비교하면 아키타 시가 소멸 가능성이 있는 지자체에서 벗어난 한편, 신규로

1	(1)	군마 현 난모쿠 촌
2	(420)	나라 현 가와카미 촌
3	(4)	아오모리 현 이마베쓰 정
4	(84)	홋카이도 오쿠시리 정
5	(11)	홋카이도 기코나이 정
6	(181)	군마 현 간나 정
7	(36)	홋카이도 유바리 시
8	(3)	홋카이도 우타시나이 시
9	(12)	홋카이도 마쓰마에 정
10	(26)	홋카이도 후쿠시마 정
11	(8)	나라 현 요시노 정
12	(17)	군마 현 시모니타 정
13	(27)	도쿠시마 현 나카 정
14	(19)	고치 현 무로토 시
15	(738)	니가타 현 아와시마우라 촌
16	(2)	아오모리 현 소토가하마 정
17	(86)	교토 부 미나미야마시로 촌
18	(610)	와카야마 현 고야 정
19	(22)	나라 현 히가시요시노 촌
20	(147)	도쿠시마 현 가미야마 정

오가타 촌이 포함돼 총수에는 변함이 없다. 아오모리 현은 아오모리 시가 관청 소재지 중 유일하게 소멸 가능성이 있는 지자체가 된 것을 포함해 40개 행정구역 중 35개가 소멸 대상에 해당한다. 이어서 야마가타 현은 35개 중 28개, 이와테 현은 33개 중 26개였다. 동일본대지진의 영향으로 지난 분석에서는 대상에서 제외됐던 후쿠시마 현은 하마도리 지역을 제외한 46개 행정구역 중 33개가 소멸 가능성이 있는

지자체에 해당했다.

• 상황이 눈에 띄게 개선된 시마네 현, 소멸 예상 지자체가 없는 오키나와 현

이번에 새롭게 소멸 가능성이 있는 지자체로 꼽힌 지역은 전국에서 99개다. 지역 블록별로 이번에 선정된 소멸 가능성이 있는 지자체 744개를 보면 홋카이도가 117개, 도호쿠 지역은 전국에서 가장 많은 165개에 이른다. 이로써 북일본이 자연 감소, 사회 감소 두 측면 모두 힘든 상황에 직면해 있다는 것을 알 수 있다.

한편으로 지난 분석과 비교해 호전된 결과를 보인 곳은 주고쿠와 시코쿠 지역이다. 특히 그중 돋보이는 곳은 시마네 현이다. 이곳에 속한 12개 행정구역은 소멸 가능한 지자체에서 벗어났다. 4개 지역은 아직 소멸 예상이지만 총 19개 행정구역의 수치가 개선됐다.

소멸 가능성이 있는 지자체 수가 76개로 전국에서 가장 적게 나온 곳은 규슈와 오키나와 지방이다. 오키나와 현은 소멸 가능성이 있는 지자체 숫자가 '0'이었다. 서일본으로 갈수록 인구 유출이 덜해 인구가 많고, 동쪽으로 갈수록 인구 유출이 심해 인구가 적어지는 서고동저 경향이 뚜렷이 보인다.

• 자립 지속 가능 지자체는 65개

이번 분석에서는 새롭게 '자립 지속 가능 지자체'라는 항목도 도입됐다. 이는 자연 감소를 포함한 젊은 여성 인구의 감소율이 매우 낮아 지속 가능성이 높다고 예측되는 지자체를 말한다.

표2-3 소멸 가능성이 있는 지자체에 새롭게 속한 99개

홋카이도
홋카이도 노보리베쓰 시 / 다테 시 / 호쿠토 시 / 시카베 정 / 오샤만베 정 / 이마카네 정 / 교고쿠 정 / 아카이가와 촌 / 가미후라노 정

도호쿠
아오모리 현 후지사키 정 / 롯카쇼 촌 / 아키타 현 오가타 촌 / 야마가타 현 나가이 시 / 야마노베 정 / 다카하타 정 / 후쿠시마 현 아이즈와카마쓰 시 / 시라카와 시 / 기타카타 시 / 니혼마쓰 시 / 다무라 시 / 다테 시 / 고오리 정 / 구니미 정 / 가와마타 정 / 덴에이 촌 / 시모고 정 / 히노에마타 촌 / 다다미 정 / 미나미아이즈 정 / 기타시오바라 촌 / 니시아이즈 정 / 이나와시로 정 / 아이즈반게 정 / 미시마 정 / 가네야마 정 / 아이즈미사토 정 / 이즈미자키 촌 / 다나구라 정 / 야마쓰리 정 / 하나와 정 / 사메가와 촌 / 이시카와 정 / 다마카와 촌 / 히라타 촌 / 아사카와 정 / 후루도노 정 / 미하루 정 / 오노 정

간토
이바라키 현 호코타 시 / 야치요 정 / 도치기 현 야이타 시 / 마시코 정 / 이치카이 정 / 군마 현 후지오카 시 / 도미오카 시 / 이타쿠라 정 / 사이타마 현 가미카와 정 / 마쓰부시 정 / 가나가와 현 나카이 정

주부
니가타 현 오지야 시 / 이토이가와 시 / 아가노 시 / 도야마 현 뉴젠 정 / 후쿠이 현 미나미에치젠 정 / 에치젠 정 / 야마나시 현 쓰루 시 / 니시카쓰라 정 / 나가노 현 아난 정 / 히라야 촌 / 오쿠와 촌 / 다카야마 촌 / 오가와 촌 / 기후 현 야마가타 시 / 이케다 정 / 시즈오카 현 오마에자키 시 / 마키노하라 시 / 아이치 현 쓰시마 시

긴키
시가 현 다카시마 시 / 교토 부 우지타와라 정 / 오사카 부 가도마 시 / 센난 시 / 한난 시 / 다이시 정 / 효고 현 니시와키 시 / 나라 현 미야케 정 / 와카야마 현 고보 시 / 히로가와 정 / 시라하마 정

주고쿠 · 시코쿠
오카야마 현 이바라 시 / 구메난 정 / 야마구치 현 다부세 정 / 도쿠시마 현 나루토 시 / 에히메 현 시코쿠추오 시 / 고치 현 아키 시 / 나하리 정 / 모토야마 정 / 사카와 정

규슈 · 오키나와
구마모토 현 우부야마 촌 / 오이타 현 기쓰키 시

전국에서 본다면 지자체 65개가 이에 해당하는데, 그중에서는 오키나와 현이 17개로 그 수가 가장 많았다. 이어서 후쿠오카 현이 9개, 구마모토 현이 7개, 규슈·오키나와 지방에서는 34개로 절반 이상을 차지한다. 그 외에는 지바 현 나가레야마 시나 인자이 시, 야마나시 현 오시노 촌 등 적극적인 육아 지원 대책이나 지역 기업의 청년 고용으

표2-4 자립 지속 가능한 지자체 65개

도호쿠
미야기현 오히라 촌

간토
이바라키 현 쓰쿠바미라이 시 / 군마 현 요시오카 정 / 사이타마 현 나메가와 정 / 지바 현 나가레야마 시 / 인자이 시 / 도쿄 도 하치조 정 / 가나가와 현 하야마 정 / 가이세이 정

주부
이시카와 현 가와키타 정 / 야마나시 현 오시노 촌 / 나가노 현 하라 촌 / 미나미미노와 촌 / 기후 현 미노카모 시 / 시즈오카 현 나가이즈미 정 / 아이치 현 오부 시 / 닛신 시 / 도고 정 / 도비시마 촌 / 아구이 정 / 고타 정

긴키
미에 현 아사히 정 / 시가 현 모리야마 시 / 릿토 시 / 교토 부 기즈가와 시 / 오야마자키 정 / 오사카 부 시마모토 정 / 나라 현 가쓰라기 시

주고쿠 · 시코쿠
돗토리 현 히에즈 촌 / 오카야마 현 하야시마 정 / 히로시마 현 후추 정

규슈 · 오키나와
후쿠오카 현 다자이후 시 / 후쿠쓰 시 / 나카가와 시 / 시메 정 / 스에 정 / 신구 정 / 히사야마 정 / 가스야 정 / 간다 정 / 구마모토 현 고시 시 / 오즈 정 / 기쿠요 정 / 미나미아소 촌 / 미후네 정 / 가시마 정 / 마시키 정 / 가고시마 현 우켄 촌 / 오키나와 현 기노완 시 / 우라소에 시 / 도미구스쿠 시 / 우루마 시 / 난조 시 / 기노자 촌 / 긴 정 / 요미탄 촌 / 가데나 정 / 자탄 정 / 기타나카구스쿠 촌 / 나카구스쿠 촌 / 요나바루 정 / 하에바루 정 / 야에세 정 / 다라마 촌 / 다케토미 정

표2-5 블랙홀형 지자체 25개

홋카이도
홋카이도 기모베쓰 정 / 시무캇푸 촌

간토
사이타마 현 와라비 시 / 모로야마 정 / 지바 현 우라야스 시 / 시스이 정 / 도쿄 도 신주쿠 구 / 분쿄 구 / 다이토 구 / 스미다 구 / 시나가와 구 / 메구로 구 / 오타 구 / 세타가야 구 / 시부야 구 / 나카노 구 / 스기나미 구 / 도시마 구 / 기타 구 / 아라카와 구 / 이타바시 구 / 네리마 구 / 아오가시마 촌

긴키
교토 부 교토 시 / 오사카 부 오사카 시

로 긍정적 영향이 드러난 지자체가 이름을 나란히 했다.

한편으로 지자체 자체 출산율은 낮고 젊은 여성 인구는 자연적으로 대폭 감소했으나, 다른 지역에서 유출된 인구가 유입돼 인구 감소가 일어나지 않은 지자체를 '블랙홀형 지자체'로 분류했다. 전체 지자체 수 중에서 1% 정도이며 25개만 존재하나, 그중 21개가 간토 지방에 집중돼 있다.

도쿄 23구 중에서는 신주쿠 구나 도시마 구 등 16구가 이에 해당했다. 도시마 구는 23구 중에서 유일하게 소멸 가능성이 있는 지자체에 해당했으나, 이제는 벗어났다. 그러나 전입으로 인한 증가세였으므로 블랙홀형 지자체에 속하게 됐다. 긴키 지방에서는 교토 시와 오사카 시가 블랙홀형에 해당했다.

오사카 시는 인구 규모가 거대해도 자체적인 인구 재생산력은 약해 지방에서 오는 청년 유입에 계속해서 의존하고 있다. 이러한 오사카 시의 출산율 개선이 인구 감소 대책의 열쇠를 쥐고 있다.

이번 리스트에서는 지자체마다 인구 감소 요인이 무엇인지를 뚜렷이 밝히고 있다. 이를 위해 사용된 지표는 두 가지였다. 하나는 지자체 간의 인구 이동이 일정 수준으로 지속된다고 보는 '이동 시나리오', 또 다른 하나는 인구 이동 없이 출생자 수와 사망자 수만을 예측한

‘봉쇄 인구 시나리오’였다. 두 가지 예측 결과를 비교하면 지자체마다 인구 감소 요인을 해결할 만한 대책의 지향점이 명확해진다.

한 가지 예로 이 책의 뒷부분에 실린 리스트에서 나가사키 현에 속한 지자체 몇 군데의 현황을 들여다보자(그림2-1~3 참조).

나가사키 시에서 2020년부터 2050년까지의 젊은 여성 인구 변화를 살펴보면 봉쇄 인구 시나리오의 수치에서 자연 감소는 -31.1%이며, 이동 시나리오의 수치에서 자연 감소를 제외한 -7.0%가 사회 감소인 것을 알 수 있다. 나가사키 시에서는 자연 감소가 사회 감소보다 훨씬 크므로, 출산율 증가라는 자연 감소 대책이 중요해질 것이다.

같은 방법으로 분석하면 나가사키 현 사세보 시는 자연 감소가 -18.5%, 사회 감소가 -19.3%이므로 자연 감소 대책과 함께 인구 유출을 바로잡는 사회 감소 대책이 중요해진다. 또한 나가사키 현의 시마바라 시는 자연 감소가 -7.6%인 데 반해, 사회 감소는 -40.8%나 되므로 사회 감소 대책의 중요성이 매우 높다는 것을 알 수 있다.

이처럼 이번 분석 리스트에서 밝혀진 인구 감소 요인이 자연 감소인지, 아니면 사회 감소인지에 따라 지자체가 고민해야 할 점과 대응 지향점이 도출된다. 인구 감소라고 똑같이 말해도 지자체나 지역에 따라서 상황이 크게 다르다는 사실을 이해할 수 있을 것이다.

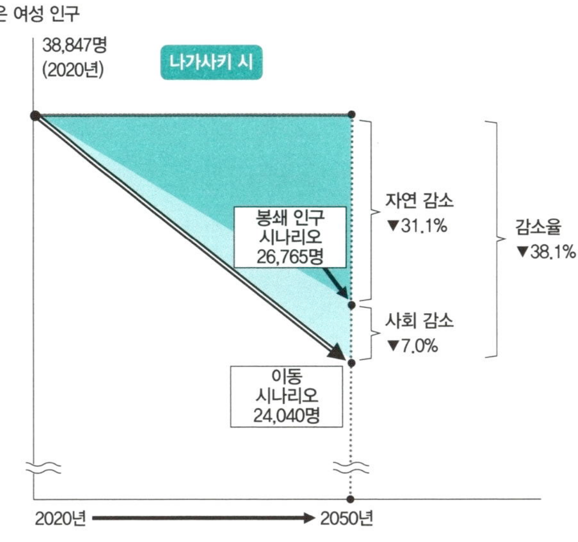

그림2-1 나가사키 현 지자체 사례: 나가사키 시

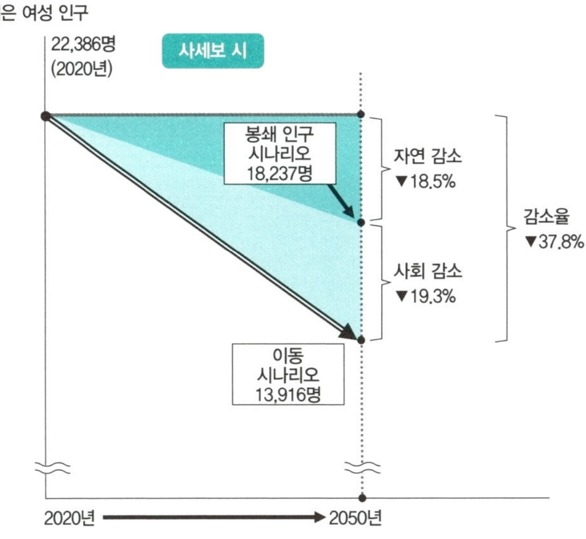

그림2-2 나가사키 현 지자체 사례: 사세보 시

그림2-3 나가사키 현 지자체 사례: 시마바라 시

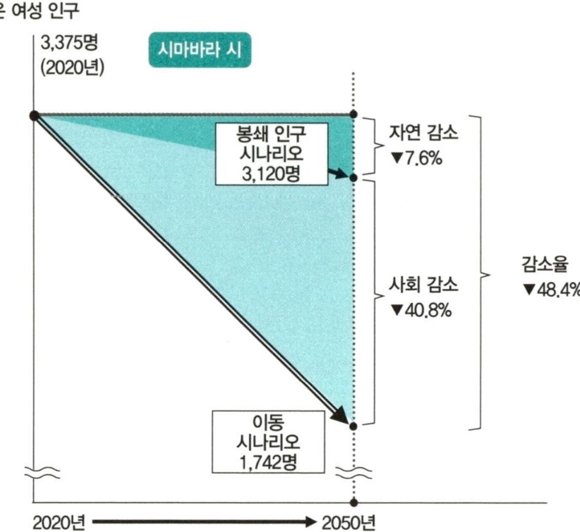

자료: 국립 사회보장·인구문제 연구소 〈일본의 지역별 장래 추계 인구〉(2023)를 기반으로 인구전략
회의가 시험적으로 계산해 확인.

제3장

인구 감소를 막지 못한 지난 10년의 제로섬 게임

외국인, 공동체, 디지털화는 해결책이 될 수 있는가?

○ ○ ○ ○ ○ ○ ○ ○ ○

우노 시게키(宇野重規) 도쿄대학교 사회과학연구소 소장

✕

마스다 히로야(増田寛也) 일본우정 주식회사 사장

제로섬 게임 10년

사회자　　2014년 일본창성회의가 발표한 논문에는 전국 약 1,800개 지자체 중 896개가 인구 감소로 인해 2040년까지 지속 불가능에 처할 수 있는 '소멸 가능성이 있는 도시' 리스트에 포함됐습니다. 그 결과 해당 지자체뿐만 아니라 사회 전체가 충격에 빠졌지요.

　　그로부터 10년이 흘러, 민간 지식인의 주도로 2023년 결성된 인구전략회의는 분석 방식을 개선해 최신판 보고서를 발표했습니다. 여기서는 소멸 가능한 도시가 744개로 줄었습니다. 일본창성회의 좌장으로 계시고, 인구전략회의에서 부의장을 지낸 마스다 씨는 지난 10년간의 변화를 어떤 시각으로 보고 계십니까?

마스다　　10년 사이에 크게 달라진 점은 외국인 입국자가 증가한 것입니다. 입국자 수는 각 시정촌(市町村) 지역별로는 알 수 없고 나라 전체에서 산출한 수치만 있으므로 정확하게는 말씀드리기 어렵습니다. 하지만 아마도 소멸 가능성이 있는 도시 수 감소에 이바지하지 않았을까 생각합니다. 다만 덕분에 알게 된 사실은 일본의 인구 감소가 멈춘 것은 아니라는 점이지요.

우노　보고서를 읽어보고 극히 공감했습니다. 국립 사회보장·인구 문제 연구소가 2023년에 공표한 〈일본의 장래 추계 인구〉에서는 추계 방식이 몇 가지 개선됐습니다. 특히 외국인 증가를 예측한 부분이 눈에 띄었습니다.

　　이 보고서에서는 총인구 중 외국인이 차지하는 비율이 2020년 2.2%에서 2070년에는 10.8%, 2120년에는 17.1%까지 상승할 것으로 전망합니다. 덕분에 총인구 1억 명이 무너지는 타이밍이 조금 미뤄지기도 하고, 겉보기에는 개선된 것처럼 보이기도 합니다. 소멸 가능성이 있는 도시 수가 감소한 이유도 이 추계를 반영했기 때문인 듯합니다.

마스다　이번 보고서에서는 지자체 간에 청년 인구를 서로 빼앗는 사태가 발생하는 점을 지적했습니다. 10년 전에 '소멸 가능성이 있는 도시'라고 강한 어조로 표현한 부분에 대해서는 당시 찬반의 목소리가 있었습니다. 특히 지자체 공무원이나 지역 의원들께서 비판과 함께 다양한 의견을 내주셨습니다.

　　그래도 제대로 관심을 끌었는지 정부도 '지역·사람·일자리 창생 종합전략'을 책정했습니다. 지방 창생 담당 장관직이 신설되고, 이시바 시게루(石破茂) 씨가 임명됐습니다. 지방 활성화 분위기가 조성됨에 따라 수많은 지자체에서 인구 감소 대책을 추진했습니다. 이러한 대책의 상당 부분이 결과적으로는 인구라는 한정된 파이를 서로 빼앗는 제로섬 게임으로 이어진 것은 부정할 수 없습니다.

인구 감소는 사망자 수보다 출생자 수가 적은 자연 감소와 전입보다 전출이 많은 사회 감소라는 두 가지 요인이 있습니다. 지난 10년간의 정책은 자연 감소를 대처할 만한, 쉽게 말해 출생아 수를 늘리는 정책이 그다지 효과를 발휘하지 못했다고 할 수 있겠습니다.

후생노동성(厚生勞働省)*이 공식 발표한 인구 동태 통계**를 보면 2023년 합계출산율이 역대 최저치인 1.20명에 달했습니다. 출산율이 바뀌지 않는 한 제로섬 게임이 반복되는 상황은 이어질 테니 소멸 가능한 도시 수가 감소했다고 해서 낙관적으로 보기는 어렵습니다.

인구 감소가 일으킨 최대의 위기

우노　10년 전 보고서가 획기적이었던 이유는 출산 연령에 해당하는 여성 인구에 주목해, 이들의 숫자가 줄어드는 상황을 막지 못하면 지역의 인구 감소도 멈추지 않는다는 사실을 밝혔기 때문입니다. 이 부분에 집중했기에 주제는 명확하게 드러났으나 이와 동시에 오히려 가려진 점도 있었습니다. 인구 쟁탈전에 집중한 나머지, 지자체의 대책이 출산 독려 같은 자연 증가 대책이 아니라 사회 증가 대책으로 몰려 역효과가 났던 것은 아닌지 하는 생각이 듭니다.

---

* 　사회 복지, 사회보장, 공공 위생 및 환경과 관련된 업무를 담당하는 일본 행정 기관.
** 　출생, 사망, 혼인, 이혼 등 인구 변동 요인을 일정 기간 조사하고 집계한 통계.

이번 보고서에서 특히 주목해서 봐야 할 점은 2023년 추계에서 가상으로 집계했던 '봉쇄 인구 시나리오'를 활용해 자연 감소 분석을 진행했던 부분입니다.

마스다 저도 그 부분이 이 보고서의 핵심이라고 봅니다. 봉쇄 인구 시나리오는 전출과 전입 없이 출생과 사망만 변동 요인으로 가정해 인구 변화를 예측한 것입니다. 이동이 어느 정도 이어진다는 조건인 이동 시나리오 예측과의 비교를 통해 젊은 여성의 이동 요인을 지역별로 파악하려고 했습니다.

우노 자연 감소가 빠르게 진행되는 지역, 사회 감소가 심각한 지역, 두 양상이 모두 진행 중인 지역과 도쿄 주변에서 주로 발견할 수 있는 다른 지역의 인구를 빨아들이는 지자체, 즉 자연 감소를 사회 증가로 보충하는 '블랙홀형 지자체'처럼 지역마다 특징과 차이점이 명확히 드러나게 된 부분은 이번 보고서에서 크게 달라진 점이라고 할 수 있습니다. 소멸 가능성이 있는 도시 수가 줄어든 사실에서도 알 수 있듯이 지역 단위에서는 정책이 제대로 기능한 곳도 있습니다. 그러나 일본 전체로 보면 역시 상황은 나빠지고 있다고 할 수밖에 없겠네요.

마스다 네. 그래서 저희는 향후 일본 사회가 두 갈래로 나뉘어 대립이 발생하지 않을지 심히 우려 중입니다.

하나는 세대 간의 대립, 즉 현재 경제활동을 하는 세대와 고령 세대와의 갈등입니다. 나이별 인구 구조를 살펴보면 지금까지는 출산율이 상승해 상대적으로 다수인 경제활동 인구가 소수의 고령 인구를 받치는 피라미드 형태가 형성됐습니다. 그러나 현재는 소수의 경제활동 인구가 다수의 고령 인구를 지탱하는 역피라미드형 구조로 바뀌는 중입니다.

일본은 세계적으로 최고 수준의 사회보장제도를 만들어 운영해왔으나 역피라미드형으로 전환된 상황에서는 구조적으로 지탱하기 어려우므로 어느 부분에서부터 붕괴하기 시작합니다. 그래서 고령 세대라도 부담 능력이 있는 사람은 의료비나 간병비를 자기 부담하도록 조금씩 바꿔나가고 있습니다. 이득과 손실을 잘 조정하면서 제도를 개선하지 않는다면 격렬한 세대 간 갈등이 발생할 수 있습니다. 이를 예방하기 위해서라도 인구 감소 속도를 늦춰야만 할 것입니다.

또 하나는 지역 간 대립입니다. 현재 도쿄 주변 수도권에서만 사회 증가가 나타나고, 나고야나 오사카 같은 대도시 주변부에서도 전출 인구가 초과인 상황입니다. 도쿄로의 기능 집중과 쏠림 현상은 개선되지 못했기 때문에, 도쿄로 노동력이 집중되고 기업의 납세액도 도쿄가 다른 도시를 압도하는 구조로 이뤄져 있습니다. 이는 도쿄와 다른 도시의 재정 격차가 벌어지도록 만들어서 지역 간 대립을 더 심화시키는 상황이 아닌지 우려하고 있습니다.

우노 인구 감소는 단기, 중기, 장기적으로 세 단계의 시기를 버티며 해결해야 할 문제라는 생각이 듭니다.

단기적으로는 이미 수많은 지방자치단체가 말 그대로 존속의 위기에 직면해 있습니다. 시청이나 구청, 주민센터 직원도 모자란 상황이어서 점점 필수 행정 서비스도 제공할 수 없는 지경이라고 합니다. 벌어지고 있는 상처를 우선 응급처치하는 것이 급선무입니다.

중기적으로는 마스다 선생님께서 말씀하신 것처럼 사회보장제도의 유지가 어려워지겠지요. 인구 감소가 가속화되면서 사회보장을 위한 재정을 여러 번 재검토했으나 실제 인구 감소 속도가 예측을 넘어서는 악순환에 빠졌습니다.

그러나 가장 큰 위기는 장기적인 것들입니다. 인구 증가 추세로 다시는 바뀔 수 없다고 해도 인구 감소가 언제 어느 시점에 사회적으로 허용할 수 있는 국면에 접어들어 잠잠해질지 전혀 예측하지 못하고 있다는 점입니다. 제도나 재정을 손보더라도 언젠가는 인구가 안정적인 국면에 접어들지 못한다면 지속 가능한 모델을 구축할 수 없을 것입니다.

예전에는 인구 1억 명을 사수하는 것을 목표로 언급했으나 이는 이미 과거의 일입니다. 인구전략회의가 '2100년 8,000만 명 규모에서 안정적이고 성장력 있는 사회를 구축할 것'을 목표로 삼아야 한다고 제언했습니다. 이는 매우 중요한 문제 제기였다고 봅니다. 반면 국립 사회보장·인구문제 연구소에서는 2100년이 되면 인구 6,300만 명, 외국인을 제외하면 6,000만 명으로 떨어질 것으로 예측했습니다. 그러나 현실적 흐름은 이러한 예상을 훨씬 뛰어넘어서는 수준입니다.

향후 일본에 거주하는 외국인이 늘어나더라도 이 증가분으로 인구 감소를 메우기는 불가능합니다. 어디까지나 감소 속도를 느리게 하는 정도로 그칠 뿐입니다.

외국인 유입의 순기능과 역기능

마스다　일본에 이주해 사는 외국인의 대부분은 노동이 목적인 경우로, 미국이나 유럽연합처럼 가족을 데리고 오는 경우는 적습니다. 서구는 인권 대립의 심화와 함께 고령 세대 이민의 복지 비용이나 아이 이민에 따른 교육 비용 상승을 이유로 들며 이민 정책에 대해 점점 소극적인 태도를 보입니다.

　반면 이를 문제 삼기도 전에 일본은 기능실습제도*를 이용해 동남아시아 청년이 매우 낮은 임금이나 열악한 근로 환경에서 일하도록 유도해 국제기관으로부터 비난받는 부끄러운 상황을 마주하고 있습니다. 게다가 구조 개혁을 통해 생산성을 향상해야만 하는 좀비기업**이 낮은 비용의 노동력에 의존하는 상황을 내버려두고 있는 것도 문제입니다.

우노　외국인 노동자의 인권 문제는 매우 부끄러운 상황이 오래도록 이어지고 있습니다. 이에 대한 개선을 개개인의 의식 개선에 맡겨두기만 해서는 한계가 있습니다. 그러므로 제도 개선에 사활을 걸어야 할 것입니다. 저는 주민의 5분의 1이 외국인이라는 군마 현 오이즈미 정에 계신 분들의 이야기를 들어본 적이 있습니다. 행정 절차를 포함해 공동체 분단의 극복을 위해 지역 주민들이 힘들게

---

* 개발도상국 인재에게 선진 기술을 전수한다는 명목으로 외국인 연수생이 일정 기간 일본 현지 기업에서 실습하면서 기술을 배우고 숙련된 후 고용계약을 체결하는 제도.

** 회생 가능성이 낮은데도 정부나 채권단의 지원으로 파산을 겨우 면하고 연명하는 기업.

노력하셨다고 합니다.

　이민자들이 일본에서 가정을 이루고 아이를 키우는 경우가 아직은 소수에 불과합니다. 하지만 일본의 미래를 본다면 큰 의미가 있습니다. 이들을 대상으로 교육이나 행정에서 다국어 대응을 위한 자원이 필요합니다. 이는 지자체 단위로 볼 일이 아니라 전국을 대상으로 근본적 대책을 세워야 할 것입니다.

　점진적 경제 성장을 이루고 있는 동남아시아를 중심으로 모국에서 고등 교육을 받은 젊은이가 유학처로 일본을 선택하고 그대로 취직하는 사례도 점점 늘어나고 있습니다. 미·중 관계의 긴장감 속에서 중국의 우수한 학생들도 미국이 아닌 일본으로 유학을 오는 현상이 최근 수년간 늘어나고 있습니다. 일본이 여전히 학문이나 연구, 노동을 위한 곳으로 선택된다는 사실은 분명 긍정적인 일입니다. 우수한 외국인 노동자들이 일본에 정착해 가정을 이루고 싶다고 생각하도록 제도나 시스템을 구축하는 일은 일본인과 외국인 서로에게 이득이 될 것입니다.

'서고동저'의 수수께끼

사회자　이번 보고서를 살펴보면 상황이 개선된 지자체는 동일본보다 서일본에서 더 많은 경향을 보입니다. 어떤 요인이 있어서일까요?

마스다　그 이유는 충분하게 분석하지 못했지만 최근 몇 년간의 출산율이 도시의 소멸 가능성에 큰 영향을 미쳤습니다. 출산율이 상승한 배경을 살펴보면 지역 차원의 육아 지원이 도움이 된 듯합니다. 예전부터 출산율은 서고동저 경향이 있었습니다. 출산율은 오키나와, 가고시마가 가장 높고, 홋카이도, 도호쿠는 매우 낮습니다. 생활이나 노동 환경, 공동체 개방성도 관계가 있는 듯합니다. 어쨌든 간에 '지역'에서의 노력 여하가 크게 반영되므로 각 지자체가 이번 분석 결과를 정책에 반영하도록 기대하고 있습니다.

우노　　저도 충분히 연구해보지는 못했는데 흥미로운 현상이라고 생각합니다. 약간 비약일지도 모르겠으나 일본 민속학자 미야모토 쓰네이치(宮本常一)*의 저서 《잊힌 일본인》에서 동일본에서는 '집' 단위로 공동체가 형성됐던 것에 반해, 서일본에서는 집이 다른 사람들끼리의 '모임'이 일찍부터 형성됐던 부분을 지적했습니다. 또 서일본에는 일본의 청년 공동체 숙소인 와카모노야도(若者宿)** 처럼 집을 벗어나 화합하는 연령대별 조직도 많았습니다. 농가를 중심으로 했던 '집' 사회의 약화가 진행된 동일본보다 전통적 공동체 기능이 강한 서일본이 남녀가 만날 기회가 더 많았을지도 모릅니다. 이것이 아마도 지역에서 아이를 키우는 상황에도 영향을 미쳐 상대적으로 인구 감소가 더디게 진행됐을 가능성도 있습니다. 이는 사회 과학의 관점에서도 중요한 연구과제가 될 수 있겠네요.

사회자　　눈여겨본 지역이나 사례가 있습니까?

---

*　일본의 민속학자이자 농촌 지도자, 사회 교육가. 필드 기반 일본 각지 민속학 연구를 통해 방대한 기록과 폭넓은 연구 결과를 남겼으며 특히 생활 도구, 기술 등에 관심을 가지고, '민구학(民具學)'이라는 새로운 영역을 개척했다.

**　일본 마을 젊은이들이 저녁에 모여서 일하고 잠도 자는 집회소.

마스다　자연 증가와 사회 증가와 잘 연계되지 않으면 성공이라고 할 수 없으니 그런 의미로 본다면 수도권은 전부 낙제점으로 보입니다.

한편으로 주목할 만한 지자체로, 지바 현 나가레야마 시는 육아 세대를 위한 대책이 성공해 인구 유입과 출산이 모두 늘어났습니다. 또한 기업과 연구소 등의 이전지로 선정된 지역은 역시 자연적으로나, 사회적으로 모두 증가세임을 알 수 있습니다. 구글 같은 IT 대기업의 데이터 센터가 있는 지바 현 인자이 시, 세계 유수 로봇 기업인 화낙(Fanuc)이 있는 야마나시 현 오시노 촌, 몇몇 대기업과 연구소를 거점으로 둔 가나가와 현 가이세이 정 등은 자립 지속 가능한 65개의 지자체에 들어갑니다.

오키나와 현은 섬으로 이뤄진 도서 지역을 포함해 지역마다 육아 지원 시스템이 잘돼 있어서 인구 규모는 작아도 건실하게 잘하고 있다고 봅니다.

우노　저는 시마네 현 아마 정을 좋아해서 아무래도 편애하는 시각이 반영돼 있지만(웃음), 수많은 귀농 귀촌 청년에게 활동할 기회를 주고, '고등학교 매력화 프로젝트' 발상지인 오키도젠고등학교(隱岐島前高校)*를 중심으로 섬 유학도 유행입니다. 시마네 현 전체 출산율도 개선되고 있고 소멸 가능성이 있는 도시도 감소했습니다. 지역 단위에서 저출생 대책, 요즘 세대를 대상으로 육아 지원에 매

---

* 일본 혼슈 서쪽 오키 제도의 하나뿐인 고등학교로 학생 수 감소로 폐교 위기를 맞았던 고등학교. 2008년 '섬 유학'이란 콘셉트로 일본 전역에서 입학생을 모집하고, 섬에 지역 중앙도서관을 유치 후 지역 문화교육 활동 거점을 마련해 인구 감소와 폐교를 멈춘 '고등학교 매력화 프로젝트'의 첫 사례.

우 힘쓰고 있는 모습을 살펴볼 수 있습니다.

마스다　지난 분석에서 소멸 가능성이 있는 도시로 도쿄 23구 중에서 유일하게 순위에 오른 곳이 도시마 구였습니다. 당시 구청장이었던 다카노 유키오 씨는 1999년 취임 이래, 오랫동안 재정 재건에 힘썼던 상황이라 매우 충격을 받았습니다. 구청 회의에도 제가 여러 번 방문하기도 했고 함께 분석도 진행했습니다. 젊은 여성의 과잉 전출에 대한 정책도 적극적으로 시도했으나 코로나바이러스에 감염된 탓에 재임 중인 2023년에 안타깝게도 돌아가셨지요.

　이번 보고서에서 도시마 구는 다른 구 대다수와 마찬가지로 자연 감소를 사회 증가로 채운 블랙홀형 지자체로 분류됐습니다. 다카노 전 구청장도 변화까진 아직 한참 멀었다고 생각하셨던 터라 다시 떠올려봐도 안타깝습니다.

　도시 지역을 중심으로 블랙홀형 지자체가 여럿 존재합니다. 인구 50만 이상인 정령지정도시를 중심으로 좀 더 사태 개선이 시급합니다.

인구 감소와 민주주의

사회자　인구 감소 국면이 가속화 중인 상황에서 행정 기능이 뒷받침하지 못하고 있다고 지적하셨는데, 정치와 관련해서는 어떤지요? 지방 의회제 민주주의*는 지속 가능할까요?

우노　먼저 확실히 해둡시다. 인구 규모의 많고 적음은 민주주의에서 장점, 단점도 아니고 직접적 관계도 없다는 것입니다. 큰 국가에서는 큰 국가의, 작은 국가에서는 작은 국가의 민주주의가 작동합니다. 정치학에서는 전통적으로 시민이 서로의 얼굴을 바라보며 대화를 나눌 수 있는 작은 국가가 민주주의에 적합하다고 봅니다. 프랑스 정치학자 알렉시 드 토크빌(Alexis de Tocqueville)[**]이 미국에 처음 도착하고서는 "이런 큰 나라에서 어째서 민주주의가 가능한가?" 하고 놀랐다는 이야기는 아주 유명합니다.

하지만 급격한 인구 감소는 별개의 이야기입니다. 민주주의의 근본에는 함께하는 사람들과 중장기적으로 이 사회를 함께 만들어간다는 암묵적 합의가 있습니다. 세금이나 사회보장의 부담 같은 단기적 득실을 극복할 수 있는 이유가 바로 여기에 있습니다.

급격한 사회 변화가 한창인 때라 미래상을 그릴 수 없거나 사회적 공정이 언제까지 보장될지 모르는 상황이라면 단기적 손해가 끝없는 손해로 남을 가능성도 완전히 없애진 못합니다. 그렇게 되면 민주적 논의의 장에 참여하기 싫어질 것입니다. 특히 청년이 그렇게 생각하는 것은 어쩌면 당연한 일입니다. 실제로 지금 청년층이 노년층에 반발하고 의회제 민주주의에 불신을 보이는 일은 이 같은 사회 상황을 반영한 것이라도 말할 수 있겠지요.

---

[*] 주민이 선출한 지방의원이 지역의 주요 정책을 결정하며 주민의 의사를 반영하는 방식의 민주주의 형태.

[**] 프랑스의 법관, 작가, 역사가, 여행가, 철학자, 정치학자. 1831년부터 1년 가까이 미국에 거주하면서 민주주의 체제와 미국의 예시를 분석한 《미국의 민주주의》를 저술했으며, 1835년부터 1840년까지 출판하면서 큰 성공을 거뒀다.

마스다 미래를 향한 불투명함이 민주주의의 전제를 무너뜨린다는 말씀이군요.

우노 맞아요. 일부 경제학자가 제창한 선거제도 중에 '세대별 선거구'라는 개념이 있습니다. 이는 선거구를 지역이 아니라 세대를 기준으로 나눠 세대, 즉 연령대별 대표를 의회에 보내는 방식입니다. 인구가 적은 20대도 정원이 적더라도 세대의 대표를 일정 수만큼은 반드시 낼 수 있습니다. 현실적으로는 쉽지 않고 일종의 사고실험 단계를 벗어나지 못했을 뿐입니다. 하지만 이 개념이 젊은 층들을 강하게 끌어들이고 있습니다. 청년층의 목소리가 통하지 않고 자신들과 같은 세대의 정치가가 나오지 않는 상황에 대한 답답함과 불만이 커가는 마음이 하나가 돼 드러난 것이 분명합니다.

마스다 행정 서비스 유지나 선거구와도 연관된 문제인데, 지속 불가능한 지자체의 시정촌 지역 단위를 합병하는 방식은 이미 모든 지역이 피로감만 쌓여서 효과적인 해결책이라고는 여기지 않습니다. 약 1,700개 시정촌 수를 유지하면서 어떻게 광역 범위로 협력해나갈지가 중요합니다. 주민이 1,000명으로 떨어진 지자체에서는 선거제도가 아니라 주민 집회를 통해 직접 대화하면서 투표로 의사결정을 해도 좋지 않을까 합니다. 그렇게 된다면 현행의 지방자치법을 엄격하게 적용하도록 제한하지 말고 인구 규모에 따라 직접 민주주의로 결정할 수 있도록 법 개정도 필요할 것입니다.

우노 동감입니다. 인구 규모마다 다양한 지역과 광역적 연대를 하거나 민간의 참여를 확대할 필요가 있습니다. 빗대자면 서비스가 협력의 단위가 될 것으로 저도 생각합니다.

그렇게 된다면 지자체 안에서 일어난 일을 해당 지역의 의회에서만 결정할 수 없는 경우도 늘어나겠지요. 서비스나 정책마다 협력 대상과 소통해 규칙을 만드는 시스템이 필요해집니다. 국회 개혁도 중요하지만 지역의 다양한 목소리를 반영하기 위한 지방 의회 개혁은 그보다 중요한 과제입니다. 어려운 정치 과제에 합리적 해결을 도출하기 위한 시스템이나 제도 설계가 요구됩니다.

기술의 가능성

마스다　지금은 디지털 기술로 다양한 일을 할 수 있지 않습니까? 본인의 거주지 외 지역에 세금을 내는 후루사토 납세(ふるさと納税)[*]로 납세지를 선택하는 것처럼 납세지가 두 군데면 선거권도 0.5표씩 부여하는 식의 선택지가 있으면 좋겠습니다.

우노　지방 의회를 개선하려면 우리 모두 열린 마음으로 편견 없이 아이디어를 내어 모두 모이는 전원 집회나 복수 지역 선거권 같은 아이디어도 고려해야 한다고 생각합니다.

마스다　오사카 부의 촌과 홋카이도의 촌이 행정, 교육과 같은 서비스로 함께 협력하는 일도 인터넷 발전이 가능하게 해줄 것 같습니다.

사회자　우노 선생님은 저서 《실험 민주주의》(2023)에서 효고 현 가코

---

* 　고향 납세. 일본의 지방 재정 및 지역 활성화 제도이며, 납세자가 거주지 외의 지자체에 기부하면 세금 공제와 함께 답례품을 받는 제도.

가와 시의 온라인 플랫폼을 예로 든 적이 있죠?

우노 　스페인 바르셀로나에서 개발된 데시딤(Decidim)*을 도입해 시민 참여형 민주주의를 시행하고 있습니다. 시민이 마을 개선을 위한 마치즈쿠리(まちづくり)**와 관련된 의견을 올리거나 프로젝트 진척 상황을 확인할 수 있습니다. 하지만 무엇보다도 문제의식을 공유해 시민의 정치 참여를 촉진할 수 있다는 점이 가장 큰 성과입니다. 다만 기술이 만병 통치약은 아닙니다. 디지털화만 하면 무조건 성공한다는 보장은 없습니다. 논의와 대화를 촉진하는 시스템과 분위기를 만드는 것이 중요합니다.

　디지털화는 지역이 가진 정보나 노하우를 그 지역 사람들만 아는 데 그치지 않고, 폭넓게 협력하며 공유하기 위한 필수 조건입니다. 일본의 행정이나 기업은 자신만의 고유 시스템을 한 세트로 구축해 정보를 밖으로 내보내기 싫어하는 경향이 강합니다. 하지만 디지털의 본질은 사물을 부품으로 잘게 쪼개어 모듈화하는 것입니다. 그러므로 모듈에 호환성이 없으면 서비스끼리 연결할 수 없어집니다. 따라서 디지털화가 일본의 조직 원리 자체도 바꿔준다면 이는 매우 큰 개혁이 될 것입니다.

마스다 　제각기 지자체마다 폐쇄적으로 닫혀 있으니 제로섬 상황이 가속화되는 경향을 없애기 어렵습니다. 폐쇄된 상황에서는 자기 지

---

* 　도시 개발의 일환으로 시행된 오픈소스 기반의 시민 참여 플랫폼. 데시딤은 우리가 결정한다는 뜻으로 바르셀로나 스마트시티의 주요 사업으로 개발됐으며, 시의회는 데시딤에 올라온 청원서 각종 투표 결과를 검토한 뒤 실제 정책에 반영한다.

** 　일본에서 진행된 시민 주도의 마을 만들기 운동.

자체만을 위해 부분 최적화를 추구하는 방식이 당연했습니다. 하지만 모듈마다 다양한 지자체가 협력하게 되면 인구 감소를 위한 대책도 색다른 시각으로 다가오고 새로운 아이디어도 나올 것입니다.

우노　특히 자연 감소와 관련해 지자체마다 효과적인 대책을 마련하기에는 한계가 있습니다. 새로운 형태의 지역 협력이 폭넓게 이뤄지면 건전한 민주주의에 어울리는 안정된 인구의 완만한 정착도 실현 가능성이 높아지리라고 봅니다.

(구성: 야나세 도오루)

우노 시게키(宇野重規)

1967년 도쿄 도 출생. 도쿄대학교 법학부 졸업. 동 대학원 법학정치학 연구과 박사 과정 졸업. 법학박사. 전공은 정치사상사, 정치철학이다. 저서로 《민주주의란 무엇인가》(이시바시 단잔상 수상), 《일본의 보수와 리버럴》 등이 있다.

마스다 히로야(增田寬也)

1951년 도쿄 도 출생. 도쿄대학교 법학부 졸업. 1977년 건설성(현재 국토교통성) 입성. 이와테 현 지사, 총무대신 등을 역임하고 2020년부터 일본우정 사장을 맡고 있다. 저서로 《지방 소멸》(신서대상, 2015), 《도쿄 소멸》, 공저로 《지방 소멸 활성화 전략 편》 등이 있다.

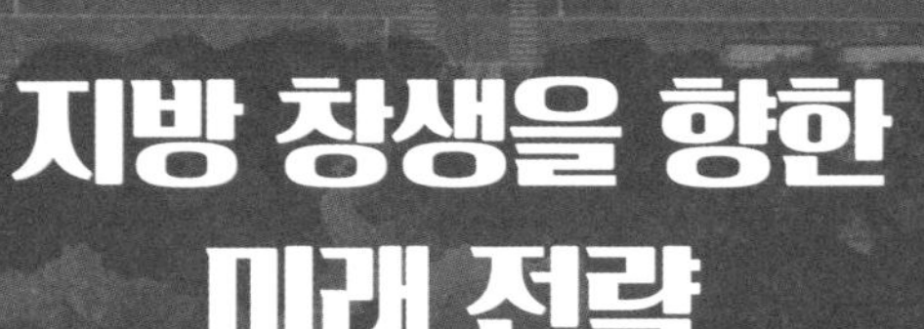

지방 창생을 향한 미래 전략

긴급 제언
〈인구 비전 2100〉

지금부터 인구 8,000만 최저선을 사수하라

인구전략회의

지금 왜 〈인구 비전 2100〉을 제언하는가?

• 인구는 절반으로 감소, 그중 40%가 고령자

일본은 결국 인구 감소 시대에 본격적으로 돌입했다. 이미 수십 년 전부터 아이 수가 감소하는 저출생은 시작됐다. 그래도 총인구는 계속 늘어났고, 2008년을 정점을 맞이한 후 감소로 전환된 후에도 감소폭은 그다지 크지 않았다. 그러나 이제부터 인구 감소 사태는 큰 변화를 맞이한다.

2023년 현재, 생산 가능 인구로 분류되는 15세부터 64세까지의 인구는 약 7,400만 명이다. 2040년까지 약 1,200만 명 감소한 후에도 계속해서 더욱 감소할 것이다. 현재 일본의 총인구는 1억 2,400만 명인데 이대로 흘러간다면 연간 100만 명씩 줄어들어, 76년 후인 2,100년에는 6,300만 명으로 반토막이 날 것으로 추산된다.

약 100년 전인 1930년 총인구가 비슷한 수준이었으므로 단순하게 생각하면 그저 옛날로 돌아가는 듯한 느낌일지도 모른다. 하지만 이는 사태의 심각성을 과소평가하는 것이다. 당시에는 총인구 중에서 65세 이상 고령자가 차지하는 비율인 고령화율이 4.8% 수준으로 '청년 국가'였다. 반면 2100년의 일본은 고령화율이 40%에 육박하는 '노인 국가'다.

이 같은 급격한 인구 감소를 코앞에 두고 많은 일본 국민이 일본 사회, 경제 그리고 지역은 '과연 지속 가능한가?'라는 의문을 던지며 그 결말에 불안을 품을 것이다. 저출생에 익숙해져 현재의 흐름에 몸을 맡겨둔 채 그대로 둔다면 일본과 이곳에 사는 국민은 필연적으로 인구 감소라는 거대한 소용돌이 속에 휘말려 점점 가라앉게 될 것이다.

• 늦기 전에 되돌릴 수 있는 마지막 찬스

지금까지 저출생 대책을 논의해도 성과가 없었으니 더 이상 어찌할 도리가 없다는 포기에 가까운 견해도 있다. 그러나 지금까지 대처는 적절하고 충분했는가? 잠시 뒤돌아 과거 10년간의 대처를 살펴보자.

10년 전이었던 2014년은 인구 문제를 둘러싼 거대한 움직임이 있었던 해였다. 2014년 5월에 일본창성회의가 인구 감소를 멈추고 지방을 활기차게 만들자는 '저출생 멈추기·건강한 지방 전략'을 제시하면서 사라질 가능성이 있는 896개의 지자체를 발표했다. 그해 11월에는 경제 재정 자문회의인 '선택하는 미래' 위원회(회장: 미무라 아키오)가 정부에 인구의 급격한 감소와 초고령화를 극복하고 50년 후에도 1억 명 정도를 유지하면서 미래에도 안정적 인구 구조를 유지할 수 있도록 해야 한다고 제언했다. 인구 문제를 정면으로 마주해야 한다는 이 같은 발언은 당시 큰 반향을 일으켰다.

그러나 당시 대응은 어땠는가? 합계출산율은 2015년 1.45명까지 상승한 후에 다시 하락하기 시작하며 2022년에는 역대 최저치인

1.26명까지 떨어졌다. 연간 출생아 수는 2016년에 100만 명 아래로 떨어지고 나서는 브레이크가 고장 난 듯 추락하더니 2022년에 이르러서는 단숨에 77만 명으로 하락해버리고 말았다. 지방 소멸의 요인 중 하나인 젊은 남녀가 수도권에 유입하는 도쿄일극중심 경향도 여전히 변함없다.

그동안 정부가 추진했던 저출생 정책은 어린이집이나 유치원 입학 대기 아동 해결이나 불임 치료 의료 보험 적용처럼 어느 정도 효과를 거뒀다. 하지만 대체로 단발적이면서도 임시방편에 불과했다. 앞에서 말한 '선택하는 미래' 위원회는 저출생 정책 예산(가족 정책 예산)이 다른 OECD(경제협력개발기구) 회원국 대비 현저히 낮은 것을 문제로 보고 2020년경을 목표로 조기에 두 배로 늘릴 것을 건의했다.

그 후에 정부는 예산을 늘리기는 했으나 2019년 GDP(국내총생산) 대비 저출생 정책 예산은 1.7%로, 3.4%인 스웨덴의 2분의 1에 그쳤다. 2023년 기시다 정권이 '차원이 다른 저출생 정책'으로 2030년대 초까지 기존 예산의 두 배로 늘리겠다는 방침을 내세웠다. 이 방침은 매우 고무적이기는 하나 2014년에 건의했던 시점으로 보면 10년이나 뒤처진 것이었다. 지방 활성화를 위한 창생 정책도 저출생 기조를 바꾸지는 못했다는 점에서 충분하지 못했다는 평을 받았다.

출산율이 높은 수준인 스웨덴이나 프랑스는 지금까지 여러 번 출산율이 떨어지는 상황을 마주했지만 그때마다 가족 정책 등을 강화하며 회복해왔다. 최근 일본과 마찬가지로 독일도 저출생 위기를 경험했다. 독일은 청년 세대가 일과 육아를 함께 병행할 수 있는 혁신적 노동 환경 개선을 통해 2011년 1.36명이었던 출산율을 단 5년 만인

2016년에 1.60명으로 급상승시켰다.

저출생 기조를 바꾸기는 분명 어려우면서도 오래 걸리는 과제다. 더욱이 지금까지 일본이라는 국가 소속 전원이 총력을 다해 추진했다고 말하기도 어려운 실정이다. 물론 늦어지기는 했으나 아직 만회는 가능하다. 절대로 포기하지 말고 세대를 뛰어넘어 함께 노력해야만 한다. 정부도 2030년까지가 마지막 기회라고 한다. 일본이 가진 역량을 총동원해 저출생 대책과 경제 성장 실현을 위해 물러서지 않겠다는 결의로 맞서야만 한다(아이 미래 전략, 2023년 12월)며 위기감을 표하고 있다.

앞에서 말했듯이 이 제언은 인구 감소라는 사태를 어떻게 마주하고 지속 가능한 사회를 만들어갈 것인가에 대해, 기본 인식을 공유하고 뜻을 함께하는 28명의 개개인이 자주적으로 모여 거듭 논의한 결과를 보고하는 장이다.

• 지금까지의 대처에서 부족했던 것

기본적으로 부족했던 점은 무엇이었을까? 여기서 '근본적인 과제'로 세 가지를 들어보겠다.

첫 번째, 정부도 민간도 인구 감소 원인이나 대책에 대해 아이디어를 모으거나 조사 분석을 진행하지 않았다. 또한 국민에게 그 심각한 영향과 예방의 중요성을 충분히 전달하지 못했다. 일본에서 출산율 높이기라는 과제는 1941년 '낳아라! 번식하라!'라는 인구 정책에 대한 반성을 비롯해 개인의 가치관과 연관된 영역이라는 이유로 오래도록 금기시됐다. 그렇기에 인구 감소 문제는 소수의 정부 관계자나 지식인이라는 한정된 범위 내에서 논의되는 정도로 그쳤던 경향이 있다.

그러나 인구 감소 문제는 누가 어떤 가치관을 가졌든지 닥쳐올 것이며 마침내 좋든 싫든 사회 전반에 걸쳐 지속 가능성을 붕괴시킬 것이다. 공적 연금 제도는 그 전형적인 예라고 할 수 있다. 자립해 노후 생활을 보내고 싶다고 아무리 소원해도 청년 세대가 줄어들면 모든 고령자의 연금 수령액이 감소하는 사태를 피할 수 없다. 이처럼 인구 소멸이 미래에 가져올 '중대한 사태'에 대해 경제계를 시작으로 시민, 나아가서는 국민에게 적극적으로 정보를 공유하고 의식을 일깨우려는 노력이 충분히 이뤄졌다고 할 수 없는 상태다.

두 번째, 청년, 특히 육아 부담을 전적으로 담당하는 여성의 의식이나 실태를 중시하고 정책에 반영하겠다는 자세가 부족하다고 볼 수 있다.

그리고 세 번째, 지금 살아가는 사회 및 지역을 미래 세대에 제대로 계승해야 하므로 우리 모두에게 막중한 책임이 있다고 현세대와 진지하게 논의한 적이 없었다.

앞으로는 이와 같은 기본적 과제를 염두에 두고 맞서나가야만 할 것이다.

• 안정적이고 성장력도 있는 인구 8,000만 명 국가를 목표로

여기서는 세기가 끝나는 때에 해당하는 2100년을 바라보고 우리가 지향해야 할 목표를 제시한다. 첫 번째로는 총인구가 급격하게 또는 멈출 새도 없이 계속해서 감소하는 상태에서 벗어나 2100년까지

8,000만 명 수준으로 안정된 인구수를 유지하면서 전 국민이 확실한 미래를 꿈꿀 수 있도록 하는 것이다. 두 번째로는 지금보다 적은 인구 규모라도 다양성이 넘치고 성장력 있는 사회를 구축하는 것이다.

우리가 미래로 선택할 만한 사회(일명 '미래 선택 사회')는 국민 한 명 한 명마다 풍족하고 행복도가 세계 최고 수준인 사회다. 개인의 선택과 사회의 선택이 양립하며 다양한 라이프스타일 선택이 가능한 사회적·경제적 여건을 갖춘 사회로 나아가야 한다. 즉, 현세대가 사회 및 지역을 미래 세대에 물려줄 수 있으며 세대를 뛰어넘는 연대를 형성해 미래를 위한 안정적인 구조를 가진 사회여야 한다.

• 정상화 전략과 강인화 전략

2100년의 목표는 먼 미래처럼 여겨질지도 모른다. 인구 감소의 흐름을 바꾸려면 매우 긴 기간이 소요된다. 지금부터 바로 효과적 정책을 실행해야만 달성할 수 있다. 이를 위해 종합적이고 장기적인 전략으로서 '정상화 전략'과 '강인화 전략' 두 가지를 제시한다.

정상화 전략은 인구 감소 흐름을 완화해 최종적으로는 인구 안정(인구 정상화)을 목표로 하는 전략이다. 더불어 질적인 강인화를 꿈꾸며 현재보다 적은 인구 규모라도 다양성이 넘치는 성장력 있는 사회를 구축하는 방향이 강인화 전략이다. 이러한 전략 내용을 바탕으로 정부나 지방자치단체, 민간, 나아가 국민이 향후 추진해야 할 논점을 들어볼 것이다.

국가적 재난이라고 할 만한 인구 감소라는 과제를 수행하기 위해서 정부는 인구 전략의 수립과 수행을 총괄하는 사령탑 역할을 맡도록 체제를 준비해야 한다. 입법부에서도 당파를 넘어서 본격적으로 논의해야 한다.

인구 문제는 노동 환경 개선 등 사회 규범을 둘러싼 과제나 개인 가치관과도 연관되는 주제가 많다. 그러한 의미에서 기업을 시작으로 민간이나 지역의 참여, 나아가 전 국민적 논의가 중요한 의미를 띤다.

• 통합적 국가 비전

지금의 일본에는 통합적이고 장기적인 국가 비전을 논의할 장이 없다. 오래도록 인구 문제를 심의하는 역할을 맡은 내각의 인구문제 심의회는 1997년에 〈저출산에 관한 기본적인 사고방식에 대해 – 인구 감소 사회, 미래를 향한 책임과 선택〉이라는 제목의 보고서를 채택하고 사안과 관련된 각 장관에게 보고했다.

이 보고서는 저출산의 원인은 주로 결혼하지 않거나 결혼이 늦어지는 데 있으며, 이는 여성의 사회 진출 시대에 일과 가정이 양립하기 힘들어 벌어진 사태로 파악했다. 일과 가정의 양립이 어려운 원인은 굳어진 고용 관행과 남녀의 역할 관계에 있으며 기업 사회와 가정, 지역 모두가 구조적으로 변화해야 한다고 주장했다.

인구문제 심의회는 2000년에 폐지됐다. 당시 위원 중 한 사람은 다음과 같은 말을 남겼다. "47년의 역사를 가진 인구문제 심의회는 제85회 총회를 끝으로 막을 내렸다. ……그러나 일본의 저출산 문제는 정부가 바라는 대로 빠르게 해결될 것 같지는 않다. 그 말인즉, 21세기의 일본은 필연적으로 초고령화에 직면하고, 인구 감소 사회에 돌입할 것이라는 의미다. 게다가 그 과정에서 인구 보충을 위한 이민이 큰 정책 과제가 되리라고 쉽게 예측할 수 있다. 본디 이 같은 정책 과제를 종합적으로 논의하는 장이 바로 인구문제 심의회로, 요즘 이 시대에 꼭 필요한 조직이다. 행정 개혁이 그 기회를 영원히 빼앗아버린 기분이 든다."(아토 마코토, 〈인구문제 심의회의 마지막 총회를 빌려〉, 인구문제연구, 2000년 12월)

지금이야말로 인구 감소라는 전례 없는 사태를 맞이해 종합적이고 장기적인 시각으로 논의해야 할 때다. 정부 관계자들이 전 국민과 함께 의식을 공유하고 인구 감소를 해결하기 위한 국가 비전을 분명히 갖춰야 한다. 이 제언이 그중 하나의 소재가 될 수 있길 진심으로 바란다.

세 가지 기본 과제

1. 전 국민 공감대 형성

• 인구 감소가 초래할 심각한 사태

지금까지 대처가 부족했던 근본적 문제 중 가장 첫 번째는 전 국민의 공감대 형성이다. 누구든 인구 감소 사태를 정확하게 이해하지 않으면 행동하지 않는다. 그러므로 우선은 인구 감소로 인해 미래에 어떤 심각한 사태가 일어날 수 있을지 모두가 정확하게 이해해야 한다. 지금부터 설명할 심각한 사태에 대해 모두가 공감할 것을 최우선 목표로 삼아야 한다. '인구가 감소해도 일본 사회는 지금처럼 유지되겠지'라는 생각은 근거 없는 낙관론에 지나지 않는다.

• 끝없는 축소와 철퇴

첫 번째는 인구 감소 속도에서 오는 문제다. 이대로라면 전체 인구가 연간 100만 명씩 줄어드는 급격한 감소기를 맞이한다(그림4-1). 심지어 이러한 감소는 멈출 새도 없이 이어진다.

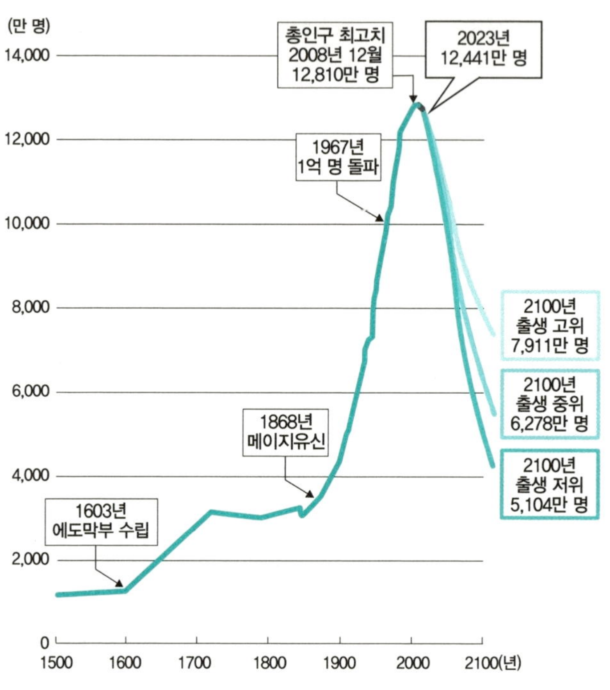

※ 장래 인구는 2023년 추계
출처: 국립 사회보장·인구문제 연구소, 〈일본의 장래 추계 인구〉(2023).

2023년에 공표한 〈일본의 장래 추계 인구〉(국립 사회보장·인구문제 연구소)에 따르면 2070년 인구는 8,700만 명(중위 추계)으로 추산된다. 이는 단지 여전히 감소 중인 상황의 인구 규모일 뿐이다. 출산율이 인구 치환 수준인 2.07에 도달하지 않으면 아무리 시간이 흘러도 인구는 계속 줄어들 것이다.

인구가 감소하면 노동 인구가 줄어든다. 이뿐만 아니라 소비 인구도 줄어들면서 시장 자체, 사회 전체가 급속도로 축소될 것이다. 시장이 줄어들면 국내 투자도 사라진다. 그 결과, 생산성이 오르지 않고 국가 성장력과 산업 경쟁력마저 줄어들 우려가 있다.

이처럼 '인구 폭락'이라고 불릴 만한 상황에서는 모든 경제 사회 시스템의 현상 유지가 어려워져 '끝없는 축소와 철퇴'로 이어질 수밖에 없다. 사회 전체가 축소되고 철퇴하면 경제 사회의 운영도, 개인의 인생도 모두 '선택의 폭'이 극단적으로 좁은 사회로 내몰린다. 이것이 바로 첫 번째 심각한 사태다.

• 초고령화와 지방 소멸

두 번째 심각한 사태는 인구 감소의 구조에서 오는 문제다. 인구 감소는 인구나 사회의 구조도 크게 바꾼다.

인구 감소 사회는 초고령 사회이기도 하다. 인구 감소가 이어지면서 고령화 비율은 계속 상승해 결국 세계 최고 수준인 40%까지 올랐다. 이러한 고령화와 더불어 1인당 거액의 공적 채무가 계속되면 재정은 극단적으로 나빠질 것이다.

또한 청년층 대부분이 직업적 성취를 기대하기 어려워졌다. 이들은 다가올 장래의 자기실현보다 손쉽게 일감을 얻을 수 있는 비정규직이나 파트타임 근로자로 전락하고 있다. 사회인으로서 직업 교육을 받을 귀중한 기회를 놓치고 있는 셈이다. 이러한 현상이 이어지면 사회 격차가 확대되고 고착될 우려가 있다.

지금과 같은 '역사적 전환기'에는 태어난 연령대에 따라 경험하는 사회 환경이 완전히 달라진다. 예를 들어 고도 성장기나 버블 시대를 경험한 연령대도 있고 이 시기를 전혀 모르는 연령대도 있다. 이러한 사회 구조를 배려하지 않고 제도와 사회 규범을 지금처럼 내버려둔다면 연령대와 세대 간의 대립이 심각해질 것이다.

인구 감소의 진행 양상에는 지역별로 차이가 있다. 지방은 먼저 인구 감소가 진행된 곳이다. 주민을 지원할 인프라나 사회 서비스를 기존처럼 운영하려면 비용이 늘어나고 유지가 어려워진다. 그러므로 결국은 주민이 이탈하고 지방 소멸이 가속화되리라 예측할 수 있다. 이것이 두 번째 심각한 사태다.

지금까지 서술한 것처럼 축소와 정체의 악순환에 빠지면 결국에는 사회의 발전이 멈추고 광범위한 '사회 심리적 정체'가 발생한다. 이처럼 심각한 사태를 국민 한 명 한 명이 자신의 문제로 인식하고 각자의 상황에 맞게 과제에 임할 마음가짐을 가지는 것이야말로 중요한 출발점이 된다.

2. 청년, 특히 여성이 가장 중요

• 청년과 여성이 희망을 품을 수 있는 환경 조성

두 번째 근본적인 과제는 청년, 특히 여성을 가장 중시해야 한다는 것이다.

저출생 기조를 바꾸려면 청년 세대, 특히 육아 부담을 전적으로 책임지고 있는 여성, 이들이 미래에 희망을 품을 수 있어야 한다. 결혼이나 임신, 육아는 어디까지나 개인의 선택이며 그 자유의지를 존중해야 한다. 또한 성 소수자도 차별을 느끼지 않아야 한다. 이러한 기본

인식을 바탕으로 청년 세대의 의식과 실태를 고려해야 할 것이다. 그러고 나서 결혼과 임신, 육아를 희망하는 청년이 그 희망을 실현할 수 있는 사회 환경을 적극적으로 조성해야 한다.

• 청년 세대의 결혼과 임신, 육아 의욕 저하

다양한 여론 조사 결과나 공청회를 살펴보면 청년 세대의 결혼과 임신, 육아 의욕이 급속도로 낮아진 상황을 마주한다. 한편으로는 결혼하고 싶어도 결혼할 수 있는 환경이 아닌 남녀가 많은 것도 사실이다. 다양한 요인 중 소득이나 고용 같은 경제적 요인이 가장 크다.

청년 세대의 격차 확대라는 측면도 한 요인이다. 지금 일본에서는 수많은 젊은이가 비정규직이나 프리랜서처럼 불안정한 취업 상태로 살아가고 있다. 이러한 혹독한 고용 환경에 처한 젊은 남성의 결혼 비중이 적은 것이 현실이다. 여성 또한 비정규직이나 고졸은 정규직이나 대졸자와 비교하면 아이를 갖고자 하는 의욕이 낮으며 출산하지 않는 경향이 계속해서 나타난다(그림4-2~4).

미혼 여성이 추구하는 삶의 방향은 아이도 가정도 갖지 않는 '비혼 취업'이라는 선택지가 가장 높으며 전체의 3분의 1을 차지한다(그림 5-3 참조). 특히 20대는 '육아가 힘들다'라는 부정적 시각이 많다. 이혼에 대한 불안감을 느끼는 사람도 다수 확인된다. 이는 한부모 가정, 특히 모자 가정의 빈곤율이 높다는 배경이 작용한 결과라 할 수 있다.

• 아이를 갖는 리스크와 부담

일본의 많은 청년 세대가 아이 갖기를 리스크나 부담으로 받아들인

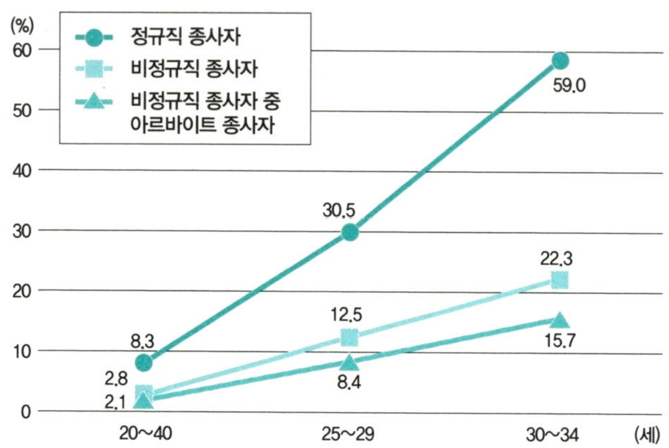

그림4-2 남성 종사자의 지위 · 고용 형태별 유배우율

※ 수치는 미혼이 아닌 자의 비율
출처: 총무성, 〈취업구조 기본조사〉(2017)에서 발췌.

그림4-3 여성 기혼자 최종 학력별로 본 출생 아동 수(여성 기혼자 45～49세 부부)

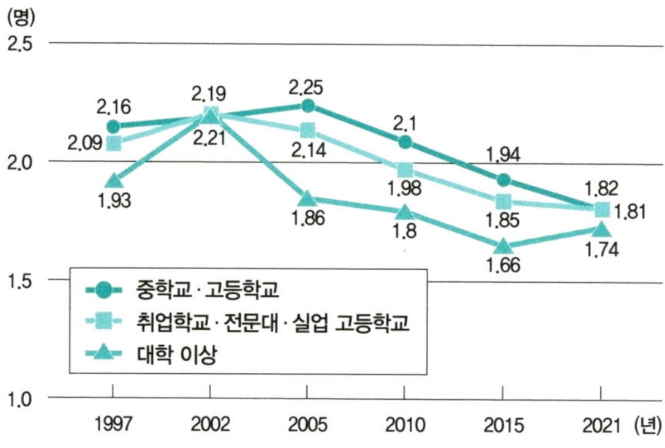

출처: 국립 사회보장 · 인구문제 연구소, 〈출생 동향 기본 조사〉(2021).

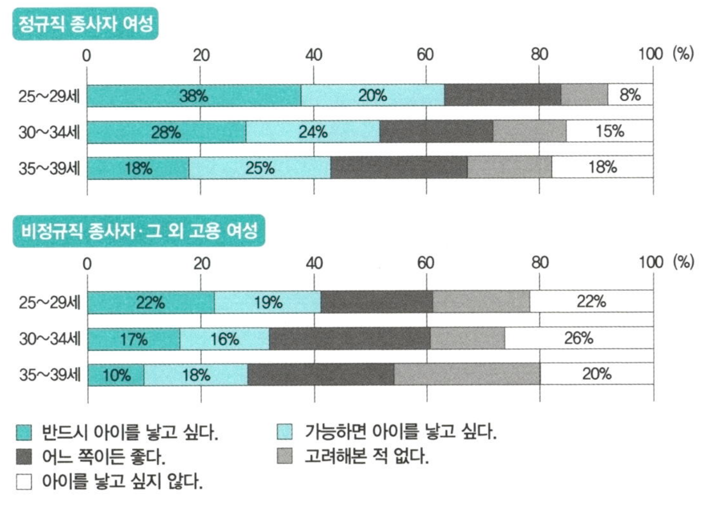

다. 수입이 줄어드는 문제가 대표적인 원인이다. 지금은 맞벌이 가정이 전체의 70%를 넘지만 여전히 출산과 함께 여성이 퇴직하거나 단시간 근무자로 전환할 수밖에 없어 수입이 대폭 감소한다. 여성 취업 현황을 보면 30세를 전후로 정규 고용률이 낮아진다. 특히 30~40대에 비정규직이 많아지는 'L자형 곡선 문제'가 꾸준히 지적되고 있다(그림4-5).

출산 퇴직을 선택할 수밖에 없는 이유를 살펴보면 비정규직의 경우 '육아 휴직이 없다'라는 답변이 주를 이룬다. 정규직의 경우에는 '육아와 병행할 수 없는 근무 환경이었다', '회사에서 육아를 지원하는 분위기가 아니었다' 등이 있었다.

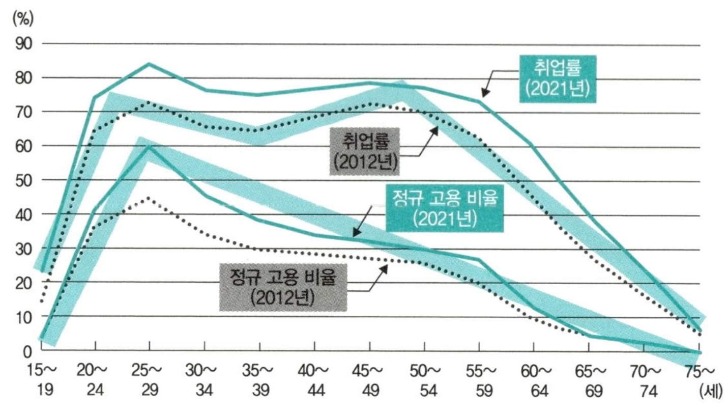

출처: 총무성, 〈노동력 조사(상세 집계)〉에서 발췌. 인구에서 차지하는 취업자 또는 정규 노동자 비율.

또한 육아 가정이 둘째 낳기를 주저하는 이유로 남편의 육아 및 가사 참여 시간이 짧거나 육아 활동을 기대하기 힘들다는 점을 들 수 있다. 이 같은 목소리를 진지하게 받아들여 하나하나 과제 삼아 대응하지 않으면 저출생 흐름은 결국 바꾸기 힘들 것이다.

이런 상황을 만든 원인으로 '1930~1980년대식 라이프스타일'을 전제로 한 제도나 사회 규범이 오늘날에 이르기까지 그대로 유지되고 있다는 점을 주목한다. 현 상황을 재검토하려면 청년 세대, 특히 여성의 의식과 실태를 가장 중요하게 파악해 정책 논의에 반영해야 한다. 최종적으로는 기업과 조직에서 주도적 리더에 의한 상명하달식 결의와 실행이 필요하다.

3. 세대 간 계승·연대와 '공동육아사회' 만들기

• 미래 세대의 책임

근본적인 과제 세 번째는 현세대에게 요구되는 책임과 관련된 것
이다.

인구 감소는 세대를 초월해 진행된다. 지금 현세대의 노력은 수십
년 후에야 비로소 효과를 거둘 수 있으며 그 혜택을 받는 대상은 미래
세대다. 반대로 지금 아무런 행동도 하지 않으면 미래 세대가 나쁜 영
향을 받게 된다. 즉, 미래 세대가 안심하고 살아갈 수 있는 사회나 지
역을 제대로 물려줘야 한다는 차원에서 현세대가 후세에 가져야 할
책임이 막중하다고 할 수 있다.

우리 사회 구성원은 아이를 낳든 낳지 않든 모두 사회보장제도를
통해 연결돼 지원을 받고 있다. 특히 노령기에는 본인 한 사람의 소득
이나 저축뿐만 아니라 연금이나 의료·간병 보험 제도의 급여 및 서비
스를 통해 생활에 큰 보탬을 받고 있다. 이 같은 제도는 청년 세대, 크
게 보면 미래 세대의 자금 분담이나 인적 지원을 기반으로 성립된다
고도 할 수 있다. 따라서 사회 전체, 그리고 세대를 넘어선 연대를 유
지하기 위해서라도 고령자를 포함한 모두가 육아 지원에 힘을 쏟아야
한다.

• 공동육아사회를 목표로

육아에 큰 노력과 많은 시간이 요구된다는 점은 생물계를 통틀어
인간만이 가진 고유한 특징이라고 한다. 세대 간 계승이라는 관점으

로 봐도 어머니 혼자 아이를 돌보지 않고 아버지를 비롯해 가족과 지역이 모두 함께 참여하는 형태의 공동육아가 중요하다. 바로 이것이 미래의 육아 형태여야 할 것이다. 오키나와 현의 출산율이 높은 이유 중 하나도 지역 전체가 함께 육아를 한다는 의식이 강하기 때문이라고 한다.

1930년대 스웨덴이 저출생 상황에 처했을 때, 경제학자 군나르 뮈르달(Gunnar Myrdal)은 인구 감소의 위기를 호소하며 스웨덴 가족 정책을 수립했다. 당시 그는 이렇게 주장했다. "근대 사회에서 아이는 노동력 같은 역할을 기대할 존재가 아니라 오히려 경제적 부담을 늘리는 존재이므로 많은 부모가 아이를 많이 가지려 하지 않는다. 이는 부모의 '개인적 이익'과 국민의 경제생활이라는 '집단적 이익'에 대립이 발생했다는 것을 의미한다. 이 문제를 해결하려면 육아를 부모들만의 책임으로 지울 것이 아니라 모든 아이의 출산과 육아를 국가가 지원하는 보편적 가족 정책을 확립해야만 한다."[*1]

공동육아사회나 뮈르달의 사고방식은 나라와 사회가 육아를 지원하는 활동의 중요성을 강조하고 있다. 미래 세대가 사회나 지역을 계승해 이어나가도록 하려면 이와 같은 사고방식을 국민이 모두 함께 공유하고 이와 어울리는 사회 경제 시스템을 반드시 구축해야 한다. 또한 이러한 공통된 인식을 통해 육아가 힘들다는 이미지를 말끔히 덜어내고, 청년 세대가 출산과 육아에 대해 심리적 안정감을 갖도록 지원해야 할 것이다.

앞으로 추진해야 할 인구 전략

1. 두 가지 전략으로 '미래 선택 사회' 실현

• 인구 정상화와 질적 강인화

이제부터는 인구 감소라는 사태를 어떻게 해결하고 지속 가능한 사회를 어떻게 만들지를 두고 인구 전략이 추구해야 할 방향을 제시한다. 이는 곧 2100년을 눈앞에 둔 시점에서 정상화 전략과 강인화 전략, 이 두 전략을 동시에 추진함으로써 바람직한 미래 선택 사회의 실현을 앞당기는 길이다.

첫 번째인 정상화 전략은 인구 감소의 속도를 늦춰 최종적으로 인구를 안정시키는 전략이다. 이로써 인구가 급격하게 감소하는 상황과 더불어 사회도, 개인도 선택의 폭이 극단적으로 좁아지는 사태를 막을 수 있다. 또한 국민, 즉 인구의 감소가 어느 시점에 멈춘다는 확고한 미래 전망을 가질 수 있다.

다른 한편으로는 정상화 전략을 추진한다고 해도 그 효과가 본격적으로 나타나기까지는 수십 년이 걸린다. 게다가 인구가 정상화된다고 해도 인구 규모가 지금보다 줄어드는 상황은 피할 수 없다. 이런 점을 고려해 각종 경제 사회 시스템을 인구 동태에 적합하게 만들어 질적으로 강인화를 노리기보다 다양성이 풍부한 성장력 있는 사회를 구축하는 것이 두 번째 강인화 전략이다.

• 미래 선택 사회란 무엇인가?

두 전략을 추진해 실현하고자 하는 미래, 즉 우리가 반드시 선택해야 할 바람직한 사회의 모습은 다음과 같다.

① 개개인이 풍요롭고 행복도가 최고 수준인 사회

국민 개개인의 풍요나 행복도, 웰빙(well-being)이 세계 최고 수준인 사회다. 이에 해당하는 지표로 다양한 기준을 적용할 수 있다. 예를 들어 국민 1인당 가처분소득*이다. 또는 특히 육아 세대에게 중요한 육아에 쓰는 가처분 시간을 적용할 수도 있다. 사회적으로는 계층별 좁은 격차나, 이미 초고령 사회로 진입한 일본의 경우 건강 수명의 길이도 지표가 될 수 있다고 본다.

② 개인과 사회의 선택이 양립하는 사회

결혼이나 아이를 가질지 말지는 개인의 자유로운 선택으로 결정해야만 한다. 저출생 사회란 이 같은 개인의 선택과 사회 경제 전체가

---

* 개인이 사적으로 얻은 소득에 세금을 제외하고 연금 등 정부 혜택을 더한 소득을 의미하며, 후생 수준을 파악하기 위한 지표로 활용되기도 한다.

꾸준히 성장하길 바라는 사회의 선택이 대립하는 상황을 말한다. 저출생 흐름을 바꾼다는 말뜻은 이러한 개인과 사회의 선택이 양립하는 사회를 실현한다는 의미와 다름없다.

③ 다양한 라이프스타일 선택이 가능한 사회

개인의 선택이라는 시각으로 볼 때 학업, 직업, 가정이나 아이를 낳는 등 본인의 라이프스타일을 나이나 처한 환경에 상관없이 다양하게 선택할 수 있는 사회다.

④ 세대 간 '계승'과 '연대'를 기초로 하는 사회

현재를 살아가는 세대에게 요구되는 책임이라는 시각에서 볼 때, 미래 세대가 사회·지역을 제대로 이어받아 계승하고 세대를 넘어 연결된 연대가 있어 미래를 향한 안정된 구조를 유지하고 있는 사회다.

⑤ 국제 사회에서 존재감과 매력이 있는 세계적인 국가

나아가서는 정치·경제·문화 등의 측면에서 국제적으로 발언력과 영향력, 매력을 보유하고 있고 세계적으로 공헌할 수 있는 국가다.

• 인구 정상화의 네 가지 사례

그럼 인구 정상화를 실현하기 위한 조건과 의의를 살펴보자.

우선 인구를 정상화하려면 2022년 1.26명이었던 출산율이 인구 치환 수준인 2.07명까지 도달하고 그 이후에도 이어져야 한다. 만약 이러한 출산율에 도달한다면 그 시기에 따라 미래 사회의 모습은 크게 달라진다.

인구가 정상화되기 시작할 경우 인구 감소 속도가 늦어지면서 큰 변화까지 시간적 여유가 생기고 선택의 폭이 늘어난다. 또한 정상화 시기가 빠르면 빠를수록 인구 출생과 사망이 균형을 이루는 정상 인구* 규모는 커질 것이다.

나아가 인구가 정상화되기 시작하면 동시에 고령화율이 정점에 이르고 나서 떨어지는 현상인 '회춘 경로'로 올라타는 효과를 불러온다. 현재의 추세라면 2100년의 고령화율은 40% 수준에서 고점을 유지하겠지만 결국에는 지금 수준인 28%까지 떨어진다(표4-1). 이는 사회보장이나 재정, 경제에 긍정적 영향을 미칠 것이다.

그러나 지금 상태로 두면 절대로 인구 정상화에 도달할 수 없다는 사실도 확실히 못 박아두겠다. 〈일본의 장래 추계 인구〉에서는 고위·중위·저위 추계라는 세 가지 시뮬레이션을 다루고 있다. 그러나 세 가지 상황을 모두 살펴봐도 인구는 정상화되지 못하고 고령화율은 고점에 머무른다.

• 지향해야 할 목표는 8,000만 명 인구 정상화

인구 정상화라는 '정상화 전략'의 목표가 실현되려면 예측상 A 시나리오(급격한 출산율 회복)와 B 시나리오(출산율 회복)를 달성해야 한다. 이 중 A 시나리오는 출산율이 2040년까지 2.07명에 도달할 것이 조

---

* 인구 규모가 안정적으로 유지되는 상태로 인구의 자연 증가 또는 감소가 균형인 상태를 가리킨다. 흔히 합계출산율이 2.1명 수준일 때를 뜻한다.

	2100년 인구 규모와 구조		
	총인구	고령화율	외국인 비율
A 시나리오(급격한 출산율 회복) 2040년까지 출산율 2.07명으로 2040년 이후 국제 인구 이동 균형	9,100만 명	28%	10.4%
B 시나리오(출산율 회복) 2060년까지 출산율 2.07명으로 2040년 이후 국제 인구 이동 균형	8,000만 명	30%	10.4%
C 시나리오(장래 인구 추계 [중위]) 출산율 1.36명으로 추이 외국인 유입 초과(연간 16.4만 명)	6,300만 명	40%	15.5%
D 시나리오(장래 인구 추계 [저위]) 출산율 1.13명으로 추이 외국인 유입 초과(연간 16.4만 명)	5,100만 명	46%	15.6%

출처: 국제의료복지대학 인구전략연구소

건이지만 이는 실현 가능성이 매우 어렵다고 본다. 반면 B 시나리오는 2060년까지 도달할 것이 조건이므로 이를 위해서는 2040년쯤에 1.6명, 2050년쯤에는 1.8명 정도에 이르러야 할 것으로 예측한다. 물론 이 또한 달성하기 쉽지 않은 목표지만 총력을 다해 저출생 대책에 임한다면 결코 불가능한 것은 아니다.

그러므로 B 시나리오를 정상화 전략의 목표로 삼고 2100년에 일본 총인구 8,000만 명 규모로 인구가 정상화되도록 노력해야 한다(그림4-6).

• 두 전략의 경제 효과

정상화 전략과 강인화 전략이 함께 추진돼 제각기 목표가 실현됐

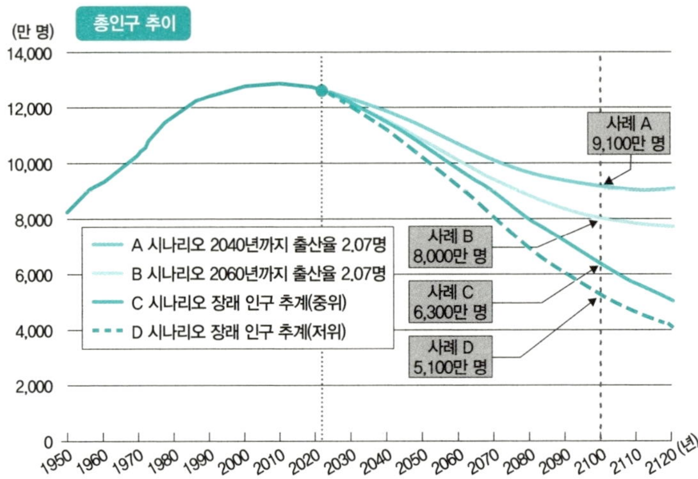

그림4-6 사례 네 가지로 본 총인구·고령화율 추이(자체 예측)

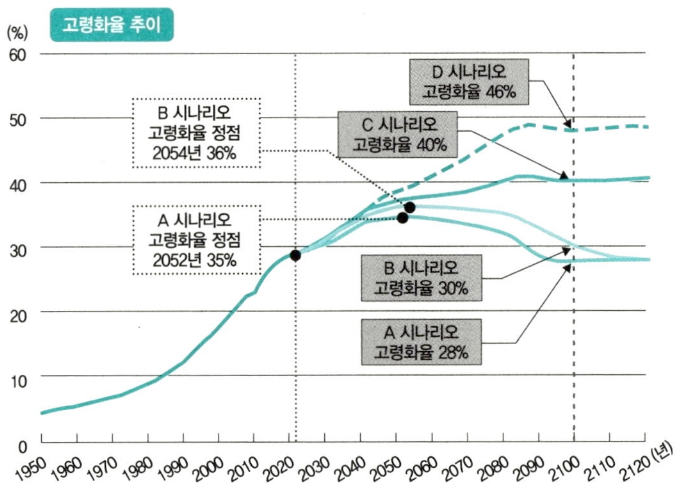

출처: 국제의료복지대학 인구전략연구소

을 때, 일본 경제에 어떠한 영향을 미칠 것인지 대략의 상황을 예측해
보자.

이 예측을 위한 정상화 전략은 B 시나리오(2100년에 8,000만 명으로 인
구 정상화)를 실현하는 방향으로 설정했다. 한편 강인화 전략은 생산성
(노동생산성)의 성장이 내각부에서 발표한 〈중장기 경제 재정에 관한 예
측〉(2023) 보고서의 기준 시나리오의 수준을 달성한다고 가정했다.[2]

우선 실질 GDP 성장률이 별다른 변동 없이 이어진다고 가정하면[3]
D 시나리오(장래 인구 추계 [저위 추계])를 따를 것으로 예측된다. 이 경우
2050~2100년 평균 성장률은 -1.1%로 마이너스를 유지하며 계속 줄
어들 것이다. 그러나 정상화 전략이 실현되면 같은 시기 평균 성장률
은 약 0.9%포인트 상승한다. 정상화 전략의 효과는 즉각적으로 나타
나진 않지만 장기적으로는 성장률을 안정적으로 높이는 효과가 있다.

반면 강인화 전략으로 생산성 성장률을 높일 수 있다면 그 효과는
빠르고 분명하게 나타난다. 예측 결과에서도 2020년대 이후 계속해
서 약 1%포인트 올릴 수 있다고 확인된다. 만약 정상화 전략이 실현
되지 못하고 강인화 전략만 효과가 있다면 2050년부터 2100년까지
성장률은 0%로 떨어지게 될 것이다. 반대로 강인화 전략이 실패하면
2030년대 이후 성장률은 마이너스가 된다. 만약 정상화 전략과 강인
화 전략이 모두 효과가 있다면 2050년부터 2100년까지 성장률은
0.9% 정도를 유지할 수 있게 된다.

다음으로 1인당 GDP는 D 시나리오라 해도 정상화 전략에 의해
2100년 시점이면 60만 엔 정도 증가시키는 효과를 거둘 수 있다. 반
면 강인화 전략의 효과를 기대한다면 2100년 시점에 2.5배 정도까지

증가시킬 것으로 예측된다.

이처럼 정상화 전략과 강인화 전략은 효과가 발현되는 시점과 정도에 차이가 있으므로 두 전략을 함께 추진함으로써 단기에서 중기, 장기에 걸쳐 안정적 경제 효과를 기대할 수 있다(그림4-7).

2. '정상화 전략' 속 논점

• 청년 세대의 소득 증대와 고용 개선

정상화 전략의 목표는 저출생의 흐름을 바꾸는 것이다. 저출생 현상은 일본 사회와 경제에 다양한 동향, 그중에서도 고용 형태와 고용 환경 변화, 그리고 그동안 쌓여온 청년 세대의 의식 변화로 인한 결과라고 할 수 있다. 그러므로 결혼과 아이 낳기를 원하는 사람이 자신의 희망을 실현할 수 있도록 하려면 사회 경제 전반에 걸쳐 개혁을 추진해야 한다.

먼저 결혼하고 싶은 남녀의 희망을 이룰 수 있는 환경이 갖춰져야 한다. 실제로는 결혼하고 싶어도 현실적으로 불가능하다는 남녀가 많다. 이들의 희망을 실현하려면 청년 세대의 소득 증대와 불안정한 취업을 해결하는 고용 개선을 가장 중요한 논점으로 삼아야 한다. 기업에서는 비정규직을 정규직으로 전환해 고용 개선을 실현하고 정부도 이를 위한 실행을 지원해야 한다. 또한 아르바이트 직종을 노동법으로 보호하고 사회보장제도를 정비하는 과제도 시급한 문제다. 나아가 연공서열로 임금이 상승하는 호봉제 문제나 특히 여성일수록 저임금

그림4-7 실질 GDP 성장률 및 1인당 GDP 예측

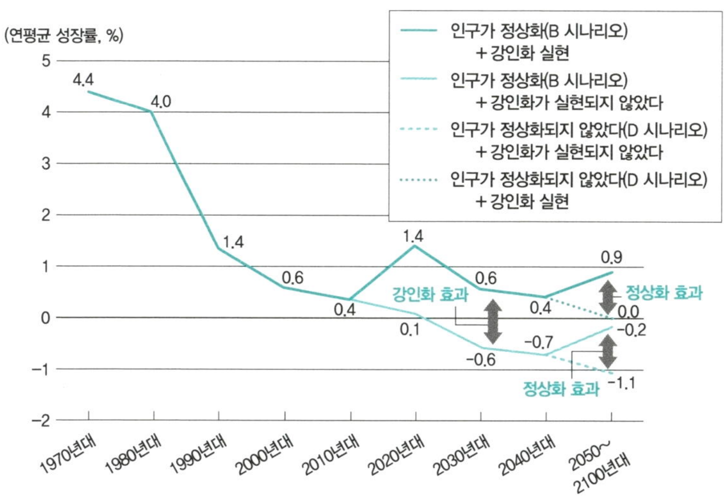

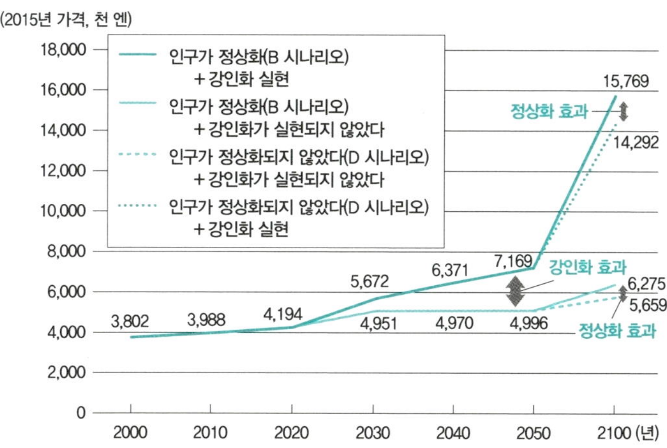

출처: 세키네 도시타카 씨(히토쓰바시대학교 교수)에 의한 예측(인구 동향과 관련해서는 국제의료복지대학교 인구전략연구소의 예측을 기초로 했다)

과 비정규직을 강요받는 성별 간 고용 격차 문제는 저출생 대응 관점에서도 개선이 필요하다.

일본의 취업자 중 약 70%는 중소기업에서 근무하고 있다. 청년 대부분도 중소기업에 취업한 상태다. 남녀를 불문하고 일과 출산·육아를 양립할 수 있는 환경을 마련하기 위해서라도 중소기업의 임금 인상과 생산성 증대가 이뤄져야 한다. 또한 원가 상승을 납품가에 정당하게 반영시키는 가격 전가 방식으로 대기업 등 원청 기업과의 거래 조건 개선이 더욱더 필요한 상황이다.

한편으로 일본은 지금도 여전히 젊은 여성이 수도권으로 유입되고 있다. 그 원인으로 지방에는 여성이 취업할 만한 매력적인 직장이 부족하다는 점도 언급된다. 이러한 현실을 개선하기 위해 지방 기업들은 임금이나 고용 조건을 개선하는 데 힘을 써야 한다. 나아가 기업의 본사 기능을 지방으로 분산하거나 여성에게 매력적인 기업 및 대학을 지방으로 이전하는 방안을 더욱 촉진할 필요가 있다.

또한 지자체에는 임시직 공무원이 매우 많은 편이다. 하지만 연봉이 낮고 근무 노동 여건도 불안정한 것이 현실이다. 지자체 고용 상황은 지역 기업에 큰 영향을 미치므로 지자체가 솔선수범해 임시직의 정규직화와 처우 개선을 추진해야 할 것이다.

• '함께 일하고 같이 키우기' 실현

앞서 언급했듯이 여성의 근로 여건을 둘러싼 문제 중 30대 여성의 정규 고용률이 낮아지며 30~40대에서 비정규직이 늘어나는 'L자형 곡선 문제'를 주목해야 한다. 이는 출산을 망설이게 만드는 저출생의 원인이 된다. 동시에 여성의 업무 경력 구축에 장애로 작용해 인재 활용 측면에서도 큰 문제라고 할 수 있다.

L자형 곡선 문제를 해결하려면 비정규직을 대상으로 육아 급여 제도를 확충하고 근로 형태를 바꿔야 한다. 제도적 차원에서 사회보장 같은 피부양자를 둘러싼 문제 등에 대한 대처가 필요하다. 나아가 출산 이후에도 부부가 함께 일하면서 육아하는 분위기가 당연하고 자연스러워지도록 직장 내 여론 개선과 사회 분위기를 형성해야 한다. 각 기업에서는 출산과 육아로 휴직한 사람에게 육아가 경력 구축에 페널티가 되지 않도록 적절히 지원해야 한다. 이 같은 내용은 지금까지 사회 규범 자체를 바꾸는 것을 의미한다.

또한 장시간 근로 등의 근무 방식이 맞벌이 가정에서 일과 육아를 병행하기 어렵게 만든다는 점을 언급했다. 이는 여성뿐만 아니라 남성에게도 큰 문제로 작용한다. 육아 가정에서 둘째를 갖기 꺼리는 것은 바로 남편의 근로로 인해 육아 참여를 기대하기 어렵기 때문이다.

특히 동조성이 강한 일본의 근로 환경에 익숙한 사람은 상사나 동료가 가진 고정관념에 따르려는 특성이 강하다. 이러한 사회 규범을 고쳐나가려면 기업의 리더와 관리직의 의식 개혁과 리더십 발휘가 필요하다.

유럽식 표현으로 20대나 30대는 '인생의 러시아워'라고 불린다. 그만큼 학업, 직장, 가정과 아이를 가지는 등 다양한 삶의 이벤트가 짧은 기간 안에 집중돼 있다. 한창 일할 때와 출산·육아기가 시기적으로 겹쳐 있으므로 젊은 남녀가 선택할 수 있는 라이프스타일의 스펙트럼이 좁다고도 할 수 있다.

한편 요즘은 인생 100세 시대라고도 불린다. 앞으로는 20대나 30대 시기에 육아나 경력 구축에 많은 시간을 확보할 수 있도록 다양한 라이프사이클을 선택할 수 있는 사회로 바뀌어야 한다. 그리기 위해서는 나이와 환경에 상관없이 학업이나 근로 형태를 다양하게 선택할 수 있도록 제도와 사회 규범을 고쳐나가야 할 것이다. 기업은 성별이나 나이 상관없이 직원이 처한 상황과 삶의 단계에 맞춰 적절하게 지원하고 배려를 함으로써 기회가 동등하게 주어지도록 해야 한다.

또한 초고령 사회에 진입한 만큼 사회고령기의 근로 장려가 필수인 상황이다. 실제로 일본은 고령자의 취업률이 상승 중이다. 이와 더불어 사회보장제도와 같은 기존 제도에서 고령자 지위나 제도 등의 대처도 재검토를 해나가는 것이 중요하다.

• 젊은 남녀의 건강 관리를 독려하는 '프리컨셉션 케어'

최근에는 결혼도, 출산도 늦어지고 있는 추세다. 남녀 모두 나이가 들어감에 따라 임신하는 능력(생식 능력)도 낮아지고 있다고 한다. 공익사단법인 일본산부인과학회에서 펴낸 《HUMAN+ ─ 여성과 남성 사전》에서는 다음과 같이 지적한다. "난세포의 노화 현상으로 임신 능력이 낮아지는 것을 들 수 있습니다. 호르몬 균형이 좋고 자궁이나 난소 문제도 적고 신체, 난소 기능, 난세포가 건강한 기간, 이때가 임신이 적합한 시기입니다. 25세에서 35세 전후의 여성이 이 시기에 해당합니다. 35세 전후부터 점점 임신 능력이 낮아지기 시작해 40세를 넘어서면 임신은 매우 어려워집니다. ……난자가 노화한다는 것과 임신 적령기가 35세까지인 것은 엄연한 사실입니다." 또한 나이가 많으면 임신해도 유산율이 높아진다. 게다가 임산부에게 위험한 임신 중독증에 대한 우려나 아이가 장애를 가질 확률도 높아진다는 보고가 있다.

그럼에도 젊은 남녀의 선택을 지지하려면 스스로 건강 관리와 삶의 계획을 세우고 설계하는 의식을 고양하기 위한 '프리컨셉션 케어(Preconception Care)'의 확산이 중요하다. 프리컨셉션 케어란 남녀 모두가 성과 임신에 관한 정확한 지식을 익히고 사춘기부터 생애에 걸쳐 건강 관리를 독려하는 시스템을 말한다.

• 안심하고 출산할 수 있는 환경과 아이의 성장 보장

출산·육아 지원으로는 임신 시기부터 출산·육아에 이르기까지 꾸준히 함께하는 상담 지원과 경제적 지원에 충실해야 한다. 주산기 의료*는 물론, 엄마와 아이의 보건을 지역 전체가 지원하는 제도도 구축해야 한다. 또한 산후에도 안심하고 육아를 할 수 있는 지원 제도를 정비하고 지역 자체에서 창의적인 아이디어를 활용해 육아 지원에 대응해야 한다.

지역에 따라서는 산부인과 같은 의료 기관이 감소해 사실상 출산이 어려워진 것이 현실이다. 게다가 출산 비용에서도 지역 격차가 존재한다. 2023년 4월에 출산·육아 지원금이 인상되긴 했지만 일부 지역에서는 여전히 경제적 부담이 크다. 이러한 문제를 해결하기 위해 지

---

* 출산 전후 기간을 주산기라고 하고 이에 대한 의료를 주산기 의료라 한다.

역 산과 의료 체제 정비와 출산 비용(정상 분만)의 보험 적용이 이뤄져야 한다.

핵가족화가 빠르게 진행되고 지역 내 유대감도 느슨해진 요즘에는 고립감이나 불안감을 느끼는 임산부와 육아 가정이 늘고 있다. 아이를 대상으로 한 학대도 늘어나 2021년도에는 아동 상담소의 상담 대응 건수가 역대 최대 수치인 20만 7,660건으로 증가했다. 사회적으로 타살 사망자 수가 줄어드는 와중에도 아동 학대로 인한 사망은 거의 매년 50명을 넘어서고 있다. 이에 대한 사건 보도로 사회에도 큰 충격과 불안감을 안겨주고 있다. 사회적 관심과 보호가 있었다면 어린 생명을 구해낼 수 있었을 것이다. 이처럼 심각한 상황에 대한 대응이 시급하다. 나아가 한부모 가정, 특히 모자 가정은 빈곤에 따른 위험이 큰 현실이므로 근본적 지원 대책을 확충해 마련해야 할 것이다.

• 육아 지원의 종합적 제도 구축과 재원 확보

현행의 육아 지원 제도는 개별적이고 임시방편적 응급조치로 인해 제도가 하나로 이어지지 않고 단편적인 상황이라 많은 문제를 안고 있다. 대표적인 문제가 직장이 있는 가정이어도 육아 휴직을 신청하면 아이를 보육 시설에 보낼 수 없다는 것이다. 또 1년간의 육아 휴직이 끝난 후에도 보육 시설에 자리가 없어 아이를 보내지 못하는 문제, 특히 0~2세 영유아 시기에 지원이 끊기는 공백을 해결해야 한다. 이에 모든 아이와 육아 가정을 빠짐없이 지원해야 한다는 시각으로 제도를 하나로 뭉쳐 통합적인 제도 구축을 목표로 해야 한다.

일본 정부는 2024년부터 2026년도 사이에 '가속화 플랜'을 집중적으로 추진해 아이·육아 예산을 대폭 증액함으로써 아이 1명당 가족 정책 지출*을 OECD 최고 수준인 스웨덴과 비슷하게 증가시킬 계획이다. 나아가 2030년대 초쯤에는 예산을 두 배로 늘리는 방침을 내세웠다.

현재 육아 지원 제도는 세수입(소비세)과 보험 재원(건강보험비와 고용보험비) 등을 합해 지원하고 있다. 앞으로 예산 증액 시에는 사회 모두가 지원하는 '공동육아사회' 관점에 맞춰 세금과 보험금의 균형을 배려하면서 안정적인 재원 확보에 힘써야 할 것이다. 또한 지원 대상인 청년 세대의 부담이 실질적으로 증가하지 않도록 배려해야 한다.

또한 나라와 지방의 역할 분담을 조정해야 한다. 보육 및 교육 분야와 관련한 의무와 제재 같은 규제를 완화하고 지방으로의 권한 위임을 빠르게 추진해야 한다. 지방 재원의 평등화를 적극적으로 추진해 지방 세금 체계가 편중되지 않도록 구축해야 한다. 도시 지역과 지방 지역 모두 충실한 육아 지원과 교육 정책을 펼칠 수 있도록 세수를 배분해야 할 것이다.

• 거주, 통근, 교육비 등(특히 수도권의 문제)

수도권으로 젊은 남녀가 유입되는 현상인 도쿄일극집중은 여전히 진행 중이다. 이로 인해 수도권은 주거비가 상승하고 통근 시간이 늘어나 모두가 고통을 토로하는 형편이다. 더구나 연 수입이 평균 이하

---

* 주로 자녀를 양육하거나 부양가족을 지원하기 위한 목적으로 영유아, 아동, 청소년, 여성 및 가족 관련 서비스에 대한 지출을 말한다.

수준인 청년층이나 육아 가정은 개인이 마음대로 쓸 수 있는 가처분 소득과 가처분 시간이 전부 낮은 수준이라 괴로운 환경에 처해 있다. 심지어 교육비(특히 사립학교나 학원)의 부담이 높다는 문제도 이들의 생활을 힘들게 만든다.

일본은 도쿄일극집중을 바로잡아 주거를 여러 지역으로 분산하는 다극집주형(多極集住) 국토 만들기를 목표로 해야 한다. 동시에 수도권이 가진 심각한 문제 해결을 도모해 나라 전체의 저출생 흐름을 바꿔야 한다. 이는 피할 수 없는 과제다.

3. '강인화 전략' 속 논점

• 강인화 전략의 기본적인 사고방식

앞서 말한 것처럼 정상화 전략을 추진해도 수십 년이 지나야 그 효과가 본격적으로 드러난다. 만약 인구가 정상화된다고 해도 인구 규모가 지금보다 줄어드는 것은 피할 수 없다. 예를 들어 정상화 전략이 지향하는 B 시나리오라도 2100년이 되는 시점에 총인구는 8,000만 명이다. 이는 현재 총인구의 3분의 2정도 규모다. 이렇게 어려운 조건임에도 각종 경제 사회 시스템을 인구 동태에 적용해 질적인 강인화를 추구함으로써 지금보다 적은 인구라도 다양성이 풍부한 성장력 있는 사회를 구축해나가는 것이 강인화 전략의 목표다.

강인화 전략의 본질은 생산성의 상승률을 높이는 것이다. 지금도 일본의 생산성 상승률은 1인당 생산 연령 인구로 보면 전 세계에서도 절대 낮은 수준이 아니다. 상대적으로 보면 오히려 높은 수준이라고 할 수 있다. 이런 점을 고려하면 생산성 상승률을 더욱 높이는 것은 매우 어려운 목표일 것이다. 특히 경제 전체의 생산성 상승률을 높이려면 슈퍼 스타급 기업의 등장보다 오히려 생산성이 낮은 기업이나 산업, 지역의 구조적 개혁을 얼마나 효과적으로 실현하는지가 중요한 의미를 띨 것이다.

• 전략의 핵심은 '인재 투자'

강인화 전략을 관통하는 핵심 아이디어는 인재 투자에 힘쓰는 것이다. 그 대상은 유아 교육과 보육부터 시작해 대학 같은 고등 교육에 이르기까지 공교육이나 전문 인재 양성까지도 포함한다. 지금까지의 아이디어가 인재 육성과 관계돼 있고 이를 재검토한다는 의미에서 다음과 같은 논점을 들 수 있다.

첫 번째, 개방형 인재 육성이다. 빠르게 변하는 시대를 따라잡으면서 인재 육성을 하려면 누구나 훌륭한 콘텐츠를 접할 수 있는 환경이 필요하다.

두 번째, 공공 재정 지원을 통해 교육 비용에 대한 개인 부담을 줄이는 것이다. 지금처럼 가정 및 경제 환경에 따라 교육의 질에 격차가 발생하거나 청년이 취직을 할 때까지 학비와 같은 거액의 채무를 짊어지는 상황을 개선해야 한다.

세 번째, 교육의 질적 향상이다. 유아기, 유치원, 초등학교로 이어지는 교육과 보육의 질적 향상부터 시작해 GIGA 스쿨 구상* 같은 정보통신기술(ICT)을 활용한 학습 개혁(1인 1대의 단말기 필수 보급), 산업계와 연계한 직업 교육 등의 대처가 필요하다.

네 번째, 기업을 비롯해 다양한 조직에서도 인재 투자를 중요한 과제로 삼는 것이다. 기업은 재교육과 임금의 구조적 상승으로 임직원의 능력과 자질을 키우는 데 한층 더 주력해야 한다. 인재 평가 측면에서 다른 직장이나 업무에서도 활용할 수 있도록 '독립 가능한 전문가'를 육성한다는 시각이 중요하다.

다섯 번째, 육아 가정에서는 육아와 학습에 필요한 가처분 시간을 늘리는 것이 가장 큰 인재 투자다. 기업은 인재 육성 프로그램을 기획하는 데서 그치면 안 된다. 과거부터 관행으로 자리 잡은 비효율적 업무를 철저하게 줄여 '살아 숨 쉬는 시간'을 만들어내야 한다. 이러한 시도를 적극적으로 보여줘야 할 것이다.

여섯 번째, 교육 분야에서도 중앙 집권적이고 획일적인 교육 방식을 바꿔 새로운 개혁을 추진하는 것이다. 이를 위해 교육 분야의 규제 개혁과 지방 분권을 추진해야 한다.

• 개인이 활약하는 장을 펼치자

인구가 적어도 성장력 있는 사회를 구축하는 해결책은 개개인이 활약하는 장을 무제한으로 넓히는 것이다. 아무리 실력을 키워도 그 인재가 새로운 기술을 활용해 활약할 장이 펼쳐지지 않으면 효과가 드러나지 않는다.

---

* 2019년부터 일본 전국 학교에 고속 인터넷 접속 환경을 정비하고 초등학생 및 중학생 1명당 1대의 태블릿 단말기를 제공해 교육하는 정책.

인재가 새롭게 활약할 영역 중 하나는 지역 통합으로 인구 감소가 진행되고 있는 여러 지역의 공동체 각층이 될 것이다. 각 공동체 속으로 침투해 발전이 지속되도록 지원해야 한다. 또 다른 하나는 일본이라는 틀에 얽매이지 않고 세계로 무대를 옮겨 혁신에 도전해나가는 것이다.

• 지역 통합에 관한 논점

인구 감소 지역에서는 의료·간병, 교통·물류, 에너지, 교육 등의 필수 서비스를 질적으로 강인화해 지속성을 높여야 한다. 특히 인력 부족이 심각하거나 서비스 유지라는 측면에서 새로운 인재의 활약이 기대되는 현장이 있다. 여기서는 다음과 같은 과제를 중시해야 한다.

- 담당자가 부족해도 운영할 수 있도록 기존 지자체의 규모에 집착하지 않고 기관과 민간이 협력한다.
- 인프라와 인재를 구분해 생각하는 방식에서 둘을 결합해 생각하는 발상의 전환을 통해 지속성을 높여야 한다. 이미 지방에서는 인재 부족과 인구 감소 문제가 대두되고 있다. 예를 들어 IT 비즈니스에 종사하면서 농업도 하고 스키장에서 일하는 식으로 일인다역 사회를 만드는 것이다. 이러한 방식의 업무에도 적합한 사회보장제도를 구축해야 한다.
- 기관과 민간 기업에서는 자급자족주의를 배제하고 함께 쓸 수 있는 요소를 관리하는 디지털 플랫폼을 개발한다.
- 각 지역은 공통 플랫폼을 기반으로 지역 고유의 과제를 해결하

고, 각 지역이 당면한 독자적 도전 과제에 특화된 활동을 추진하는 이중 아이디어로 접근한다.

· 인구 감소가 진행돼 고령화율이 높은 과소지역(過疎地域)을 기관과 민간이 모두 지원하면서 미래에 선례가 되도록 풍요롭게 사는 모델 지역을 만든다.

위 추진 내용과 병행하면서 지역 사회의 담당자 육성을 함께해야 할 필요가 있다.

· 기관과 민간 기업이 함께 근무 방식을 바꿔 육아와 여성의 경제 활동을 지원하는 환경으로 만든다.
· 포괄적인 지역 공생 사회를 지향하는 관점에서 지자체의 활동을 지원한다. 서비스를 담당하는 지역 조직 재편, 기반 강화, 새로운 담당자의 계획 참여 및 주민 참여를 촉진한다.
· 디지털 활용을 전제로 한 규제 개혁을 통해 유연한 팀 편성을 가능하게 한다.

· 글로벌 챌린지와 관련된 논점

개개인이 활약하는 영역을 넓히려면 일본에서 이뤄지는 활동이 세계적인 활동으로 직결되는 환경을 마련해야 한다. 지금까지는 일본의 생태계가 국제적 생태계와 맞물려 있지 않아 고립돼 있었다. 그로 인해 일본 고유의 관행이 생기는 결과를 낳았다. 또한 각 대학이나 각 기업에서는 창업이나 산학 협력을 담당하는 부분을 자체적으로 해결하는 탓에 훌륭한 인재를 함께 활용하지 못하곤 한다.

이러한 상황을 타개해 일본에서의 도전이 국제적 도전으로 직결될 수 있는 혁신적 환경을 만드는 것이 목표다. 창업, 산학 협력, 인재 육성, 연구, 마케팅, 디자인 같은 분야에서 혁신에 필요한 환경이 갖춰져 있는지 전반적으로 점검해야 한다.

이러한 노력을 통해 일본에서만 통했던 일본 고유의 폐쇄적인 방식을 배제해야 한다. 인재 평가 방식도 국내나 해외에서 함께 활용할 수 있도록 한다면 일하는 방식 개혁과 생산성 증대로 자연스레 이어질 것이다.

4. 체류 외국인*4 정책에 관한 논점

• (대체) 이민 정책은 택하지 않는다

예전 유엔의 경제사회국 인구부에서는 '대체 이민'이라는 개념을 제시했다. 대체 이민은 출산율 및 사망률 저하에 따른 인구 감소를 보충하고 고령화를 회피할 목적의 국제 인구 이동(이민)을 의미한다. 〈유엔 대체 이민 보고서(UN Population Division, Replacement Migration, 2000)〉에 따라 일본이 인구 감소를 회피할 수 있는 시나리오를 생각해본다면 당시 추계로 총 1,700만 명 이상의 이민이 필요하다. 이를 인구 비율로 따지면 2050년까지 외국인이 약 18%가 돼야 하는 수준이다.

지금까지 이 책에서는 인구 정상화를 목표로 해야 한다고 강조하고 있다. 만약 이를 외국인 유입으로 달성하려 한다면 엄청난 숫자가 필요하다.[*5] 이는 비현실적인 가정일 뿐만 아니라 만약 그렇게 된다고 해도 일본의 정치 경제 사회의 미래상을 반영하기에는 매우 어렵다. 사회적 안정성을 고려해도 크게 염려할 일이다.

그러므로 인구 감소를 보충할 목적으로서 대체 이민 정책은 택하지 않아야 한다고 본다. 즉, 여기서 주장하는 정상화 전략은 어디까지나 출산율 증대로 인한 저출생 흐름 바꾸기를 기본으로 삼는다. 체류 외국인에 관한 정책은 강인화 전략의 한 방편으로 두는 것이 적당하다.

체류 외국인 정책의 추진 방향은 다음에 언급하는 실태를 정확하게 이해한 다음 깊은 논의를 나눠야 할 것이다.

첫 번째, 영주 자격을 가질 수 있는 외국인의 조건은 각 국가의 사정에 따라 큰 차이가 있다. 독일이나 프랑스 같은 유럽연합 국가는 솅겐 협정(Schengen Agreement)*을 맺고 유럽연합 국가 내에서 자유롭게 이동할 수 있고, 구 식민지 출신도 많다. 미국은 가족을 불러들여 대동하는 가족 관계가 대부분을 차지한다. 이에 비해 일본 영주 자격 외국인의 과반수는 근로를 기반으로 하는 노동 목적의 유입이 많으며 이러한 경향은 캐나다와 유사하다.

두 번째, 전 세계에 걸쳐 노동 목적의 유입 외국인 대다수는 체제 기간에 상한이 있는 체류 외국인이다. 독일 같은 나라는 유럽연합 가입국에서 온 국외 파견 노동자가 많다. 일본 및 한국은 주로 아시아

---

* 유럽 각국이 공통의 출입국 관리 정책을 사용해 국경 시스템을 최소화하면서 국가 간의 통행에 제한이 없도록 한 협정.

단위: 천 명

순위	나라명	영주 자격	일시 체류	합계
1	미국	65.3	723.9	789.2
2	독일	64.9	458.3	523.2
3	호주	52.2	396.7	448.9
4	캐나다	95.9	245.7	341.6
5	일본	66.0	265.5	331.5
6	프랑스	40.3	285.9	326.2
7	스위스	2.1	188.6	197.7
8	영국	36.3	151.8	188.1
9	벨기에	5	157.8	162.8
10	네덜란드	21	130.0	151.0

출처: OECD(2020), 고레카와 유 씨 자료에서 발췌.

국가에서 온 노동자가 차지하고 있다. 각국의 노동 목적 체류 외국인(이른바 노동 이민)의 연간 유입 수를 보면 일본은 2018년 33.2만 명으로 세계 5위 규모를 차지한다(표4-2).

세 번째, 아시아 국가에서 국제 인구 이동(연간 약 590만 명, 2019)은 페르시아 연안의 8개국(이란, 사우디아라비아, 바레인, 쿠웨이트, 카타르, 아랍에미리트, 오만, 예멘)으로의 이동이 가장 많다(연간 약 282만 명). OECD 국가들(연간 약 230만 명)이 뒤를 잇는데, 그중에서 일본이 연간 48만 명으로 가장 많다. 아시아에서는 일본에서 근로하기를 희망하는 이들이 여전히 많다. 일본은 고학력, 숙련 기능자가 일하고 싶은 나라 상위권을 항상 차지함과 동시에 숙련 기능자가 아닌 이들에게도 꾸준히 인기가 있다.[6]

이처럼 일본은 노동 목적의 체류 외국인 규모 면에서 세계적으로 인정을 받을 뿐만 아니라 아시아 국제 노동 메커니즘을 형성하는 중심국 중 하나로 우뚝 선 것이 현실이다. 그런데도 경제, 노동, 사회 전반에 걸쳐 국내 및 국외를 포괄하는 통합적 전략은 여전히 존재하지 않는다. 대체 이민 정책을 택하지 않더라도 노동 목적의 체류 외국인에 관한 통합적 전략 수립이 중요한 과제로 대두되고 있다.

• 숙련 기능 외국인의 수용

체류 외국인 정책과 관련해 우선 거시적이면서도 장기적인 경제 성장이라는 관점에서 검토가 필요하다.

① 숙련 기능 외국인

장기적으로 일본의 미래를 위한 성장력을 높이고자 한다면 노동 목적으로 유입되는 외국인이 '고급 또는 전문 인력' 중심이어야 한다고 본다. 실제로도 숙련공을 포함한 고학력 외국인은 일본인과 비교해도 손색없는 높은 임금을 받으며 근로하고 생활하고 있다.

'인재 육성'의 관점에서 정책적으로 입국 시 제재를 줄여준다거나 입국 후에도 기술이나 일본어 능력을 높여나갈 수 있도록 지원해야 한다. 유학생이나 기능 실습 연수자가 일본어 능력과 기능을 일정 수준까지 달성한다면 미래 고급 인재로 거듭나 기업의 적극적인 채용을 기대할 수 있다.

② 비숙련 외국인

숙련 기능자가 아닌 외국인의 수용과 관련해서는 신중한 검토가 필요하다. 일반적인 외국인은 일본인 비숙련공과 비교해 임금 수준이 상대적으로 낮다. 특히 비숙련 외국인만 채용하는 사업소의 경우 임금이 가장 낮다. 그 배경을 살펴보면 일본인 직원에게도 낮은 임금을 지급하는 생산성이 낮은 기업이 외국인을 유입시키고 있기 때문이라는 지적이 있다. 외국인 유입을 논의하기 전에 기업 내 디지털 전환을 포함해 기업이나 업종의 생산성 증대와 관련된 문제를 검토해야 할 것이다.

지역적으로 보면 일손 부족이 심각한 지방에서 비숙련 외국인 노동자 고용 수요가 높은 것이 현실이다. 강인화 전략에서 지적했듯이 미래 생산성이 낮은 기업, 산업, 지역의 구조적 개혁을 얼마나 근본적으로 해결해나갈지가 중요하다.

외국인 노동자가 늘어나는 만큼 악질적이고 좋지 않은 관리 사례를 종종 발견하기도 한다. 노동자 관리를 시정하기 위해서는 체류 기간 관리를 철저하게 해야 한다. 인권 보호 관점에서 국가가 노동·생활 환경을 대상으로 제대로 된 감시 체제를 만들어야 하는 것은 물론, 상담 창구도 마련해야 한다.

현재 일본에서는 기능 실습 제도나 특정 기능 제도*의 수정을 검토 중이나 결론적으로는 비숙련 외국인 노동자의 비율이 높아지지 않

---

* 2019년 4월에 도입한 외국인 노동자 취업 비자 제도. 특정 기능 1호, 2호로 나뉘며 숙박, 건설, 농업, 간병 등 14개 업종의 숙련된 기술을 가진 외국 인재를 받아들이고 가족 동반 및 체류 연장에 차등을 두어 장기 체류를 지원한다.

도록 유의해야 한다.

체류 외국인 정책과 관련해 검토해야 할 논점은 경제 노동의 범주에 머무르지 않는다. 사회적 통합이라는 측면에서 보면 정착 1세대 외국인의 일본어 학습과 거주지 확보에 머물지 않고 2세대 이후 교육과 근로 외 사회 참여 보장과 같은 '다문화 공생'을 위한 정책도 중요하다. 이러한 정책을 검토하거나 실행하기에 앞서 지자체나 지역 활동에 관여하는 비영리단체 같은 다양한 주체의 의견을 참고해야 한다.

또한 사회 문화에 미치는 영향과 국제 정치와의 관계를 절대로 경시해서는 안 된다. 유럽과 미국이 경험한 이민 문제의 사례를 충분히 참고하면서 다각적 관점에서 출신 국가 간의 균형을 배려한 대응도 함께 모색해야 할 것이다.

앞에서 말한 것처럼 아시아 국가는 노동 목적의 인구 이동이 주를 이루는 특징이 있다. 지금도 아시아에서는 세계적 흐름과는 다른 국제 노동 이동의 메커니즘이 형성되고 있다. 일본에서는 이를 국내 문제를 취급하는 것처럼 수동적 자세로 접근해서는 안 된다. 국제적 대응 기준 등을 근거로 삼아 아시아 공통 규정을 수립하는 등 국제적 인구 이동 메커니즘의 형성 과정에서 적극적으로 주도권을 가져가야 할 것이다.

이러한 관점에서 일본은 체류 외국인 정책에 관한 통합 전략의 수립과 수행을 비롯해 조사 분석을 시행할 정부 조직과 연구 기관의 설치를 신속히 이행해야 할 것이다. 또한 이렇게 마련된 새로운 조직이 모든 기관을 강력하게 지휘, 감독하는 '사령탑' 기능을 해야 한다. 국제 기관 및 외국 정부와의 협력도 포함된다. 또한 중립적이며 통합적인 판단이 가능한 '체류외국인정책위원회(가칭)'를 설치해 정부를 대상으로 조언 및 제안도 할 수 있어야 한다.

IV

어떻게 추진력을 높일 것인가?

• EBPM을 기반으로

인구 전략으로 지금까지 언급한 정상화 전략과 강인화 전략은 개별적이고 독립적인 성격이 아니다. 서로 밀접하게 연관돼 있어 함께 추진해야 한다. 정상화 전략의 성과는 강인화 전략의 필요성과 내용을 좌우하고 강인화 전략을 통해 얻은 경험은 정상화 전략의 존재 방식을 검토하는 데 있어 중요한 정보가 된다. 또 청년 세대의 일하는 방식 개혁, 육아·교육 지원 강화 같은 정책처럼 근본적으로 동일한 주제도 많으리라고 본다.

두 전략을 일체적이고 통합적으로 운용하려면 '인구 전략 수립 및 수행 프로세스'를 5개년 주기로 반복해 펼치며 상황의 변화와 전략의 달성 정도에 따라 재검토해야 한다. 다만 인구 문제와 관련한 정책은 효과가 나타나기까지 시간이 걸리는 경우가 많으므로 너무 자주 재검토하지는 말아야 한다. 또한 정책 프로세스의 대상인 청년·여성과의 유기적 대화를 통해 전략 목표나 정책 내용에 그들의 평가나 의견을 적극적으로 반영해야 한다. 모든 정책 결정 및 예산 배분에 있어 육아 세대와 육아 환경에 긍정적 영향을 미치는지 여부를 필수 항목으로 마련해야 할 것이다.

이러한 정책 프로세스의 기초가 되는 사고방식은 증거 기반 정책 수립(Evidence-Based Policy Making, EBPM)이다. 지금까지 다양한 저출생 대책이 시도됐지만 실제 효과에 대한 검증은 충분히 이뤄지지 않았다. 우선 2024년도부터 시행한 어린이 미래 전략* 같은 저출생 대책의 효과 검증 연구 프로젝트와 그 연구 결과를 정책 수립에 활용하는 것이 급선무이다. 이를 바탕으로 인구 전략 아키텍처(정책 체계) 구축이 중요할 것이다.

• 두 전략을 모두 통합해 추진하는 체제

정부 조직 체계로는 내각에 '인구전략추진본부(가칭)'를 설치해 지방 창생 및 체류 외국인 정책을 포함한 인구 전략 수립 및 수행을 총괄하는 사령탑의 역할을 담당한다. 또한 지식인과 각계 리더를 구성원으로 둔 심의회를 설치해 인구 문제에 대해 폭넓은 시야로 논의하고 정책 수립을 지지하도록 해야 한다. 현재 인구 문제를 심의하는 조직은 후생노동성의 사회보장 심의회 일부 조직인 인구부다. 이를 독립시켜 총리대신 직속으로 삼고 나아가 정부를 대상으로 권고권을 가진 강력한 심의회로 개편해야 한다.

---

* 2024년부터 청년 세대 의식 변화를 목표로 시행한 파격적인 출산율 증대 대책. 육아 휴직 사용률 기업 공시, 육아 수당 고등학생까지 지원, 저소득 가구 아동 부양수당 상승 등의 내용을 담고 있으며 정책 내용 중 하나인 3자녀 이상 가구 3자녀 모두 대학까지 무상교육 정책이 국내에서도 반향을 불러일으킨 바 있다.

또한 인구 문제 및 저출생 대책, 체류 외국인과 관련된 정책 연구를 담당하는 강력한 연구 조직 부문을 신설해 기관과 민간의 뛰어난 인재를 등용하고 슬기로운 지식을 집결해야 한다. 이를 위해 지금의 국립 사회보장·인구문제 연구소 인구 연구 부문을 기초부터 튼실하게 다져야 할 것이다.

• 국회에서 초당파적인 합의 형성

인구 문제는 지속적이며 장기적으로 관심을 가지고 다뤄야 할 주제다. 인구 전략의 목표와 주요 정책의 내용과 실시 기간, 프로세스와 체제를 모두 담은 프로그램법[*7]을 국회에서 심의하고 모든 당이 공감하는 초당파적 합의 형태를 취해 이를 바탕으로 착실하게 전략을 추진해야 한다. 국회에서는 인구 감소를 둘러싼 문제에 대한 다각적 조사를 이어가고 인구 전략의 결정 및 시행과 관련해 심의를 진행하는 상설 조직(조사회, 위원회 등)을 설치해야 한다.

• 민간과 지역의 참여가 중요

인구 문제는 일하는 방식 개혁 등 사회 규범을 둘러싼 문제나 개인의 가치관과도 관련된 주제가 많다. 따라서 기업을 시작으로 민간과 지역의 참여, 나아가 전 국민적 논의가 중요한 의미를 띤다고 할 수 있다.

출산과 육아는 무엇보다 힘들다는 이미지가 떠오르기 마련이다. 육아의 즐거움과 기쁨을 모두가 공유할 수 있는 밝은 이미지를 기반으로 하는 홍보도 필요하다. 어린이의 건강한 성장에 도움이 되는 서적이나 극, 영화 같은 문화 콘텐츠나 지역에서 접근성이 좋은 놀이터 제공도 중요하다.

만약 정부가 출산과 육아 문제와 관련해 주도적 역할을 한다면 역효과가 날 수 있다. 정부는 지식인이나 경제계, 노동계 리더, 지자체 등이 자발적으로 참여하는 국민회의를 별개의 조직으로 설립해 민간 및 지역 기반으로 적극적 참여를 끌어내야 한다.

또한 인구 감소는 일본 기업에서 고려해야 하는 가장 큰 ESG 경영[*] 항목이라고도 할 수 있다. 아직까지 기업에서 이러한 인식이 부족한 것은 부정할 수 없다. 기업의 자발적 참여를 촉진한다는 관점에서 남성의 육아 휴직 추진, 장시간 노동 근절 등 일하는 방식 개혁, 남녀 및 정규, 비정규직 임금 격차 조정과 육아 지원과 관련된 기업 정보 공시(유가 증권 보고서에서의 공시 등)을 촉진해야 한다. 또한 각 기업의 참여 현황을 일본공적연금[**] 같은 투자 기준과 정부의 각종 지원, 우대 정책의 선정 기준에 반영하는 방안을 검토해야 한다.

• 지역과 수도권의 참여

인구 동향은 지역에 따라 크게 다르므로 각 지방의 환경에 맞춘 인구 전략의 수립과 수행이 중요할 것이다. 청년, 특히 여성이 수도권으

---

[*] 환경(Environmental), 사회(Social), 지배 구조(Governance)의 영문 첫 글자를 조합한 단어로, 투자 활동, 경영 및 사업 활동 등 기업 경영에서 지속 가능성을 달성하기 위한 핵심 요소.

[**] 일본 후생노동성이 맡긴 국민연금 적립금을 운용하는 세계 최대 연기금.

로 일극 집중되는 현상을 막기 위해 지방에 매력적인 직장을 만들어야 한다. 또한 남녀 역할 의식을 개선하는 등 업무 수행 방식을 둘러싼 과제 및 지방 이주 지원과 관련해 지역의 지자체와 경제계(특히 중소기업), 노동계 등이 협력해 참여해야 한다. 국가의 정책 및 제도와도 깊은 관계가 있는 일이므로 국가와 지자체 간의 대화와 협력은 필수다.

출생아 수로 따지면 오늘날 3명 중 1명이 수도권에서 태어나고 있다. 이러한 수치가 일본 전체의 인구 동향에 미치는 영향도 매우 높아지고 있다. 수도권이 가진 고유의 과제도 지적받고 있다. 그러므로 수도권의 과제를 해결하기 위해 기관과 민간 모두 참여하는 조직(가칭 수도권 인구전략회의)을 설치해야 한다. 지방과 수도권이 함께 참여해 일본 전체의 저출생 흐름을 크게 바꿔나가야 한다.

V

마무리하며

〈인구 비전 2100〉은 인구 감소라는 사태에 직면한 일본이 어떻게 맞서야 하고 앞으로 맞이할 2100년까지 지속 가능한 사회를 어떻게 만들어갈지를 주제로 다룬다. 좀 더 구체적으로는 '안정적이고 성장력 있는 인구 8,000만 명 국가'라는 목표를 세우고 이를 실현하기 위해 무엇을 해야 하는지 제언한다.

보고서의 주된 내용은 정부뿐만 아니라 입법부, 기업을 비롯해 민간, 지역 그리고 국민에게 보내는 메시지를 담고 있다. 그중에서도 가장 강력하게 호소하는 제언은 인구 감소라는 전례 없는 사태를 국민 개개인이 자신의 문제로 받아들여야 한다는 것이다. 이를 통해 사회 경제 전반에 걸쳐 변화를 추진해 결혼 및 아이 갖기를 희망하는 이들이 그 희망을 실현할 수 있는 사회를 만들어가야 한다.

산더미처럼 쌓여 있는 과제 중 우선적으로 첫발을 내디뎌야 할 사안은 국민 전체가 공감대를 가지고 기관과 민간이 힘을 합쳐 참여할 수 있는 '국가 비전'을 만드는 일이다. 정부는 전략 수립 및 추진 체제를 정비하고 입법부는 국회에서 비전 실천에 따른 참여를 법제화해야 한다. 민간과 지역은 시민의 눈높이에서 심도 있는 논의를 거쳐 신속하게 대응해나가야 한다. 사상가인 요시다 쇼인(吉田松陰)은 "꿈이 없는 자는 이상이 없으며 이상이 없는 자는 계획이 없으며, 계획이 없는 자는 실행하지 않으며, 실행하지 않는 자는 성공하지 못한다. 그러므로 꿈이 없는 자는 성공하지 못한다"라고 말했다. 국가는 '희망을 품을 수 있는 국가 비전'을 국민에게 제시하고 각 기업과 조직은 '희망을 품을 수 있는 전망'을 임직원과 주민에게 제시해야 한다. 그리고 이를 실현하기 위해 개개인의 참여가 중요할 것이다.

저출생은 일본뿐만 아니라 한국과 대만, 싱가포르 등 근현대에 급격한 성장을 이룩한 동아시아 국가와 지역이 함께 겪고 있는 세계적인 사회 현상이다. 이들 국가가 처한 환경도 일본과 일맥상통하는 비슷한 과제가 배경에 있으리라고 본다. 저출생과 인구 감소라는 새로운 인구 동태의 변화를 맞아 속도는 줄이고 충격은 최소화해 연착륙하며 변화하는 상황을 기회로 삼아야 한다. 이처럼 지속 가능한 사회를 구축하려는 제언은 같은 문제에 직면하고 똑같은 고민을 하는 국가들을 향한 메시지이기도 하다.

이 제언이 실제로 인구 전략 책정으로 이어지고 향후 구체적 정책의 실행을 거쳐 결실을 맺기를 간절히 바란다.

[주]

*1 후지타 나나코, 〈뮈르달 경제학 – 복지국가에서 복지세계로〉(NTT출판, 2010)을 참조했다.

*2 강인화 전략으로 실현하는 노동생산성과 관련해서는 2030년까지 내각부 기준을 참고로 역산하고, 그 이후는 내각부가 전제로 했던 〈장래 인구 추계(중위 추계)〉에서 같은 경우에 잠재성장률인 0.5%를 실현할 수 있을 만한 노동생산성 증가율(+1.5%)을 역산해 이를 유지한다고 가정했다.

*3 별다른 정책이 없을 때 추이로 본 노동생산성 관련해서는 2022년까지는 실제 데이터이며, 2023년 이후는 2011년에서 2019년(코로나 전)의 평균 증가율(+0.4%)을 유지한다고 가정했다.

*4 '이민'이라는 단어는 여러 의미가 있으므로 오해를 불러일으키는 면이 있다. 예를 들어 유엔에서 제시한 이민자의 정의는 '국경을 넘어 거주지 변경을 수반해 이동하는 자'이며, 여기서 거주 기간이 1년 이상을 '장기 이민', 1년 미만을 '단기 이민'으로 본다. 이 정의를 따른다면 일본은 이미 '이민 대국'이 된다. 또한 일본에서는 이민이라고 표현하면 다양한 문맥을 포함하므로 논의상에 혼란을 부른다.

그래서 여기서는 가능한 한 이민이라는 단어는 사용하지 않고 정책적 관점에서 '영주 자격 외국인'(체류 기간의 제한이 없는 외국인으로 학술 용어로는 '영구적 이민'에 해당)과 '일반 체류 자격 외국인'(체류 기간의 상한이 있는 외국인으로 학술 용어로는 '일시적 이민'에 해당)을 구분한 다음, 둘을 모두 포함한 '체류 외국인'이라는 표현을 사용했다.

*5 〈일본의 장래 추계 인구〉(2023)(국립 사회보장·인구문제 연구소)의 예측에 따르면, 현재 인구 규모를 미래에도 유지하려면 연간 75만 명이 넘는 외국인 유입이 이어져야 하며, 2100년에는 외국인 비율이 44%에 이른다. 만약 50만 명이 넘는 외국인이 계속 들어온다고 해도, 출산율이 2.07명에 도달하지 못하면 인구 정상화는 이뤄지지 않는다.

*6 고레카와 유 씨와 하시모토 유키 씨로부터 들은 이야기에 근거한 것이다.

*7 프로그램법의 예로는 사회보장과 조세의 일체 개혁 관련법인 '지속 가능한 사회보장 제도의 확립을 도모하기 위한 개혁 추진과 관련된 법률'이 있다.

제5장

브레이크 없는 인구 감소, 어떻게 해석할 것인가?

저출생과 인구 탈주 문제에 관한 세 가지 심각성

∘ ∘ ∘ ∘ ∘ ∘ ∘ ∘ ∘

시라카와 마사아키(白川方明) 아오야마학원대학교 특별 초빙교수

나가세 노부코(永瀬伸子) 오차노미즈여자대학교 교수

고이케 시로(小池司朗) 국립 사회보장·인구문제 연구소 인구구조연구부장

저출생·인구 감소의 심각성은 왜 공유되지 않는가?
-1990년대 부실채권 문제와 유사성

시라카와 마사아키(아오야마학원대학교 특별 초빙교수)

이번에 인구전략회의 소속 회원으로 2024년 1월에 공표한 보고서 〈인구 비전 2100〉의 작성을 도왔다. 보고서는 국가적 재난이라고도 할 수 있는 저출생과 인구 감소 문제에 대해 폭넓은 시각으로 제언을 담고 있다. 무엇보다 국민의 여론을 담아 토론을 추진해 인구 감소 문제에 대한 관심과 참여가 현실에서도 일어나기를 간절히 바란다. 이 문제의 심각성을 사람들이 얼마나 자기 문제로 인식하는가에 달려 있다. 본 원고에서는 〈인구 비전 2100〉 개별 제언에는 반영하지 않았던 인구 감소 문제 대처의 중요성에 대한 개인적 견해를 남겨보고자 한다.

• 일본 경제가 마주한 커다란 문제

장기적으로 보면 일본 경제가 직면하고 있는 다양한 문제 중 저출생으로 인한 인구 감소가 가장 큰 영향을 줄 것이다. 일본 경제를 거대한 보트에 비유하면 고령화는 노를 젓던 인부들이 점점 뒤로 물러나 일반 승선객이 되는 문제에 가깝다. 또한 저출생은 보트 안의 사람이 줄어들어 드문드문해지는 것과 비슷한 문제다. 노를 젓는 사람이 줄고 전체 승객이 줄어드는 배의 미래를 상상하면 소름이 끼친다.

조금 더 구체적인 이미지를 살펴보며 논의해보자. 다음의 두 그래프는 2000년 이후 주요 국가들의 실질 GDP의 추이를 나타내고 있다. 상단의 그래프는 2000년 수준을 100으로 봤을 경우 실질 GDP의 추이를 나타낸 것인데, 일본 GDP는 가장 적게 증가했다. 하단의 그래프는 생산 연령 인구 1인당 실질 GDP 추이이며, 일본이 가장 많이 증가했다. 둘은 완전히 대조적으로 보인다. 하나는 '잃어버린 일본의 ○○년'이라는 이미지를 상징하고 다른 하나는 '승승장구하는 일본 경제'라는 이미지를 상징한다. 그래프에서 드러나진 않지만 1인당 실질 GDP의 증가 측면에서 본다면 주요국의 평균 수준이다.

두 그래프를 보면서 우리는 생산과 소비 활동의 축이 되는 생산 연령 인구 감소에 따른 영향이 얼마나 큰지 알 수 있다. 참고로 해당 기간 동안 생산 연령 인구는 약 12%나 감소했다. 생산 연령 인구 한 사람만으로 평가한다면 일본 경제는 잘해왔지만 안타깝게도 생산 연령 인구의 감소는 크다.

물론 건강 수명의 증가를 고려하면 만 15세부터 65세까지를 생산 연령 인구로 보는 기존의 데이터는 실질적인 생산 연령 인구의 활동을 정확히 반영하지 못할 것이다. 실제로 단카이 세대(団塊の世代)[*]가 65세를 맞이한 2010년대부터 노동 참여율은 상당히 상승했으며 오히려 노동 인구는 일시적으로 증가했다.

---

* 제2차 세계 대전이 끝나고, 1947~1949년 전후 일본에서 태어난 베이비붐 세대.

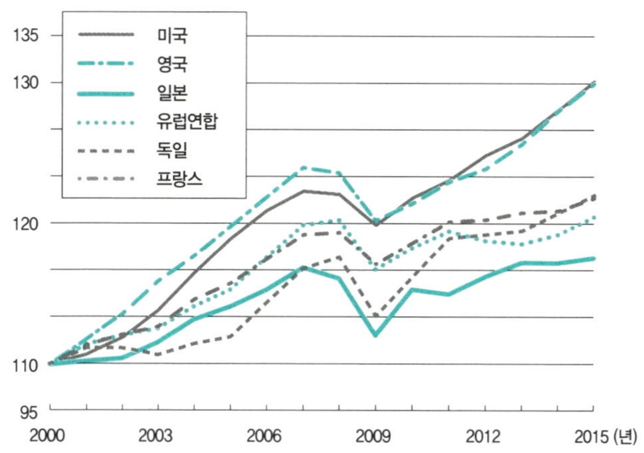

그림5-1 주요국의 실질 GDP 추이(2000년=100)

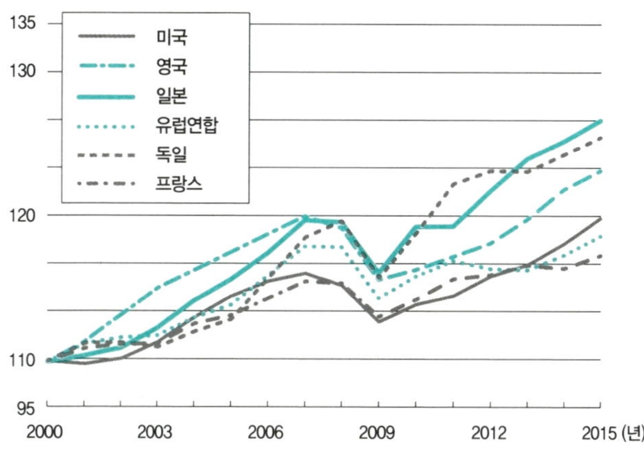

그림5-2 주요국의 생산 연령 인구 1인당 실질 GDP 추이(2000년=100)

그러나 현재의 흐름은 계속 이어지지 않을 것이다. 결국 단카이 세대도 대부분 나이가 더 들면 퇴직을 하게 된다. 실제로 최근 들어 일손이 부족해지는 현상도 이를 뒷받침한다.

앞으로 일손 부족의 영향이 본격화한다면 그 원인은 고령화보다는 인구 감소 자체에 있다. 현재 수준의 취업률이 일정하게 유지된다고 가정했을 때, 미래 취업자 수의 변화율을 예측해보자. 국립 사회보장·인구문제 연구소 〈일본의 장래 추계 인구〉의 출산 중위 추계를 보면 2010년대는 +0.41%로 증가했으나 2020년대는 -0.55%, 2030년대는 -0.94% 그리고 2050년대는 -0.97%로 계속해서 감소가 예상된다. 따라서 향후 취업자의 감소는 더 빨라질 것이다. 실로 무서운 현실이다.

• 뒤늦게 깨달은 저출생과 인구 감소 문제

저출생과 인구 감소 문제는 이전과 달리 분명 더 많이 논의되고 있다. 모두가 관심을 갖는 현상 자체는 좋은 변화이기는 하다. 그러나 일본 전체의 참여도를 살펴보면 생각보다 낮은 편이다. 아직까지는 저출생과 인구 감소 문제가 미래 일본 사회의 존속 자체를 위협할 만큼 사활이 걸린 문제라는 위기의식이 일본 전반에 충분히 알려지지 못했기 때문이다.

지난 20여 년간 일본 경제를 위협한 최대의 문제는 물가의 지속적 하락, 즉 디플레이션이었다. 역대 총리가 국회에서 국정 방침 및 구상 연설을 할 때마다 '디플레이션으로부터 탈출'이 최대의 과제로 언급됐다. 최근 들어서야 물가 상승을 바탕으로 수십 년 만에 임금 상승이 실현되면서 일본 경제가 부활할 절호의 기회가 왔다는 논평이 자주 나오기도 한다.

그러나 평화로웠던 물가 하락이 멈추고 물가 상승률을 2%씩 안정적으로 달성하게 됐다고 해도, 혹은 임금 상승률이 높아져 물가 상승률과 비슷하거나 그 이상이 됐다고 해도 인구 감소라는 힘든 현실이 변하지는 않는다.

모든 사회 문제가 비슷할 테지만 문제를 인식하고 이에 대한 해결이 결정적으로 중요하다는 것을 모두가 이해해야만 해결에 대한 동력을 얻을 수 있다. 그렇지 않으면 문제는 계속해서 방치되고 그동안 사태는 더 나빠지게 된다.

• 1990년대 불량 채권 문제와 유사점

현재의 인구 감소 문제에 대한 대처가 늦어져 벌어진 사태와 유사한 순간들이 과거에도 있었다. 1990년대 초 일본은행에서 불량 채권 문제가 발생해 절망에 사무쳤던 여론과 그렇지 못한 당시의 인식 차이를 떠올리면 인구 감소 문제를 둘러싼 현재 상황이 소름 끼칠 정도로 비슷하다.

불량 채권 문제는 미래의 대다수 국민의 생활에 심각한 영향을 주는 거시 경제적 문제다. 그럼에도 불구하고 이에 대한 공감대를 얻기가 어려웠다. 당시에 불량 채권 문제는 버블 시기에 무분별한 대출을 일삼은 은행의 경영 태만 문제라는 인식이 강했다. 여론은 금융 기관에 공적 자금 투입을 하는 데 비판적이었다.

그런 배경 탓에 불량 채권 문제를 해결하기 위한 정책 시행은 매우 늦어졌고 이후 일본 경제와 사회에 막대한 영향을 미쳤다. 지금 생각해도 실로 안타까운 일이다. 그런데 지금 또다시 불량 채권 문제보다 더욱 심각한 영향을 미치는 인구 감소 문제와 관련된 대처에서 똑같은 일이 벌어지고 있다.

단, 저출생 및 인구 감소 문제와 불량 채권 문제 사이에는 중대한 차이점이 있다.

불량 채권 문제는 뒤로 미뤄둘 경우 어느 정도 한계점을 넘어서면 금융 기관의 자금 융통이 막혀버린다. 그 결과 심각한 금융 위기라는 명확한 파국이 도래한다. 1997년 가을에 실제로 일본 금융 시스템이 통제 불능 상태가 되어버린 일이 있다.

반면 가까운 미래에 저출생 및 인구 감소 문제로 인해 뚜렷하게 파국이라고 불릴 만한 일은 벌어지지 않을 것이다. 앞에서 언급한 사람이 부족해진 보트의 비유와 겹치는데, 객관적으로는 위기가 진행됐다고 해도 조용한 위기가 더욱 뚜렷하고 심각해진다는 의미다. 눈에 띄기보다는 조용하게 이뤄지기 때문에 위기의식은 드러나지 않고 그에 필요한 행동을 취하기도 힘들다.

• 위기감은 왜 공유되지 않는가?

저출생과 인구 감소 문제와 관련된 위기감은 어째서 공유하지 못하는가?

첫 번째이자 가장 큰 이유는 인구 감소가 멈추지 않는 사회에 대한 상상력을 발휘하기 힘들기 때문이다. 일각에서는 지금의 추세를 보며 '19세기 말 메이지 시대 초반의 인구 규모로 돌아갈 뿐'이라는 반응을 보기도 한다. 만약 인구가 줄어든다 해도 현 상태에서 멈추는 정지 인구[*]라면 큰 문제가 되지 않을 것이다. 하지만 이대로 멈추지 않는 것이 인구 감소 문제의 핵심이다. 언젠가 인구 감소가 멈춘다는 전망이 나오지 않는 한, 끊임없이 인구는 줄어들 것이다.

두 번째 이유는 일본 정부가 제2차 세계 대전 이전에 전쟁을 위해 여성들에게 '낳아라! 번식하라!'라고 외쳤던 과거에 대한 반성 의식이 남아 있어 전문가들이 저출생 극복에 대한 논의를 전개하는 데 망설이기 때문이다. 전문가는 개인의 가치관에 개입하기 위해 존재하는 사람이 아니다. 그들의 존재 가치는 사회의 지속 가능성을 고려해 적절한 사회적 이슈를 제기하는 데 있다.

예를 들어 아이 키우기에 적합하지 않은 환경은 젊은 육아 부부에게 개인적으로 부담을 줄 뿐이다. 이는 직접적으로는 자녀의 수, 나아가 미래의 노동 인력 감소로 이어진다. 심지어 아이를 낳고 말고의 문제를 넘어 미래 세대의 연금 수령액에도 영향을 끼친다. 즉, 개인이 바라보는 시각과 개인들의 집단인 사회에서 바라보는 시각이 다르다는 점이 저출생과 인구 감소 문제의 본질이다. 사적 비용과 사회적 비용, 사적 편익과 사회적 편익 사이에 괴리가 발생한 문제라고 봐도 좋다.

이 같은 점에서 본다면 저출생과 인구 감소 문제는 기후 변화 대응 문제와도 유사하다. 개개인의 경제 주체가 활동하면서 발생시키는 이산화탄소 배출 문제를 논의한다면 누구도 개인의 가치관 영역에 침범

---

[*] 인구의 자연 증가율이 '0'인 상태의 인구로 출산율과 사망률이 일정할 때 인구 증가율이 0이 되는 상태를 가정한 것.

했다고는 말하지 않을 것이다. 개개인의 이산화탄소 배출에 제동을 걸지 않으면 지구 전체의 기후 변화 문제를 불러일으키고 결과적으로 사회의 지속 가능성을 위협하기 때문이다.

저출생과 인구 감소 문제도 마찬가지다. 우리 스스로가 사회의 지속 가능성이라는 관점을 가지고 사회 구조를 재검토해야 한다. 최근 일본에서도 ESG를 고려한 대응이 활발해지고 있다. 사회의 지속 가능성을 위한 대처는 매우 중요한 부분이다. 하지만 현재로서는 인구 감소 문제가 ESG의 구체적 항목에 포함돼 있지 않다. 적어도 일본에서는 인구 감소 문제를 위한 대응이 ESG 항목의 가장 큰 주제라고 봐야 한다.

세 번째 이유는 'GDP로 대표되는 경제적 풍요를 추구하는 시대는 이미 끝났다'라는 문명론적 반론이다. 혹은 인구 감소의 심각성과 그 여파를 지적하는 논객의 의견을 들으며 1인당 생산성을 강조하는 생산성 지상주의 같은 '1930~1980년대의 자취'를 떠올리고 있는지도 모르겠다. 그 연장선상에서 저출생의 원인 중 하나인 비혼화나 만혼화 기저에 놓인 빈곤 문제에 대해서도 생산성 지상주의자가 이를 제대로 이해를 못 했다는 식으로 해석될 가능성이 있다.

물론 경제적 풍요가 중요한 만큼 빈곤 문제가 심각하다는 사실도 인식해야 한다. 경제력이 하락하면 생활 인프라를 유지할 능력도 사라지고 정신적 풍요를 추구할 여유도 사라진다. 그 결과, 정신적 풍요의 상실과 경제 기반 붕괴의 악순환이 발생한다.

네 번째 이유는 경제 전문가나 경제학자들이 1인당 GDP의 중요성을 강조하면서 혁신과 생산성 증대로 저출생 문제를 해결하면 된다는 식의 반론을 내놓기 때문이다. 인구 감소의 영향을 상쇄할 수 있을 만큼 혁신이나 생산성 증대가 확실히 이뤄진다면 자연스럽게 문제가 해결된다는 논리는 매우 타당하다. 단, 여기서 타당하다는 것은 그저 논리적 명제로서 타당하다는 의미에 지나지 않는다.

과연 고령화나 인구 감소가 급격하게 추진되는 사회 속에서 혁신이나 생산성 증대가 정말로 이뤄질 수 있는지 진지하게 논의해야 한다. 예를 들어 인구 감소 지역이 기존과 마찬가지로 생활 인프라의 질이나 규모를 유지하려면 단위당 인프라 유지 비용이 상승한다. 바꿔 말하면 생산성이 저하된다는 의미다. 물론 최종적으로는 인구 감소에 따라 적절한 인프라 축소가 이뤄져야 할 것이다. 다만 그러한 조정에 따른 시간이 걸릴 것이다.

또 하나 살펴봐야 할 문제가 있다. 장기적 생산성 증대라는 관점에서 보면 기초 연구 개발이나 고등 교육의 공적 투자는 중요한 과제다. 다만 사회의 금전적 이해관계를 중시하는 현실적인 정치 경제학의 관점에서 생각하면 인구가 감소하고 고령화가 진행되는 상황에서는 한정된 재정 자원을 고령자에게 집중적으로 분배할 수밖에 없다. 그로 인해 미래를 위한 투자는 억제될 것이다.

생산성 증대란 결국 사회 전체의 변화에 따라 자원을 빠르게 재배분할 수 있는 능력과 속도에 달려 있다. 그러한 배경을 생각하면 인구 감소 문제를 생산성 증대만으로 해결한다는 생각은 눈앞의 현실을 외면하는 것처럼 보인다. 생산성 증대를 위한 노력은 물론 중요하다. 하지만 저출생과 인구 감소 문제 자체를 막는 대응과 반드시 병행해야 한다.

다섯 번째 이유는 인구 감소는 받아들일 수밖에 없다거나 효과적인 극복 수단이 없으므로 이미 늦었다는 체념적 태도가 만연해 있다는 것이다. 과연 저출생과 인구 감소 문제를 방치할 때 벌어질 심각한 결과를 제대로 인지하고 모든 수단을 동원해 대처하려는 시도를 한 후에 체념한 것인지 생각해볼 필요가 있다.

현재 상황을 살펴보면 꼭 그렇지만은 않은 듯하다. 〈인구 전략 법안〉을 저술한 일본 후생노동성 관료 야마자키 시로(山崎史郎) 씨의 말을 빌리면 일본을 이대로 둘 경우 싸워보지도 않고 지는 것이나 마찬가지다. 우선 연애, 결혼, 출산, 육아, 일이라는 인생의 중요한 단계에 맞춰 전반적 점검을 통해 출산율 저하를 일으킨 원인을 밝혀야 한다. 그리고 지금 각 개인이 직면한 난관을 헤쳐나갈 수 있도록 사회나 행정이 지원해야 한다. 출산율을 높이는 대책은 더 나은 사회를 만들려는 노력의 결과이며 반드시 실현해야 하는 목표라는 공감대를 넓혀야 한다.

이처럼 다양한 이유로 지금까지는 저출생과 인구 감소 문제의 심각성을 충분히 받아들이지 못하고 있는 것이 현실이다. 하지만 인구전략회의가 제시한 보고서를 계기로 인식이 개선되기를 희망한다.

• 저출생과 인구 감소 문제 대처의 세 가지 특징

마지막으로 이 문제에 대처할 때 중요하게 생각하는 부분을 세 가지 말해보고자 한다.

① **대립 구도를 회피하라**

저출생과 인구 감소 문제는 고령자와 젊은 세대, 결혼한 자와 하지 않은 자, 아이가 있는 자와 없는 자처럼 국민 사이에 이분법적인 대립 구도를 형성하면 결코 논의 단계로 나아가지 않는다. 누구의 도움 없이 독립해 생활하고 있다고 스스로 생각하는 사람도 다양한 사회적 안전망에 의해 보호받고 있다.

예를 들어 공적 연금, 의료 보험, 간병 보험 같은 사회보장제도는 지역이나 나이, 건강 상태, 경력 여부를 따져 지원을 제공하지 않는다. 국민 대다수는 결혼했거나 아이가 있거나 가리지 않고 보장을 받는다. 수년 전에 세계적인 베스트셀러가 된 책의 제목을 인용하자면《우리는 서로에게 빚이 있다(what we owe each other)》라는 점을 잊으면 안 된다.

② **국민적인 대처야말로 중요**

저출생과 인구 감소 대책은 오직 정부가 해야 할 일이라고 여겨서는 안 된다. 이번 보고서 공표 후에 '정부의 대처가 필요하다'라는 여러 언론의 보도와 논설을 많이 접했다. 물론 정부의 대처도 중요하지만 민간의 대처 또한 중요하다는 메시지가 충분히 전해지지 못했던 부분은 아쉬웠다.

낮은 출산율의 밑바탕에는 육아를 어렵게 만드는 다양한 사회 관행이 존재한다. 예를 들어 여성은 말할 것도 없이 남성도 눈치 보지 않고 육아 휴직을 할 수 있는 직장 환경이 갖춰져야 한다. 오늘날 일본의 육아 휴직 제도는 제도 자체로만 보면 OECD 가입국 중에서 가장 잘 갖춰져 있지만 남성의 활용률은 가장 낮은 순위에 속해 있다. 이러한 측면에서 보면 민간이 스스로 나서서 대처해야 할 부분은 아직 많아 보인다.

③ 재원 확보 문제 대응

지속 가능한 재정을 확보하려면 안정적 재원이 필요하다. 정부가 저출생과 인구 감소 문제를 고려할 경우 지출은 증가할 수밖에 없다. 만약 이를 뒷받침하는 안정적 재원 확보를 게을리하면 GDP 대비 국가 채무 비율은 지금보다 더욱 증가한다. 또한 재정의 지속 가능성에 대해 투자가의 신용을 잃으면 인플레이션이나 채무불이행(디폴트) 중 하나를 겪게 될 것이다. 하지만 재정의 지속 가능성에 대한 투자가의 신용을 잃는 시점을 미리 알기는 어렵다.

일본의 GDP 대비 부채 비율을 고려하면 성장률을 밑도는 현재의 금리 수준은 유리한 상황이라 할 수 있으나 언제까지나 계속되리라는 보장은 없다. 대규모 자연재해 등의 발생으로 기초 재정 수지가 급격하게 나빠질 가능성도 있다. 투자가의 신용 저하는 GDP 대비 부채 비율 상승으로 인한 결과로 나타나기도 하지만 변화 예측으로 인해 나타날 수도 있다.

투자가의 신용이 낮아지면 국채 금리는 상승한다. 재정 수지의 악화로 국채 등급이 낮아지면 민간 기업의 사채 발행 금리가 상승한다. 민간 은행은 외화 자금을 조달할 때, 일본 국채를 담보로 하는 경우가 많은데, 등급에 따라 담보 부적격으로 판정되면 외화 자금 조달에 난항을 겪을 가능성이 있다.

예를 들어 수도권 바로 아래에서 규모 7도 이상의 대지진이 일어나 재정 정책이 반드시 필요한 국면에 접어들었을 때, 재정 정책을 펼치기 힘들 수 있다.

저출생과 인구 감소 문제는 현실을 외면하고 싶어질 만큼 심각한 문제다. 그러나 눈을 가린다고 해서 현실이 바뀌지는 않는다. 현상을 제대로 이해하고 국가가 나서서 적절한 과제를 수립해야 한다. 이를 출발점 삼아 사람들의 지혜와 힘을 모아 대처해나가면 수십 년이라는 긴 기간 안에 반드시 빛이 보이기 시작하리라고 믿는다.

시라카와 마사아키(白川方明)
  1949년 후쿠오카 현 출생. 도쿄대학교 경제학부 졸업, 시카고대학교 대학원 석사 취득. 일본은행 이사, 교토대학교 공공정책대학원 교수, 일본은행 총재를 거쳐 현재 아오야마 학원대학교 국제정치경제학부 특임교수로 재직 중이다. 저서로는 《현대의 금융정책》, 《중앙은행》 등이 있다.

정직원과 임시직의 임금 격차 해소야말로 가장 중요한 과제
-약 40%의 미혼 여성이 아이를 가지지 않으리라 예상

나가세 노부코(오차노미즈여자대학교 교수)

인구전략회의의 일원으로 제언 〈인구 비전 2100〉을 정리하면서 대학 졸업 여성 3명을 회의에 초대해 이야기를 들어볼 기회를 만들었다. 여성이 출산과 육아에 대해 느끼는 불안과 리스크 등이 적나라하게 논의됐고 그들의 목소리는 이번 제언에도 생생히 담겨 있다.

적잖은 젊은 여성 비율이 아이를 갖는 상황을 리스크로 여기며 이러한 선택을 피하려는 경향은 통계에서도 뚜렷이 나타난다. 후생노동성의 2021년 보고서 〈인구 동태 통계 특수 보고 – 출생에 관한 통계 상황〉에 따르면 40세 시점에 아이가 없는 일본 여성 비율은 1955년 출생이 12.5%, 1960년 출생이 16.6%, 1965년 출생이 24.2%, 1970년 출생이 28.4%, 1975년 출생이 28.5%였다. 약 30%에 달하는 수치는 국제적으로 봐도 높을 뿐만 아니라 상승 속도도 매우 빨랐다.

출산과 육아가 '개인에게 힘들기만 한 일인가?'라는 질문에는 일에서도 부담과 함께 기쁨도 존재하는 것처럼 남녀 대다수에게 삶의 버팀목이 된다고 답했다. 여러 조사를 보면 아이가 없는 사람은 육아에 대한 불안감이 컸지만 아이를 가진 사람의 대다수는 아이가 있어 행복하다고 응답한다고 한다. 아마도 인간은 아이를 기르며 큰 기쁨을 느끼도록 만들어진 존재이기 때문일 것이다. 그럼에도 어머니 혼자 육아를 담당하면서 심지어 수입도 부족한 상황이라면 육아는 매우 힘든 일로 받아들여진다. 심한 경우 학대가 일어날 수도 있을 것이다. 젊은 여성이 일단 아이를 가지기만 하면 되돌릴 수 없는 일이라고 여기는 것도 이해할 만하다.

저출생에 대한 효과적인 대책을 마련하기에 앞서 젊은 여성이 출산과 육아와 관련해 어떤 리스크를 느끼는지를 정확하게 파악해야 한다. 여기서는 젊은 남녀의 의식 변화와 그 배경을 분석하고 어떻게 지원해야 하는지를 여성의 경력과 출산, 육아를 꾸준히 연구해온 입장에서 논해보고자 한다.

• 비혼 취업을 예상하는 미혼 여성 증가

먼저 일본의 미혼 여성이 미래 계획을 어떻게 생각하는지를 살펴보자. 국립 사회보장·인구문제 연구소의 〈출산 동향 기본조사〉 최신판인 제16회 2021년 조사 결과에서 이를 확인할 수 있다.

그림5-3 하단 그래프는 18~34세의 미혼 여성이 스스로 미래에 이뤄지리라 생각하는 '예상 인생 경로'를 나타낸다. 2021년에 가장 높은 비율을 차지한 답변은 '나는 아마 결혼하지 않고 일을 계속할 것이다'라는 '비혼 취업 경로'였다. 무려 33.3%에 달하는 수치로 3명 중 1명이 이에 해당한다. 코로나 사태 전인 2015년에 진행한 조사에서는 비혼 취업 경로가 21.0%, 즉 약 5명 중 1명이었던 결과에서 큰 폭으로 상승했다.

심지어 이 수치에 아이를 갖지 않는 맞벌이 부부인 '딩크 경로'의 4.9%를 더하면 약 40%에 달하는 여성이 아이를 갖지 않는 미래를 예상한다고 추측할 수 있다. 또한 집안일, 육아와 일을 같이 하는 '양립 경로'의 28.2%를 더하면 약 70%에 달하는 여성이 계속해서 일하는 미래를 예상한다는 사실을 알 수 있다.

반면 결혼과 출산을 염두에 두고 무직으로 남거나 육아 후에 재취업하겠다는 '재취업 경로'는 2015년에 31.9%였다가 2021년에 22.7%로 감소했다. 또한 계속해서 감소 중이던 '전업주부 경로'는 3.6%까지 비중이 매우 줄어들었다. 두 경로에 해당하는 부부는 남편이 부양할 것으로 예상하는데, 이 비중은 현재 30%도 되지 않는다.

조사 결과를 보면 아이를 갖지 않는 경로가 높은 비중으로 나왔지만 정말로 미혼 여성이 생각하는 이상적인 미래인지 들여다보면 그렇지도 않다. 그림5-3 상단 그래프를 보면 2021년 조사에서 비혼 취업과 딩크일 것이라 예상한 미혼 여성은 모두 20%다. 2015년 조사 결과인 10% 대비 늘어나기는 했으나 나머지 약 80%의 여성은 어떠한 형태로든 아이를 갖고 싶어 한다는 사실을 알 수 있다.

또한 '재취업 경로'가 26.1%, '전업주부 경로'도 13.8%까지 낮아지면서 18~34세의 미혼 여성 중 50% 이상이 미래에도 일을 계속하고 싶다고 답했다.

그럼 남성이 배우자에게 기대하는 미래는 무엇일까? 그림5-4 그래프를 살펴보면 18~34세의 미혼 남성이 배우자에게 바라는 미래 경로는 '양립 경로'가 39.4%, '재취업 경로'가 29.0%로 결혼, 출산 이후에도 계속해서 일하기를 바라는 이들이 70% 이상을 차지한다. 반면

그림5-3 조사별로 본 여성의 이상적인 미래 인생 경로

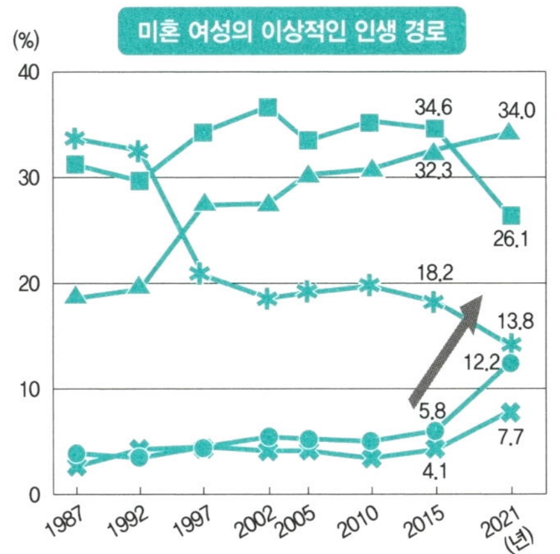

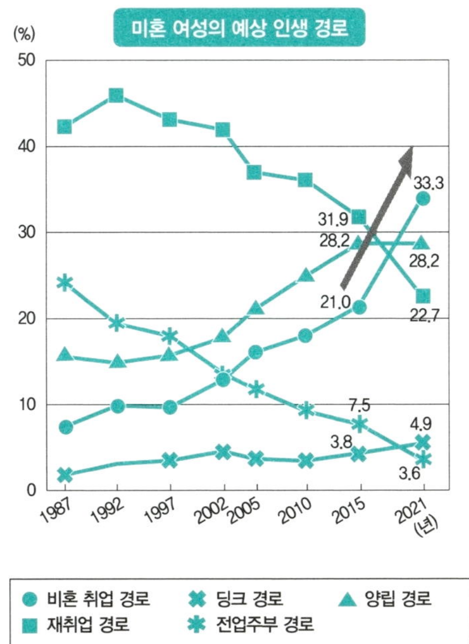

출처: 국립 사회보장·인구문제 연구소, 〈제16회 출산 동향 기본조사〉(2021년 조사)

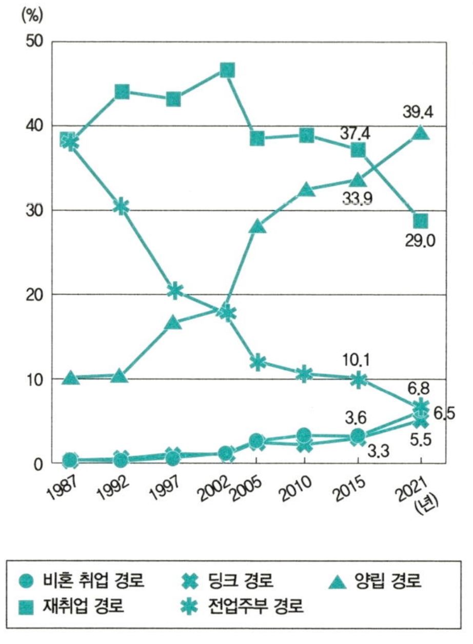

출처: 국립 사회보장·인구문제 연구소, 〈제16회 출산 동향 기본조사〉(2021년 조사)

'전업주부 경로'를 희망하는 경우는 6.8%까지 낮아졌다.

이처럼 미혼 남녀의 미래 인생 경로에 관한 인식이 빠르게 변해가고 있다.

• 젊은 여성들이 직접 말하는 리스크와 불안

미혼 여성의 인식을 변화시킨 배경은 무엇일까? 대학생과 취업생에게 이야기를 들어보면 그 이유를 살짝 엿볼 수 있다.

첫 번째, 자신의 수입을 잃는 상황에 대한 염려다. 이는 미혼 여성

대다수가 이혼 가능성을 염두에 두게 된 영향도 있는 듯하다. 앞서 언급한 조사에서 보면 2015~2019년에 첫째 아이를 출산한 여성 중 40% 이상이 아이가 1세일 때까지 무직인 상태다(임신 전부터 무직인 경우도 포함). 이후 재취업을 하려고 해도 아이를 가진 여성이 일할 수 있는 직업은 아르바이트 같은 비정규직에 불과하다. 즉, 대부분 낮은 임금을 받는 경우며 정직원으로 채용되기가 힘들다. 만약 이혼이라도 할 경우 일본에서는 아이의 아버지로부터 양육비 지급이 제대로 이뤄지지 않는다. 그 결과, 일본의 모자 가정 중 절반이 빈곤 상태에 처해 있다. 이처럼 결혼과 출산으로 인해 수입원이 사라지는 상황을 여성이 리스크로 느끼는 것도 무리는 아니다.

설령 수입이 있다고 해도 저소득층으로서는 아이를 갖는 일이 사치인 상황을 들 수 있다. 실제로 미혼일 때 비정규직으로 근무했던 남녀일수록 아이를 갖지 않는다. 이는 교육비 부담 같은 상황도 영향을 미칠 것이다.

미디어를 통해 결혼 생활이나 육아에 관한 부정적 콘텐츠를 많이 접하는 상황도 큰 이유인 듯하다. 많은 미혼 남녀가 결혼이 귀찮아 보인다거나 육아가 힘들어 보인다는 편견을 가져 일부러 힘든 상황을 만들고 싶지 않다고 한다. 최근에는 나홀로족을 허용하는 분위기에 편승하는 영향도 있다고 언급하기도 했다.

이번 인구전략회의 인터뷰에 응한 20대 미혼 여성 중 한 명의 의견을 주목할 만하다. 그는 출산 및 육아를 하는 이들을 절대적으로 우선시하는 세제와 지원금 제도, 민간 서비스를 마련해야 하는 것은 물론, 이에 대해 널리 제대로 알리지 않으면 누구도 쉽게 아이를 가지지 못할 것이라고 답했다.

다른 한 명은 아이를 낳고 기르는 상황에 대해 품은 불안과 관련해 자기 부모를 사례로 들어 설명했다. 그는 아버지가 늦게까지 일하고 어머니가 아이 둘을 혼자서 키우는 환경에서 자랐다고 한다. 즉, 아버지는 하루 종일 일에 시달리고 어머니는 가사와 육아에 시달리는 상황을 보고 자랐기 때문에 자신이 일과 가사, 육아를 한꺼번에 할 수 있다고는 여기지 않는다는 것이다. 따라서 부부가 함께 협력할 수 있으려면 산후 휴가, 육아 휴직, 단축 근무를 해도 승진할 수 있는 경력 사례가 전제돼야 할 것이다.

여기서 언급한 것 외에도 미혼 여성의 의식 변화에 대한 다양한 사례가 있으므로 신중하게 그들의 목소리를 들어봐야 한다.

• 일본 여성만 임금이 낮은 상황

계속 일하고자 하는 미혼 여성이 늘고 있는 분위기는 사실 일본뿐만 아니라 수많은 선진국에서도 공통적으로 나타나는 현상이다.

세계화의 진전과 정보통신기술의 발달로 해외의 뛰어난 인재가 국내 인재를 대체하고 있다. 그 결과, 일본뿐만 아니라 미국과 유럽 등지에서도 남성의 중위 수입은 계속 낮아지는 중이다. 또한 육체노동이 줄고 두뇌 노동이 늘어나면서 여성 임금은 계속해서 상승하고 있다. 여성이 계속 일을 하는 미래를 추구하게 된 것도 이러한 경제 변화에 따른 영향이 크다.

그러나 기혼 여성의 임금 수준은 일본이 상대적으로 매우 적은 편이다. 놀랍게도 대학 졸업 여성이라 해도 연 수입이 100만 엔 미만,

150만 엔 미만인 경우가 많다. 런던대학교 로레인 디어든(Lorraine Dearden) 교수가 발표한 연구 결과에 따르면 일본에서 대학을 졸업한 중년기 여성의 중위 임금이 연 수입 170만 엔에 그쳤다. 디어든 교수와 내가 함께 낸 추계 또한 큰 반항을 일으켰다. 2018년 당시 환율을 고려해 대학을 졸업한 여성의 중위 연 수입을 조사한 결과, 미국은 500만 엔, 영국은 300만 엔 수준이었다. 유독 일본에서 대학을 졸업한 여성의 임금 상승이 제한적으로 이뤄져온 것이다.

이러한 저임금 현상에는 몇 가지 이유가 있다. 우선 일본은 장기 고용 관행이 뿌리 깊게 자리 잡혀 있다. 고학력 여성이라 해도 신입이 아니라 경력직으로 노동 시장에 진입하려면 극히 낮은 임금을 받는 아르바이트로 근무해야만 한다. 또한 일본 기업은 직장을 떠난 사람의 시간당 생산성을 평가하는 체계가 취약했다. 잔업이나 전근 등 기업 형편에 적합한 지시를 이행하고 모든 부분에서 회사와 맞춰나가지 않으면 임금 평가에서 불리하게 작용했다.

더불어 수입이 낮은 기혼 여성을 세금 측면에서 우대하고 사회 보험료 부담에서 면제하는 제도를 시행해왔다. 즉, 일본은 이 같은 고용 관행과 사회보험제도 속에서 부부 간의 분업을 장려해온 것이다. 그러나 현대 사회가 기대하는 새로운 사회적 보호 형태는 부부 상호 간의 분업이 아니라 협업이다. 아이를 가져도 아내의 수입이 크게 줄어들지 않으며 육아 시기에도 수입이 낮아지지 않도록 사회가 보장하는 형태일 것이다.

청년층이 육아 불안을 해소하고 아이를 쉽게 가질 수 있으려면 구체적으로 어떤 대책이 필요할까? 우선 전 세계적으로도 임금 격차가 큰 정규직과 비정규직의 차별을 해소해야 한다. 제2차 세계 대전 후 일본은 장시간, 장기간에 걸쳐 기업 맞춤형 근무 방식을 따르는 정규직인 정직원과 사회보장제도에 가입하지 않고 가장의 부양가족에게 편입을 전제로 하는 비정규직인 아르바이트로 구분하는 고용 관행을 지금까지도 기본적으로 유지하고 있다.

아르바이트 직무는 기혼 여성뿐만 아니라 젊은 남녀, 혼자 사는 중장년을 비롯해 고령자에까지 확대됐다. 지금도 일본 사회보험 제도에서는 연 소득이 130만 엔 이하에 해당하면 피부양 배우자(제3호 피보험자)[*]로 분류되고 제2호 피보험자인 회사원이 전체 보험료를 부담해 사회 보험료를 면제받는다. 그 결과, 기혼 여성의 연 수입은 대다수가 150만 엔 미만에 집중돼 있다(그림5-5 상단). 특히 100만~130만 엔 구간에 맞춰 조정돼 있다.

주로 이들을 대상으로 노동 공급 시간을 줄이거나 고용 형태 전환 등이 이뤄지고 있어 이미 낮은 아르바이트 임금 상승률을 더욱 억제하는 족쇄가 되고 있다. 정부에서는 이러한 실태에 대한 근본적 제도 개선안을 내놓지 못하고 있다. 지금까지 기업에서 값싼 노동력을 아르바이트로 적극 수용했기 때문이기도 하다. 정직원으로 일하는 아버

---

[*] 일본 국민연금 제도에서 20세 이상 60세 미만이며 회사원 등 제2호 피보험자에게 생계를 의존하는 배우자를 의미한다.

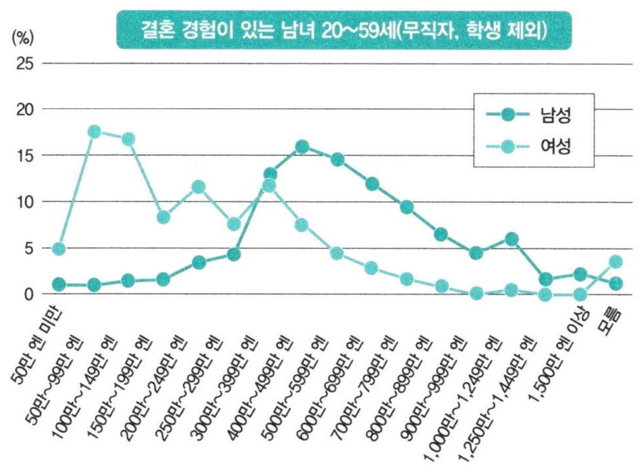

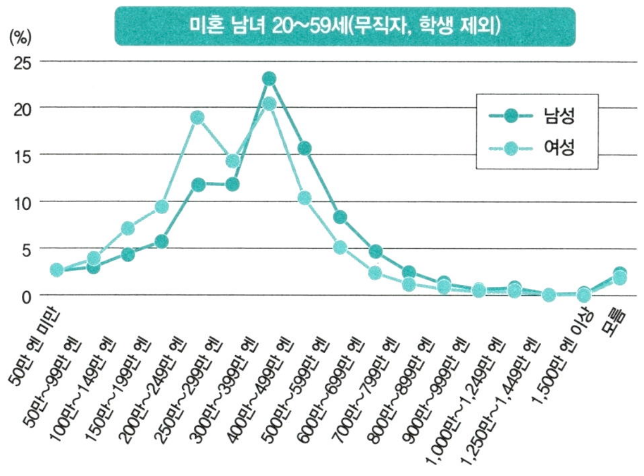

출처: 총무성, 〈취업구조 기본조사〉를 바탕으로 필자가 작성.

지의 귀가 시간이 늦고 집안일이나 육아는 어머니의 역할로 한정 짓는 현실(총무성 통계국, 〈사회생활 기본조사〉, 2021)은 이혼 리스크가 있는 사회에서는 여성이 아이를 가지는 데 따르는 기회비용을 높이고 아이를 갖기 힘들게 할 뿐이다.

대부분의 어머니가 종사하는 아르바이트라는 근로 형태를 개선하기 위해 교육을 받게 하거나 능력, 경험을 제대로 평가하는 일이야말로 가장 중요한 변화의 시작점이지 않을까 한다. 직장을 떠나 있던 어머니가 중년기 이후에도 능력을 제대로 평가받고 한 사람 몫의 임금을 받으며 일하는 모습을 본다면 아이들 세대도 육아와 일을 함께 할 수 있다는 자신감을 가질 수 있을 것이다.

또한 생산 연령 인구가 큰 폭으로 줄어들고 있는 일본 경제에서는 비정규직이라는 근무 형태를 인적 자본을 구축할 수 있는 형태로 개선해야 한다. 물론 정규직 근무 형태 또한 개인의 선택이 존중되는 방식으로 바꿔나가는 것도 중요할 것이다.

• 출산 후 충분한 지원

고용 격차 해소라는 근본적 개혁과 함께 출산 후 지원도 충분히 이뤄져야 한다. 구체적으로 다음 세 가지 정책을 고려해볼 수 있다.

① 출산 후 2~3년까지는 휴직 후 직장으로 돌아갈 수 있도록 고용법을 만든다(가능하면 빠른 복귀가 바람직할 것이다).

② 휴직 중 적어도 1년은 모든 산모를 대상으로(인사부와 적절히 합의하지 못하고 직장을 그만둔 계약직 고용자 포함) 낮아진 임금에 대한 수

당을 준다.

③ 직장 복귀 후에도 아이 1명당 일정한 육아 시간을 사회적 규범으로 보장해 부모 모두에게 부여한다.

이러한 정책은 실제로 유럽과 미국 등지에서 시행되고 있다. 일본에도 육아 휴직 제도가 존재한다. 다만 2005년부터 2009년까지는 기업 정직원의 경우 첫 자녀를 출산한 여성의 24%만 육아 휴직 제도를 이용했다. 2015년부터 2018년까지 통계를 보면 첫 자녀 출산 여성의 43%가 이용했다(〈제16회 출산 동향 기본조사〉).

반면 불안정한 고용직은 여전히 육아 휴직 제도를 이용하기가 힘들다. 또한 남성의 육아 분담을 장려하는 정책을 마련하는 중이지만 기업에서 직원의 육아를 고려하지 않는 기존 업무 수행 방식 탓에 아직 제도 정착 면에서 미흡한 것이 현실이다. 그래서 아이 갖기를 희망하는 20~30대 남성의 육아 휴직 희망률이 높다고 해도 현실적으로 이행이 되지 않는다.

임신 후에 직장을 떠난 직원에게 수당이 나오지 않는 것도 육아 휴직을 어렵게 만든다. 임신 후 직장을 떠나 아이를 키우는 동안 수입이 사라진 이들에게도 사회에서 수당을 지급해야 할 것이다.

• 불임 치료의 성공에도 긍정적 영향

고용 환경 개선은 불임 치료 성공률을 높이는 성과로도 이어진다. 일본의 불임 치료 시술 건수는 전 세계에서도 상위권에 속하나 성공률은 낮은 편이다. 일본 여성의 경우 비교적 나이가 많은 편인 40세 전후(37~42세)에 생식보조의료(Assisted Reproductive Technology)[*] 시술을 가장 빈번하게 받기 때문이다. 생식보조의료가 출산으로 이어지는 비율(출산분만율)은 30세는 33%이지만 35세는 28%가 되고 37세는 23%, 가장 치료를 많이 받는 40세는 14%, 42세는 7%까지 내려간다(〈중앙사회보험의료협의회 총회 자료 총-1〉, 2023년 11월 17일).

스가 요시히데(菅義偉)[**] 정권 당시 불임 치료에 보험을 적용하기로 결정한 것은 반가운 일이다. 그러나 여성의 정신 건강을 위해서 조금이라도 빨리 치료를 시작할 수 있도록 고용 환경과 의료 환경을 구축해야 한다. 또한 의료 기관은 환자에게 불임 치료 의료 실적에 대한 정보를 충실히 제공해야 한다. 불임 원인의 절반이 남성에게 있다는 정보도 올바르게 알려야 할 것이다.

육아와 함께할 수 있는 나를 위한 활동, 예를 들어 일이나 취미 등을 육아와 병행할 수 있는 사회를 만들어나갈 때 불임 치료의 시작 시기도 앞당길 수 있을 것이다. 이를 위한 제도 마련도 중요하지만 기업과 사회 분위기 개선과 함께 남성의 육아 분담을 늘리는 활동도 필수적이다.

• 분배의 편향 해소

육아 관련 정책을 실현하려면 사회 전반적으로 육아 세대를 지원하겠다는 공통된 인식을 갖추고 재원의 분배도 수정해야 한다. 이미 알

---

[*] 난포자극, 채란, 채정, 수정 배배양을 기본 수단으로 하는 불임 치료.
[**] 2020~2021년 제99대 내각총리대신.

려진 바와 같이 일본의 사회보장 지출은 고령자에 치우쳐 있다. 2021년도 사회보장 지출은 GDP의 26.0% 수준이었다. 그중 고령자에 대한 지출이 8.9%, 유족에 대한 지출이 1.2%, 보건에 대한 지출이 11.0%였다(국립 사회보장·인구문제 연구소, 〈사회보장비용통계〉, 2021). 다만 보건 지출의 약 40%는 75세 이상인 고령자가 대상이었다.

한편 가족 관련 지출은 2.5%, 실업과 주택과 관련된 지출은 합쳐서 0.4%에 불과해 경제활동인구의 수급률은 낮은 편이다. 사회보장 관련 예산이 한정돼 있으니 분배 방식에 대해 논의해야 할 시점이다. 미래의 아이들이 빈곤으로 고통받지 않도록 저소득 가구에 대해서는 아이에 대한 수당을 집중적으로 더 넉넉하게 배분해야 할 것이다.

또한 갓 사회생활을 시작한 청년에게 대학 진학을 위해 지급받은 일본학생지원기구 장학금(제1종은 평균 약 250만 엔, 제2종은 평균 약 350만 엔)의 변제 부담은 부담으로 다가온다. 소득 연동형 변제 방식을 채택하는 방식으로 분배 개선으로 이어져야 할 것이다.

• 자기 일처럼 여기는 태도

육아 의지의 감소는 업무 수행 방식, 임금 구조, 사회 규범, 사회보장 형태 등 일본 사회 전반의 문제이기도 하다. 육아는 개인의 차원에서는 미래로 이어지는 창이며, 사회적 차원에서는 지속적 발전을 위한 기반이다. 초저출산율이 끊임없이 이어질 경우 일본 사회의 미래를 축소하고 청년들 자신의 미래를 위한 선택의 폭도 좁힌다. 청년이 아이 갖기를 꺼리는 이유나 청년의 목소리를 주의 깊게 들어야 한다. 그리고 빠르게 관련 정책을 시행해 초기에 대응해야 한다.

나는 지금까지 30년간 여성의 취업과 출산 그리고 고용 시스템과 사회보장의 존재 방식을 연구했다. 일본식 고용 관행은 여성의 일과 가정의 양립을 매우 어렵게 만드는 요소다. 1990년대까지는 전업주부라는 인생을 예상하는 이가 많았다. 그렇게 가족을 만들어가는 여성도 많았다. 그러나 2000년 이후, 더 많은 여성이 일과 가정의 양립을 목표로 삼았으나 쉽게 이뤄지진 못했다. 결혼을 하지 못했더라도 적지 않은 비율의 여성이 저임금 비정규직에 종사하게 됐다. 2010년 이후에는 겨우 일과 가정을 모두 챙길 기회가 싹텄으나 2024년이 된 현재에는 여학생 대다수가 일과 가정을 모두 챙기기 힘들어 하나만 선택하는 실정이다. 100세 시대를 앞두고 있는 지금, 남녀의 업무 수행 방식과 사회보장의 존재 방식은 분업에서 남녀 협력으로 바꾸고 육아와 경력을 잃지 않는 사회보장제도로 전환해야 한다.

최근에 내 연구를 모아《일본 여성의 커리어 형성과 가족 – 고용 관행, 남녀 임금 격차, 출산과 육아》(2024)를 출간했다. 여성이 겪는 어려움과 제약 그리고 향후에 나아갈 방향성에 관해 다루고 있으니 관심을 가져주길 바란다.

나가세 노부코(永瀬伸子)

1959년 사이타마 현 출생. 도쿄대학교 대학원 경제학연구과 졸업, 경제학 박사. 전공은 노동 경제학과 사회보장론이다. 공편저로《저출산과 이코노미》,《저출산과 여성 라이프 코스》, 공저로는《노동 경제학 이해》등이 있다.

도쿄 출산율 0.99명의 충격
-근본부터 알아보는 저출생의 현실

고이케 시로(국립 사회보장·인구문제 연구소 인구구조연구부장)

2024년 6월 5일에 발표된 2023년 〈인구 동태 통계 월보 연계(예상)〉에 따르면 일본의 합계출산율(TFR)이 인구 동태 통계를 조사한 이래 최저치인 1.20명이 됐다고 한다. 2022년 당시 1.26명에서 0.06포인트 대폭 하락한 것이다. 2023년에 코로나 사태가 합계출산율을 억누르는 작용을 하기도 했지만 2005년부터 2015년 사이의 짧은 기간을 제외하고 1970년대부터 합계출산율이 일관되게 낮아지는 추세를 보였다. 코로나 사태가 일어나지 않았더라도 합계출산율은 계속 낮아졌을 가능성이 높다.

2023년 전국 도도부현(都道府縣)의 합계출산율도 발표됐는데, 2022년의 수치 이하로 내려갔다. 그중에서도 도쿄 도의 합계출산율이 0.99명으로 조사되며 사상 처음 1명 이하로 내려갔다는 사실이 보도됐다. 알다시피 도쿄 도는 행정구역 중에서 가장 인구 규모가 큰 지역으로 전국 출산율에 미치는 영향도 크다. 일부에서는 도쿄 도의 출산율이 과소평가됐다는 논조의 주장도 나왔다. 이에 도쿄 도의 출산율에 관한 몇 가지 지표를 통해 시계열적 변화와 전국 수치와의 비교를 중심으로 관찰하고자 한다.

• 바탕이 되는 두 지표

본론으로 들어가기 전에 지표의 의미와 산출 방법에 대해 간단하게 설명하고자 한다. 합계출산율은 일정 시기 동안(일반적으로 1년간) 관찰한 재생산 연령(가임 연령)인 15~49세 여성의 연령별 출산율을 모두 합한 수치로 1명의 여성이 평생에 걸쳐 낳는 아이의 평균 수치를 나타낸다. 예를 들어 표5-1의 진한 음영 부분의 합계가 2020년의 합계출산율을 나타낸다. 연령별 출산율은 분자에 일본인 출생아 수, 분모에 일본인 여성 인구를 대입해 산출하고 전국 단위뿐만 아니라 행정구역별로도 5세 연령 단위로 각각 산출한다.

합계출산율은 연령별 인구 차이의 영향을 받지 않는다. 시대별, 지역별 비교가 쉬워 해당 기간의 출산율 수준을 정확하게 나타내는 지표로 널리 활용되지만 다른 코호트(세대) 출산율이 합쳐진 수치라는 면에서는 유의해서 봐야 한다.

예를 들어 2020년 합계출산율을 살펴보면 45~49세의 출산율은 1971~1975년 출생자의 출산율이고 15~19세의 출산율은 2001~2025년 출생자의 출산율이다. 이처럼 연령대가 다른 세대의 출산율을 같은 시기에 합한 수치가 합계출산율이다. 따라서 각 세대의 출산이 늦어지거나 빨라지는 등 출산 시점의 변화에 따라 영향을 받는다.

합계출산율에 영향을 준 대표적인 사례가 1966년 병오년(丙吾年)*이었다. 당시 거의 모든 나이대의 여성이 출산을 꺼리는 분위기가 팽배했고 이를 반영하듯 합계출산율이 일시적으로 1.58명으로 떨어지며 기록적인 수치를 남겼다.

합계출산율처럼 특정 시기가 아니라 특정 코호트에서 재생산 연령 중 연령별 출산율을 더한 코호트 합계출산율(Cohort Fertility Rates, CTFR)**이라는 지표도 있다. 이를 활용하면 각 세대가 재생산 연령에 걸쳐 평균적으로 몇 명의 아이를 낳는지 파악할 수 있다. 예를 들어 표5-1의 옅은 음영을 따라 대각선 방향으로 더하면 1985년 당시 15~19세 세대의 코호트 합계출산율을 산출할 수 있다.

여기서는 합계출산율과 이를 산출하는 근거인 연령별 출산율, 코호트 합계출산율을 이용해 도쿄 도와 일본 전국 지역를 비교하며 집중해서 살펴보고자 한다.

• 합계출산율이 전국보다 여전히 낮은 도쿄

1970년 이후 전국과 도쿄 도의 합계출산율 추이를 그림5-6에서 확인할 수 있다. 합계출산율 변화는 전국적으로 대부분 유사한 반면, 도쿄 도의 수치가 전국 수치보다 낮은 경향은 변함이 없다. 1980~1990년대와 비교하면 최근 들어 전국과 도쿄 도 사이의 차이가 조금 줄어든 것처럼 보인다. 그 원인으로 주로 두 가지가 언급된다.

첫 번째, 지역에 따른 출산 시기의 변화가 합계출산율에 영향을 준다는 점이다. 1980년대 이후에는 전국적으로 출산이 늦어지는 경향을

---

* 일본어로는 '히노에우마(ひのえうま)' 해라고 하는데, 해당 연도에 출생한 여자는 남편이 단명한다는 미신이 있다고 한다.

** 같은 시기에 태어난 여성, 즉 코호트 집단의 평균 출생아 수를 의미한다.

표5-1 연령별 출산율, 합계출산율, 코호트 합계출산율의 산출 방법

	1985년	1990년	1995년	2000년	2005년	2010년	2015년	2020년
15~19세	$85^f15\text{-}19$	$90^f15\text{-}19$	$95^f15\text{-}19$	$00^f15\text{-}19$	$05^f15\text{-}19$	$10^f15\text{-}19$	$15^f15\text{-}19$	$20^f15\text{-}19$
20~24세	$85^f20\text{-}24$	$90^f20\text{-}24$	$95^f20\text{-}24$	$00^f20\text{-}24$	$05^f20\text{-}24$	$10^f20\text{-}24$	$15^f20\text{-}24$	$20^f20\text{-}24$
25~29세	$85^f25\text{-}29$	$90^f25\text{-}29$	$95^f25\text{-}29$	$00^f25\text{-}29$	$05^f25\text{-}29$	$10^f25\text{-}29$	$15^f25\text{-}29$	$20^f25\text{-}29$
30~34세	$85^f30\text{-}34$	$90^f30\text{-}34$	$95^f30\text{-}34$	$00^f30\text{-}34$	$05^f30\text{-}34$	$10^f30\text{-}34$	$15^f30\text{-}34$	$20^f30\text{-}34$
35~39세	$85^f35\text{-}39$	$90^f35\text{-}39$	$95^f35\text{-}39$	$00^f35\text{-}39$	$05^f35\text{-}39$	$10^f35\text{-}39$	$15^f35\text{-}39$	$20^f35\text{-}39$
40~44세	$85^f40\text{-}44$	$90^f40\text{-}44$	$95^f40\text{-}44$	$00^f40\text{-}44$	$05^f40\text{-}44$	$10^f40\text{-}44$	$15^f40\text{-}44$	$20^f40\text{-}44$
45~49세	$85^f45\text{-}49$	$90^f45\text{-}49$	$95^f45\text{-}49$	$00^f45\text{-}49$	$05^f45\text{-}49$	$10^f45\text{-}49$	$15^f45\text{-}49$	$20^f45\text{-}49$

$t^f x$ 연령별 출산율(t년×나이 출산율)

의 합계: 합계출산율(TFR: 2020년)

의 합계: 코호트 합계출산율(CTFR: 1985년 15~19세 코호트)

보인다. 그중에서도 도쿄 도는 출산이 늦어지는 정도가 가장 컸다. 합계출산율로 보면 1990년대 후반 정도까지 도쿄 도와 전국 사이의 차이가 컸다. 그러다 최근 들어 단카이 주니어 세대가 주를 이루는 30대 후반 이후의 수치를 보면 도쿄 도에서 출산율이 다소 올라가는 회복효과(소위 캐치업 효과)가 나타나면서 차이가 축소됐다고 볼 수 있다.

두 번째, 좀 더 단순한 원인으로 도쿄 도를 비롯한 대도시권의 인구가 늘어났기 때문이다. 출산율이 낮은 대표적 지역인 도쿄권(사이타마, 지바, 도쿄, 가나가와)과 오사카권(교토, 오사카, 효고, 나라) 8개 지역에서 15~49세의 일본인 여성 인구의 전국 대비 점유율은 1980년대는 40.7%였으나 2020년에는 46.3%까지 상승했다. 이전의 전국 합계출산율과 비교하면 오히려 현재가 대도시권 합계출산율의 영향을 받기 쉬운 상황이다. 결국 전국과 도쿄 도의 출산율은 상호 영향을 미치는

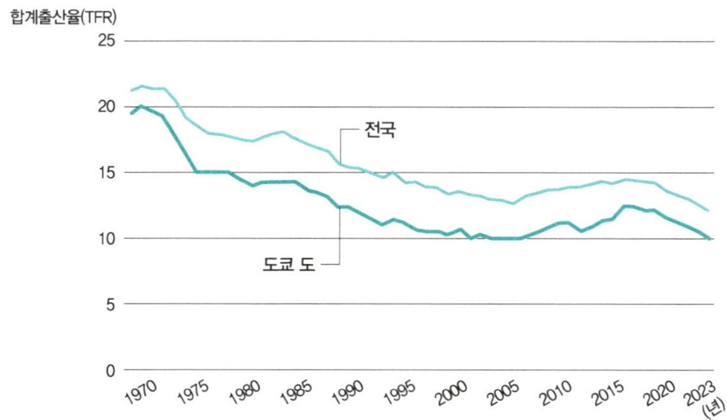

관계인 점에서 큰 변화가 없다고 해석하는 편이 타당하다.

• 현저히 낮은 34세 이하 출산율

2020년 전국과 도쿄 도의 각 나이로 구분해 살펴본 연령별 출산율을 그림5-7에서 확인할 수 있다. 2020년의 합계출산율은 전국이 1.33명이고 도쿄 도가 1.12명이다. 연령별로 보면 34세 이하는 전국의 출산율이 일관적으로 높으며 반대로 35세 이상은 도쿄 도가 일관적으로 높다.

일본은 기혼 부부의 출산이 전체 출산의 97% 이상을 차지한다. 따라서 결혼 유무가 합계출산율을 크게 좌우하는 데다 산모의 출산 연령 분포에도 크게 영향을 준다. 결혼 유무와 관련해 2020년 당시 50세 여성의 미혼율을 보면 전국이 17.8%이고 도쿄 도가 23.8%로

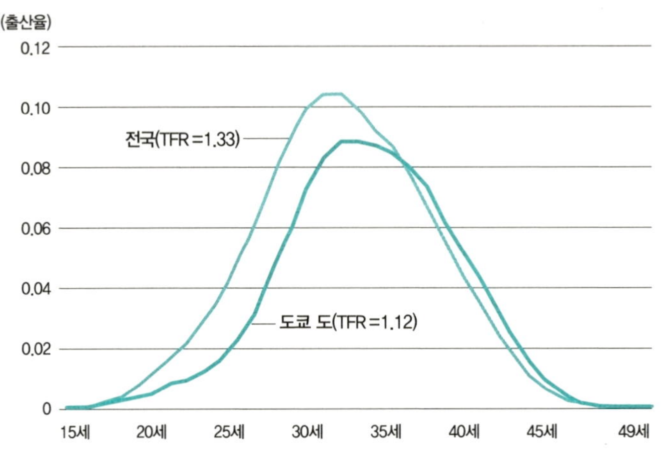

자료: 후생노동성, 〈인구 동태 통계〉, 총무성, 〈인구주택총조사〉

제일 높은 편이다. 도쿄 도에서는 15~49세 시기를 미혼으로 지내는 인구의 비율이 높으므로 도쿄 도의 합계출산율이 낮은 것은 당연한 일이다. 또한 같은 해 여성의 평균 초혼 연령은 전국이 29.7세인 데 반해 도쿄 도가 37.8세로 가장 높다. 이로써 도쿄 도에서는 늦은 나이에 결혼한 사람이 많고 산모의 출산 연령 분포가 고령화된 것도 쉽게 유추해볼 수 있다.

한편 도쿄 도는 전국에서 대학생이 몰려드는 지역이기도 하다. 대학생은 미혼율이 높은 편이라 특히 20대 초반 이하의 출산율에 영향을 미친다는 점에 유의해야 한다.

예를 들어 한 여성이 대학생 시기에 도쿄 도 내에서 거주하다가 취업을 계기로 다른 지역으로 이사해 결혼하고 두 아이를 낳는다고 가정해보자. 이때 두 아이에 해당하는 출산율은 도쿄 도가 아닌 다른 지역에 포함될 것이다. 물론 대학생 시기는 도쿄 도 인구에 포함될 것이다. 이런 경우 도쿄 도의 연령별 출산율을 산출할 때 분모가 되는 20대 초반 인구는 증가하지만 분자가 되는 출생아 수에는 포함되지 않는다. 따라서 도쿄 도에서 해당 연령 출산율을 포함한 합계출산율은 현실과 달리 낮게 산출될 가능성이 있다. 이렇듯 합계출산율 측면에서 도쿄 도가 출산율이 낮아 보이는 원인 중 하나로 인구 이동의 영향을 어느 정도 고려해야 한다. 이에 대해서는 뒤이어 구체적으로 설명하겠다.

• 도쿄는 모든 세대가 최하위

다음으로 도쿄 도의 낮은 출산율을 분석하기 위해 각 세대의 평균 출생아 수를 검증할 수 있는 코호트 합계출산율을 지역별로 산출했다. 코호트 합계출산율은 특정 세대 여성이 15~49세의 가임 기간 동안 낳은 자녀 수를 합한 값으로, 합계출산율과 달리 출산 시기에 따라 영향을 받지 않으며 각 세대가 15~49세에 평균적으로 아이를 몇 명 낳았는지 파악할 수 있다. 여기서는 총무성 '인구주택총조사'를 실시한 해의 일본인 여성 인구를 분모에, 해당 연도를 중심으로 하는 5년간 출생아 수를 분자에 대입해 연령별 출산율을 산출했다.

예를 들어 2020년 당시 45~49세의 일본인 여성 인구를 분모에, 2018년에서 2022년까지 5년간 45~49세의 여성이 낳은 출생아 수를 분자에 대입한 수치를 2020년 당시 45~49세의 출산율로 본다. 이 글을 쓴 시점에 확보할 수 있는 연령별 출산율 최신 데이터는 2022년도에 조사된 것이다. 따라서 베이비붐 자녀 세대를 포함한

1990년 당시 15~19세 세대(2020년 45~49세 세대)가 코호트 합계출산율을 산출할 수 있는 가장 젊은 세대가 된다.

　1970년, 1980년, 1990년에 각각 15~19세였던 세대의 코호트 합계출산율을 전국 수치(1970년대 당시 15~19세 세대는 오키나와 현을 제외, 1980년대, 1990년대 당시 15~19세 세대는 오키나와 현을 포함해 산출)와 각 행정구역 중 하위 2개 지역으로 구분해 표5-2에 수록했다. 합계출산율의 전국 수치는 1970년 당시 15~19세 세대가 2.03명이었고 1990년 당시 15~19세 세대가 1.43명으로 현저히 낮아졌다. 행정구역별로 보면 도쿄 도가 모든 세대에 걸쳐 눈에 띄게 낮은 수치를 나타낸다(참고로 두 번째로 낮은 곳은 모두 홋카이도다).

　1990년 당시 15~19세 세대의 연령별 출산율 중 도쿄 도의 수치와 행정구역별 순위를 보면(표5-3) 20~24세와 25~29세는 최하위로, 30~34세는 46위로 나타난다. 하지만 35~39세 이후로는 모두 오키나와 현 다음인 2위를 차지한다. 앞서 말한 것처럼 도쿄 도에서 20~24세의 출산율이 낮은 원인 중 하나로 대학생이 몰리는 현상으로 인한 영향도 있다. 그러나 출산율이 가장 높아야 할 25~29세, 30~34세를 살펴봐도 출산율이 낮은 이유는 널리 퍼진 만혼화의 영향이 분명하다. 35~39세 이후 세대에서는 결혼이 늦어진 데 따른 약간의 회복 효과가 나타나긴 한다. 하지만 원래 여성의 가임력(아이를 갖고 건강하게 출산할 수 있는 능력)이 낮아진 나이대이므로 출산율 상승에는 한계가 있을 수밖에 없을 것이다.

표5-2 전국과 하위 두 행정구역의 코호트 합계출산율

코호트	1970년 15~19세	1980년 15~19세	1990년 15~19세
전국	2.03	1.69	1.43
하위 두 행정구역	1.72 (도쿄)	1.31 (도쿄)	1.15 (도쿄)
	1.93 (홋카이도)	1.55 (홋카이도)	1.28 (홋카이도)

자료: 후생노동성, 〈인구 동태 통계〉, 총무성, 〈인구주택총조사〉를 바탕으로 저자가 산출.

표5-3 전국과 도쿄 도 연령별 출산율(1990년 당시 15~19세 세대)

	전국	도쿄 도	차이
15~19세	0.0183	0.0132 (42)	−0.0051
20~24세	0.2032	0.1090 (47)	−0.0933
25~29세	0.4893	0.3280 (47)	−0.1613
30~34세	0.4357	0.3803 (46)	−0.0554
35~39세	0.2261	0.2484 (2)	0.0223
40~44세	0.0534	0.0730 (2)	0.0196
45~49세	0.0017	0.0029 (2)	0.0012
CTFR	1.4268	1.1548	−0.2719

도쿄 도 자료의 괄호 안은 행정구역별로 본 순위
자료: 후생노동성, 〈인구 동태 통계〉, 총무성, 〈인구주택총조사〉를 바탕으로 저자가 산출.

• 대학생이 몰려 출산율이 낮아지는 효과는 거의 소멸

앞서 지역별로 산출한 합계출산율이 인구 이동 영향을 받을 가능성에 대해 알아봤다. 코호트별로 살펴보려면 10~14세 인구 수준을 기준으로 삼으면 된다. 우선 대학생 정도 나이에 해당하는 20~24세에 이르기까지 큰 폭으로 증가하는 흐름을 보인 후, 20대 후반 이후에 10~14세 인구 수준으로 돌아오는 움직임이 있으면 합계출산율에 인구 이동의 영향이 어느 정도 있다고 생각해도 좋을 것이다.

그림5-8은 표5-2처럼 전국(오키나와 현 제외) 여성 인구 중 1970년, 1980년, 1990년에 각각 15~19세에 해당하는 일본인 여성이 10~14세부터 45~49세에 이르기까지 도쿄 도에 거주하는 비율의 추이를 나타낸다. 특히 1970년 당시 15~19세 세대는 20~24세 시기를 정점으로 비율이 낮아지는 패턴이 명료하다. 이는 학생 때만 도쿄 도에서 거주한 후 다른 지역에 거주하는 인구의 비율이 높다는 점을 시사한다. 해당 세대를 전국 단위에서 분석할 경우에도 도쿄 도에 살고 있던 인구의 출산율이 낮은 사실은 틀림없다. 그러나 앞에서 말했던 바와 같이 인구 이동이 어느 정도 도쿄 도의 합계출산율과 코호트 합계출산율을 억누르는 쪽으로 작용했을 가능성도 부정할 수 없다.

한편으로 단카이 주니어 세대를 포함해 1990년대 당시 15~19세 세대를 보면 20~24세 이후에도 대체로 도쿄 도 내 인구 비율이 완만하게 상승하는 모습을 나타낸다. 쉽게 말해 20대 후반 이후에도 전출 수를 넘어서는 전입 수가 발생한다는 뜻이다. 또한 대학을 졸업한 이후에도 도쿄 도 내에 계속해서 거주하는 사람이나 새롭게 도쿄로 전입하는 사람을 포함한 출산율도 낮은 수준에 머물러 있다는 것을 의

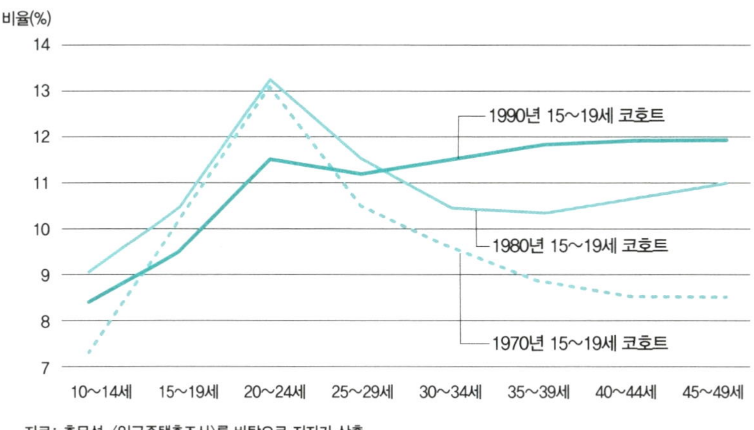

그림5-8 전국에서 온 도쿄 도 거주 일본인 여성 인구 비율의 추이

자료: 총무성, 〈인구주택총조사〉를 바탕으로 저자가 산출.

미한다. 뒤이은 세대도 대략 같은 인구 이동 경향이 이어지므로 대학생 등 학령 인구 집중에 따른 합계출산율과 코호트 합계출산율 저하의 영향은 최근의 도쿄 도에서는 거의 그 의미가 소멸했다고 말해도 좋을 것이다.

• 기혼 부부도 출산율 저하

여기까지 도쿄 도와 전국의 합계출산율, 연령별 출산율, 코호트 출산율을 통한 비교를 중심으로 살펴봤다. 지역별로 보면 합계출산율은 인구 이동 영향을 받기 쉬운 데다 지역 인구의 남녀 성비 영향도 받기 쉽다(여성 인구가 더 많으면 미혼 여성이 많아지므로 합계출산율은 낮아지기 쉽다). 인구가 소규모인 지역은 수치가 불안정할 가능성이 높으므로 주의해야 한다. 하지만 지역별 출산율을 대략적으로 파악하거나 지역 간에 비교하려면 적절한 지표라고 할 수 있다. 한 해의 연령별 인구와 연령별 출산율만으로 바로 산출할 수 있거나 언론에 빠르게 대응할 수 있다는 장점도 있다. 도쿄 도 출산율은 합계출산율이나 코호트 합계출산율을 봐도 전국의 수치보다 매우 낮으며 출산율이 낮은 지역인 점은 명백하다.

도쿄 도에서 만혼화와 미혼화 경향이 높은 이유는 '인구주택총조사'로 조사한 혼인 관계별 인구 등에서 쉽게 파악할 수 있다. 하지만 기혼 부부에 관한 자료로 살펴본 출산율(결혼출산율)의 수준과 관련해서는 좀 더 상세한 검증이 필요하다. 결혼출산율을 측정하는 지표로서 우선적으로 생각해볼 수 있는 수치는 한 해의 출생아 수를 분자, 같은 해의 유배우(결혼한, 또는 혼인 상태인) 여성 인구를 분모로 한 유배우 출산율이다. 한눈에 봐도 적합해 보이는 수치지만 결혼 지속 기간의 차이를 고려할 수 없는 등의 문제를 포함하고 있다. 즉, 유배우 출산율로 결혼출산율을 적확하게 측정하는 것은 불가능하다. 이러한 문제점에 대해 〈출산율 저하를 어떻게 파악할 것인가? - 연령별 유배우 출산율의 문제성〉(2001)에 상세하기 기술돼 있으나 단순하게 설명하면 아래와 같다.

예를 들어 A 지역과 B 지역이라는 두 지역이 있다. 각기 매년 15명의 여성이 태어나 40세까지 지역 밖으로 인구 이동하지 않고 사망도 하지 않는다는 상황을 가정해보자. A 지역에서는 매년 10명이 20세에 결혼해 22~24세에 아이를 낳아 40세까지 유배우 상태로 지낸다. B 지역에서는 매년 10명이 30세에 결혼해 32~34세에 아이를 낳아 40세까지 유배우로 지낸다. 이러한 가정에 따른 각 연령의 유배우 인구, 유배우 외의 인구 출산율은 표5-4와 같다. 두 지역에서 유배우 여성이 낳은 아이 수는 2명으로 동일하다. 이때 20~39세인 유배우 여성 인구를 분모로 산출한 유배우 출산율은 A 지역이 0.1명(=20/200), B 지역이 0.2명(=20/100)이다. 무려 두 배에 가까운 차이가 발생한다.

극단적인 예이긴 하지만 결혼 연령이 빠른 경우에는 출산이 끝나고 오랜 시간이 지난 사람들도 유배우 출산율의 분모로 포함되는 경우도 있어 수치가 낮아지기 쉽다. 2020년 당시 15~49세인 유배우 일본인 여성 인구를 분모에 대입해 유배우 출산율을 산출하면 도쿄 도는 전국보다 약간 낮은 정도다. 좀 더 세부적으로 도심부 3구(지요다 구, 주오 구, 미나토 구)를 살펴보면 오키나와 현을 제외한 전국 행정구역보다 높은 수치를 나타낸다. 이는 앞서 말한 바와 같이 도쿄 도나 도심부 3구에서 결혼이 늦어지는 영향을 강하게 받고 있다는 의미다. 즉, 만혼화에 의해 결혼 지속 기간이 짧은(출산을 끝내지 않은) 여성이 상대적으로 많이 포함되므로 실상과는 달리 수치가 끌어올려진 것이다.

원래 결혼출산율은 기본적으로 기혼 여성 1인당 평균 아이 수에 따라 측정하는 것이 적절하다. 특정 시점의 데이터만 파악한다면 결과를 해석하는 데 있어 혼란을 줄 수 있다. 여기서는 앞서 말한 코호트 합계출산율과 '인구주택총조사'에서 얻은 해당 코호트의 45~49세 세대 중 미혼자를 통해 행정구역별 결혼출산율을 산출하고자 했다.

출산은 모두 기혼 여성을 통해 이뤄진다고 가정해 코호트 합계출산율을 ⟨1-'45~49세의 미혼율'⟩로 나누면 해당 코호트에 해당하는 기혼 여성 1인당 평균 아이 수가 대략적으로 산출된다. 이 지표를 코호트 기혼 합계출산율(Cohort Marital Total Fertility Rate, CMTFR)[*]이라고

표5-4 가상의 A 지역과 B 지역에서 인구·출생아 수와 유배우 출산율

A 지역

연령	인구		출생아 수
	유배우	유배우 외	
20	10	5	0
21	10	5	0
22	10	5	10
23	10	5	0
24	10	5	10
25	10	5	0
26	10	5	0
27	10	5	0
28	10	5	0
29	10	5	0
30	10	5	0
31	10	5	0
32	10	5	0
33	10	5	0
34	10	5	0
35	10	5	0
36	10	5	0
37	10	5	0
38	10	5	0
39	10	5	0
합계	200	100	20
유배우 출산율			0.1

B 지역

연령	인구		출생아 수
	유배우	유배우 외	
20	0	15	0
21	0	15	0
22	0	15	0
23	0	15	0
24	0	15	0
25	0	15	0
26	0	15	0
27	0	15	0
28	0	15	0
29	0	15	0
30	10	5	0
31	10	5	0
32	10	5	10
33	10	5	0
34	10	5	10
35	10	5	0
36	10	5	0
37	10	5	0
38	10	5	0
39	10	5	0
합계	100	200	20
유배우 출산율			0.2

표기한다. 코호트 기혼 합계출산율은 코호트 합계출산율과 마찬가지로 어느 정도 인구 이동의 영향을 받을 수 있다는 점을 유의해야 한다. 하지만 결혼 후 이동은 행정구역 내의 단거리 이동이 비교적 많으므로 일정 수준 신빙성이 있다고 봐도 좋을 것이다.

앞서 말한 내용과 마찬가지로 1970년, 1980년, 1990년 당시 각각 15~19세였던 세대의 코호트 기혼 합계출산율을 산출해 전국 수치와 하위 두 행정구역의 수치를 표5-5로 나타냈다. 출산은 모두 기혼 여성을 통해서만 이뤄진다고 가정하므로 표5-2의 코호트 합계출산율과 비교하면 당연히 수치가 높다.

또한 45~49세의 미혼율 상승과 함께 젊은 세대일수록 코호트 합계출산율과 코호트 기혼 합계출산율 차이는 벌어져 있다. 다만 코호트 합계출산율과 마찬가지로 코호트 기혼 합계출산율도 큰 폭으로 낮아져 전국적으로 살펴보면 출산율뿐만 아니라 결혼출산율 저하도 큰 것을 확인할 수 있다.

도쿄 도를 자세히 살펴보면 45~49세의 미혼율이 높은 만큼 코호트 기혼 합계출산율을 전국 수치와 비교했을 때 최고와 최저 차이는 코호트 합계출산율과 비교해보면 약간 줄어든 것을 알 수 있다. 그런데도 도쿄 도는 모든 세대의 수치가 최하위를 차지한다. 즉, 도쿄 도는 다른 지역과 비교하면 결혼출산율도 눈에 띄게 낮다고 보는 것이 타당하다.

---

* 통계에서 공식적으로 사용되는 용어는 아니며, 저자가 임의로 제시한 용어. 이해를 위해 한글로 풀어서 설명했다.

표5-5 전국과 하위 두 행정구역의 코호트 기혼 합계출산율(CMTFR)

코호트	1970년 15~19세	1980년 15~19세	1990년 15~19세
전국	2.18	1.95	1.77
하위 두 행정구역	1.97 (도쿄)	1.68 (도쿄)	1.56 (도쿄)
	2.09 (나라)	1.83 (홋카이도)	1.64 (홋카이도)

자료: 총무성, 〈인구주택총조사〉·후생노동성, 〈인구 동태 통계〉를 바탕으로 저자가 산출.

• 닥쳐오는 도쿄 도의 인구 감소

이처럼 도쿄 도의 출산율은 오랜 기간에 걸쳐 전국보다 크게 밑도는 흐름을 보여왔지만 사실상 출산율 감소는 완만한 수준이다. 예를 들어 2000~2022년의 출생아 수 감소율을 보면 전국은 35.3%였으나 도쿄 도는 9.1%였다. 즉, 전체 행정구역을 살폈을 때 감소율은 도쿄 도가 가장 적다. 이는 새로운 세대에 해당하는 청년 인구가 전국에서 도쿄 도로 몰려들기 때문이다. 지역별 출생아 수 변화와 관련해서는 지역마다 출산율의 차이로 인해 미치는 영향보다 인구 이동으로 인한 영향이 훨씬 크다는 것에 유의해야 한다. 달리 말하면 도쿄·수도권일극집중에 의해 도쿄 도의 저출산율 문제가 가려졌다고 할 수 있다.

그러나 국립 사회보장·인구문제 연구소의 〈일본의 지역별 장래 추계 인구〉에 따르면 도쿄 도에서도 전입 초과로 인한 사회 증가가 저출산율에 기인하는 자연 감소에 대응할 수 없어 2040년 이후에는 인구 감소 추세로 바뀔 것이라는 전망이다. 도쿄 도뿐만 아니라 일본의 미래를 우려한다면 국내 경제를 견인하는 도쿄 도 출산율의 동향은 매우 중요하다.

도쿄 합계출산율이 한 명 이하로 떨어지긴 했지만 도쿄 도의 저출산율을 깊이 파고들어 분석할 좋은 기회가 마련된 것이라 볼 수도 있다. 그 행보의 첫걸음으로 시계열로 분석한 출산율의 경향과 기본적인 지표부터 전반적으로 살펴봤다. 향후 적확한 통계와 객관적 분석을 통해 도쿄 도 출산율 회복을 향한 새로운 식견이 도출되길 바란다.

고이케 시로(小池司朗)
　1971년 시가 현 출생. 도쿄대학교 공학부 졸업. 동 대학원 종합문화연구과 광역과학전공 박사과정 수료. 2002년 국립 사회보장·인구문제 연구소에 입소해 2018년부터 지금까지 인구구조연구부장으로 근무하고 있다. 공저로 《지역 사회의 장래 인구》 등이 있다.

지금이 미래를 선택할 수 있는 마지막 기회

새로운 국가 비전을 수립하라

○ ○ ○ ○ ○ ○ ○ ○ ○

미무라 아키오(三村明夫) 일본제철 주식회사 명예회장

×

마스다 히로야(增田寬也) 일본우정 주식회사 사장

위기의식의 공유

미무라　2014년 당시 경제재정자문회의 산하 조직인 '선택하는 미래' 위원회 회장으로 있던 저는 인구 문제와 관련해 정책 제언을 했었습니다. 그런데 10년이 지날 때까지 어떤 변화도 없었습니다. 위기의식이 충분히 공유되지 않았다고 생각합니다. 인구는 1년만 방치해도 눈에 띄게 줄어듭니다. 앞으로 10년이 지나면 일본 총인구는 6,000만 명 이하로 줄어들 것입니다. 빨리 대비를 하지 않으면 되돌릴 수 없습니다. 가능한 한 빨리 모두가 위기의식을 공유하고 전 국민적 캠페인을 시작해야 하지 않을까 생각해서 28명이 개인적으로 모였습니다.

이 회의가 민간이 주도해 시작됐다는 사실 자체에 의미가 있습니다. 회의의 의의를 세 가지로 요약할 수 있습니다.

우선 첫 번째로, 지금의 인구 문제를 그대로 방치할 경우 일본이 얼마나 힘든 사태에 접어들지에 대한 위기의식을 전국적으로 공유해야 합니다. 이는 매우 긴박한 주제입니다. 정부가 주도적으로 다루기는 어려운 부분이 있으므로 민간이 선도하자는 의미입니다.

두 번째로 기존의 정부 대응이 개별적이고 대증요법적이며 포괄적이지 못한 데에 대한 문제 제기입니다. 2021년 기시다 후미오(岸田文雄) 정권이 들어선 후에야 비로소 지금까지 다루지 못한 저출생 대책 과제를 단숨에 정리하려는 방침을 내세웠습니다. 하지만 지금까지 정부는 수십 년간 인구 문제에 열과 성의를 다해 맞서려 하지 않았습니다. 민간의 입장이니 오히려 이렇게 솔직하게 문제 제기를 할 수 있는 것입니다.

세 번째로 인구 문제 해결에 수반되는 고통을 국민 전체가 나눌 필요가 있습니다. 경제가 성장할 때는 성장의 과실을 국민 전체가 나눌 수 있습니다. 그러나 경제가 정체되면 다양한 과제가 여기저기서 분출됩니다. 이를 해결하기 위해 재원을 더욱 많이 부담해야 합니다. 선거를 통해 선출되는 정치가로서는 이런 고통의 분배를 가장 해결하기 어려워합니다. 정부 입장에서는 문제를 지적할 순 있어도 해결책을 제시할 수는 없었습니다. 그래서 그대로 방치하면 더욱 큰일이 일어난다고 민간에서 목소리를 내야 합니다.

마스다　저도 이번이 마지막 기회라고 생각합니다. 10년 전 '선택하는 미래' 위원회에서는 50년 후에 인구 1억 명을 유지해야 한다고 제언했습니다. 또한 초장기적으로는 9,000만 명 정도로 인구를 안정시키자고 예측했습니다. 그런데 이번 예측으로는 8,000만 명을 목표로 제시하고 있습니다. 그간의 성과를 보지 못한 채 10년이 흘러 달성하고 했던 목표 인구가 1,000만 명이나 줄어들었습니다. 지금 개선하지 못한다면 끊임없이 인구가 줄어들어 다음 세대 그리고 다다음 세대가 감당할 수 없는 유산을 남기게 될 것입니다. 마지막 기회라는 위기감을 가지고 대처하기 위해 미무라 의장을 중심으로 모두 같은 마음으로 모이게 됐습니다.

이리저리 헛발질이었던 지금까지의 대처

마스다　지방 인구의 감소 요인은 출산율이 늘지 않고 사망자 수가 더 늘어나는 자연 감소와 청년이 지방을 떠나는 사회 감소의 두 형태입니다. 2014년 정부가 내각에 설치한 '지역·사람·일자리 창생 본부'를 비롯해 지방 창생 정책은 자연 감소와 사회 감소를 동시에 해결하는 것을 목표로 삼았습니다. 하지만 그사이 '아이·육아 본부'가 설치되면서 정책과 체제가 제각각 나뉘게 됐습니다.

한편 2011년 민간에서 설립하고 제가 의장으로 있던 일본창성회의의 '저출생 멈추기·건강한 지방 전략'은 아베노믹스를 발판 삼아 사회 감소를 막기 위한 조직이었습니다. 구체적으로는 지방에 일자리를 만들고 청년이 도쿄로 유출되는 상황을 막으면 출생아 수 증가로 이어지리라고 제언했습니다. 결국 인구 감소를 멈추는 사회 시스템 구축이 가장 중요한 목표였습니다. 그러나 《지방 소멸》이 주목받으면서 시정촌들이 제각기 인구 비전을 내세운 탓인지 지자체들은 자기 지역의 주민 수를 늘리는 데 혈안이 된 모습이었습니다. 심지어 인근 지자체와 서로 이주자 빼앗기에 급급하는 행태를 보였습니다.

자연 감소 대책의 추진은 역시 국가가 책임감을 느끼고 임해야 할 문제입니다. 그리고 시정촌은 육아 환경의 세심한 개선에 임하는 등 역할 분담을 해야 합니다. 안타깝게도 현실은 그렇지 못했습니다. 이처럼 공공 정책 차원의 대응이 각 부문이나 조직으로 나뉘어 산발적으로 추진된 결과, 지난 10년간의 모든 대책이 헛수고가 돼버렸다고 봅니다.

미무라 '선택하는 미래' 위원회에서는 인구 감소를 피하지 않고 정면에서 직시해왔습니다. 50년 후의 일본을 그려볼 때 인구 문제는 가장 이해하기 쉬운 논점이라 판단해 국민 전체가 함께 의논할 수 있을 것이라 내다봤습니다. 위원회의 이름도 지금 바로 행동에 옮기면 희망찬 미래를 선택할 수 있다는 의미를 담아 지은 것입니다. 위원회의 구성원들은 2020년이 변곡점이 될 것이라 주장하며 함께 힘을 모아주었습니다. 그러나 인구 감소의 위기감은 국민 모두에게 전달되지 못했고 전국적인 캠페인으로도 확장되지 못했습니다.

솔직히 말해 정권이 작금의 사태를 직면하고 받아들이지 못했던 것이 큰 실패 요인이었습니다. 인구 문제는 정책적으로 큰 비용을 투입해도 성과를 내기까지 수십 년이 걸린다는 점에서 정치적 호소를 기대하기 힘든 주제입니다. 굉장히 탄탄한 기반이 없으면 어려울뿐더러 장기간에 걸쳐 끈기 있게 희망을 품고 지속적으로 대처해야 합니다. 당시 우리로서는 역량이 부족했습니다.

지난 10년을 돌이켜보면 인구는 계속 줄어들었습니다. 하지만 여성 취업의 M자형 곡선(결혼, 육아기에 취업률이 크게 하락)은 크게 개선됐고, L자형 곡선 문제(여성의 정규 고용률이 20대 후반을 정점으로 급격히 하락)도 상당 부분 해결됐습니다. 또한 고령자 취업이 늘면서 전체 노동력 인구는 그다지 줄지 않아 인구 문제의 심각성이 크게 부각되지 않았습니다.

그러나 코로나 사태가 진정되자 어떻게 됐나요? 건설업, 간병 현장, 관광업 등 분야를 가리지 않고 인력 부족이 큰 문제가 되기 시작했습니다. 10년 정도 늦어지기는 했지만 지금부터 다시 시작한다면 결코 늦은 것만은 아닙니다. 한 번 더 모두가 마음을 다잡고 도전해야 한다고 생각합니다.

사회자　과연 정부는 성과를 검증할 생각이 없었을까요?

마스다　원래 5개년 전략이었으니 5년마다 바꿀 계획이었겠지요. 앞서 말했듯이 초반에는 자연 감소든 사회 감소든 모두 한곳에서 대책을 시행했습니다. 하지만 그사이 체제가 나뉘고 지방 창생을 위한 보조금을 지자체에 주는 방식으로 특정화돼버린 듯합니다.

미무라　마스다 씨는 겸손하게 말씀하시지만, 저는 《지방 소멸》로 인한 여파가 대단했다고 생각합니다. 도쿄 도 도시마 구처럼 소멸 가능성이 있는 도시 리스트에 속한 지자체는 대책 본부를 설치하고 진지하게 대응하면서 개선되고 있습니다. 매우 효과적이었다고 봅니다.

마스다　그 데이터를 보고 충격을 받은 지자체들은 필사적으로 개선을 추진했습니다. 인근 지역에서 이주자를 데려오려 했던 지자체도 있었고요. 물론 아무것도 하지 않은 지자체도 있습니다. 그런 의미에서 본다면 검증은 필요했습니다. 핵심 주제는 사회 감소에 대응할 일자리 만들기였지만 비정규직을 중심으로 취업률이 오를 뿐이었고 심지어 지방은 일자리가 충분히 늘지 못했습니다.

비전에서는 새로운 개념을 제언

미무라 보고서 〈인구 비전 2100〉에서는 몇 가지 새로운 제안을 제시했습니다. 하나는 '정상 인구'라는 개념입니다. 현재로서는 인구가 감소하는 상태 자체를 피할 도리가 없습니다. 인구 정상화를 위한 최저선을 어떻게 설정하는지가 중요합니다. 우리는 2100년까지 인구 8,000만 명이라는 목표를 설정했습니다. 이 숫자를 달성하려면 출산율이 2040년쯤에는 1.6명 정도가 되고 2050년에는 1.8명 정도, 2060년에는 2.07명까지 도달해야 합니다. 현재 출산율이 1.26명인 점을 고려하면 상당한 노력이 필요한 목표지만 절대 불가능하지는 않다고 봅니다.

계산상으로는 10년 전에 추정했던 인구 9,000만 명이라는 목표 달성도 가능합니다. 그러나 그렇게 되려면 2040년까지 출산율 2.07명이 되어야 합니다. 그러면 향후 16년간 출산율이 단숨에 올라야 하므로 실현 가능성이 매우 낮다고 볼 수밖에 없습니다. 그에 비하면 8,000만 명은 더 현실적입니다. 초반 20년 정도는 매우 힘들 수 있지만 출산율이 1.6명에서 1.8명으로 늘어나면 인구 감소율은 상당히 안정될 것입니다.

두 번째는 '공동육아사회'라는 개념입니다. 청년이 안심하고 결혼과 출산을 할 수 있으며 아이를 키우는 행복을 맛볼 수 있는 사회가 아니면 인구 감소는 멈추지 않을 것입니다. 지금 일본에서는 아이를 가지는 행위가 인생의 리스크를 불러오는 요인으로 받아들여집니다. 경제적으로도 부담되는 일입니다.

특히 여성은 힘들게 회사에 취직해도 출산으로 인해 관두거나 일하는 방식을 바꿔야만 합니다. 육아 휴직이 끝나고 직장에 복귀할 때에도 진입장벽을 느낍니다. 사회 전체적으로 보면 아이를 낳지 않으려는 사람이 늘어나는 현실은 엄청난 위기입니다. 사회 전체가 아이를 키우는 공동육아사회라는 사고방식은 지금의 현실을 해결하는 방법이 될 것입니다.

세 번째는 미래 세대를 생각하고 사회나 지역을 이어가는 노력을 기울여야 하는 주체가 지금을 사는 현세대라는 점을 강하게 내세우는 것입니다. 현세대는 미래 세대와 동떨어진 존재가 아닙니다. 연금 같은 사회보장을 통해 지원받으므로 둘은 깊게 연결돼 있습니다. 또한 인구 감소로 인한 이익이든 불이익이든 결국 개인과 기업이 영향을 받으므로 국민 모두의 문제입니다. 한편 세상이 나아가야 할 방향을 제시하는 일은 정부의 책임입니다. 이런 개념을 제시했습니다.

아이를 모두가 키우는 '공동육아사회'로

마스다　저도 공동육아사회 개념은 매우 중요하다고 생각합니다. 일본에서도 지역 전체가 아이들을 지원하는 곳은 출산율이 높습니다. 이러한 전통을 다시 한번 일본 전체로 확산시켜야 한다는 주장은 널리 알릴 만한 가치가 있습니다.

현재 저는 인구 감소로 인해 사회가 갈라져 서로 대립하는 것을 걱정하고 있습니다.

하나의 축은 세대 간의 대립입니다. 출산율이 급격하게 낮아지면서 일본의 인구 피라미드는 완전히 역전되어 역삼각 형태로 바뀌고 있습니다. 청년 세대가 고령자를 부양하는 기존의 사회보장 구조를 그대로 유지하면 재원이 바닥날 것입니다. 재정적 부담 능력이 있는 고령자도 사회보장 비용을 부담하도록 하는 방향으로 전환하지 않는다면 세대 간 대립이 발생합니다.

지역 간 대립도 걱정입니다. 2000년 이후, 대도시 인구는 계속해서 늘어나고 있습니다. 특히 수도권은 코로나 사태를 거치면서도 전입 초과 상태입니다. 반면 1만 명 이하 시정촌 인구 감소는 가속화되는 상황입니다.

심지어 외국인도 상당히 늘어나고 있습니다. 이러한 상황을 제대로 인식하면서 일본 사회 내에서 대립이 발생하지 않도록 공동육아 사회 개념을 널리 알려야 합니다. 또한 사회보장제도를 수정해 도쿄일극중심에서 다극집주(多極集注)로 가야 한다는 방침을 이해하기 쉽게 설명해 국민적 이해로 연결될 수 있도록 해야 합니다.

미무라 특히 도쿄의 책임은 막중합니다. 이렇게 많은 청년이 모이는데 출산율은 전국 최저니까요.

마스다 2023년도 도쿄 출산율이 0.99명이었습니다. 결국 1이라는 숫자 아래로 추락해버렸어요.

미무라　그렇게 본다면 사회 전체적으로 육아를 지원하는 공동육아 사회 개념의 강력한 추진이 더더욱 중요해지겠습니다.

예전에 영국에 살았던 조카딸이 말하더군요. "런던에서는 유아차를 끌고 지하철을 타면 생전 처음 보는 사람도 '안녕, 귀엽구나' 하고 모두 말을 걸어주는데, 도쿄에서는 방해꾼 취급을 받아요" 하고 말입니다. 아이는 사회 전체가 키운다는 인식을 우리 모두 가져야 합니다.

마스다　원래 일본에도 그런 인식은 있었습니다. 제가 올해 가고시마현 도쿠노시마의 이센 정을 방문한 적이 있습니다. 그곳의 고령자가 "나는 괜찮으니, 육아에 써주세요"라면서 경로 축하금을 자진해서 반납했다고 합니다. 그 덕분에 지역 사무소에 고령자에게 보내주는 경로 축하금이 줄었다고 합니다.

미무라　그러고 보니 전에 신칸센 고속열차에서 크게 우는 손자 때문에 어려움을 겪는 할머니를 우연히 만났습니다. 주변을 신경 쓰는 듯한 모습이길래 "아이는 사회의 보물이지요" 하고 말을 거니 한결 편안한 표정을 지어 보였습니다. 아이를 향한 따스한 시선과 분위기를 만들어가는 일이 세상의 이치가 아닐까요?

마스다　정말 그렇습니다. 젊은 부부가 떼쓰는 아이를 데리고 당황하며 열차 연결 통로로 나가는 모습을 볼 때마다 마음이 아픕니다.

성차별 해소를 위해

마스다　사회 전체에 청년과 여성의 목소리를 반영하는 일도 비중 있게 다뤄야 하는 일입니다.

기업의 책임자로서 일본 사회에 만연한 성차별 문제를 매우 부끄럽고 진지하게 받아들여야 한다고 봅니다. 특히 여성의 정규직은 늘지 않고 L자형 곡선도 극복하지 못했습니다.

이러한 문제를 해결하려면 임원 선발 기준과 평가 체계를 대폭 전환해야 합니다. 여성 부하직원이 남성 상사의 육아 휴직 사용 여부를 평가할 수 있을 만큼 조직 문화가 바뀌지 않으면 효과를 볼 수 없습니다. 성차별 해소는 기업의 책임이기도 하지만 정부도 솔선수범해서 기준을 제시하고 기업과 단체가 행동하도록 해야 합니다.

도쿄에는 젊은 여성이 모여들어 전입 초과가 됐다고 말합니다. 실제로 같은 시기 전입자 수는 남성이 훨씬 많은데, 남성은 30대 이후에 고향에 돌아가는 경향이 있습니다. 그러나 여성은 대부분 돌아가지 않지요. 이는 지방에서 막막한 느낌을 크게 느끼기 때문입니다. 실상 도쿄는 살기 힘든 도시입니다. 수입은 많아도 집세도 높고 통근 시간도 오래 걸리는 탓에 여유로운 삶을 즐길 가처분 소득이나 가처분 시간이 많지 않습니다. 그런데도 고향으로는 돌아가고 싶지 않다고 합니다. 젊을 때 한번 상경했던 사람이 돌아가고 싶어지는 매력이 지역에도 있으면 좋을 텐데 말입니다.

미무라　이 주제는 이번에 제시한 비전 중에 정상화 전략에 꼭 맞는 내용입니다. 청년 세대의 급여를 높이고 또한 여성의 비정규직 노동을 줄이고 출산 후에도 돌아가기 쉬운 체제를 갖추어 안심하고 아이를 낳아 기를 수 있는 환경으로 정비해야 합니다. 물론 이를 실현하려면 쉽지는 않겠지요.

일손 부족으로 직장을 선택하는 사람들

미무라 지금 대기업의 '노동 분배율(부가가치를 얻는 인건비 비중)'은 50%대, 중소기업은 80%대입니다. 즉, 임금에 이미 상당한 비중을 지출하고 있는 중소기업이 여기에 더해 사회적 약자 대책, 출산 휴가와 육아 휴직 중인 인원의 수당, 복귀 후 환경 정비까지 부담하게 된다면 실질적으로는 임금이 상승하는 것이나 마찬가지입니다. 따라서 부가가치를 늘리지 못하면 사업을 이어갈 수 없습니다.

이와 관련해 두 가지 대응 방안을 들 수 있습니다. 하나는 비용 절감, 다른 하나는 거래 단가를 정상화하는 것입니다. 지난 30년간 공급망 전체의 거래 단가는 사실상 최저 수준으로 고정돼 있습니다. 그 정도로 일본 경제가 장기간 디플레이션을 겪어왔다는 사실을 보여줍니다. 소비자들은 제품의 가격 인상을 쉽게 받아들일 리 없습니다. 기업 역시 비용 상승분을 제품 판매 가격에 반영하지 못한 채 거래 가격을 낮추는 형태로 대응해왔습니다.

경영자들은 '파트너십 구조 선언'(2020년에 시작된 활동으로 대기업의 하청인 중소기업이라는 상하 관계에서 벗어나, 공존과 공영을 지향할 것을 널리 알리는 선언)처럼 비용 상승분을 공평하게 부담하는 운동도 열심히 추진하면서 점차 결실을 맺고 있습니다. 하지만 그럼에도 불구하고 어려운 상황에는 변함이 없습니다.

지난 30년간 일본 경제는 완전히 정체된 상황이었습니다. 임금도 물가도 생산성도 오르지 않고 GDP도 거의 늘지 않았습니다. 이렇게 사회 전반에 걸쳐 디플레이션 마인드가 확산된 상황에서는 기업이 임금을 인상해야 할 이유가 없습니다.

우리는 그동안 경쟁이 치열하지 않은 안정적인 환경에 머물러 있었습니다. 그러나 한때 룩셈부르크에 이어 세계 2위였던 일본의 1인당 GDP 순위는 어느새 31위까지 떨어졌습니다. 정체된 구조를 방치한 결과, 상대적 위상은 크게 후퇴한 것입니다.

앞으로 인구 감소는 현재 일본의 위상을 더욱 위협할 만한 대전환을 가져올 것입니다. 인구 부족은 더 이상 직장이 사람을 선택하는 구조가 아니라 사람이 직장을 선택하는 구조로의 전환을 앞당길 것입니다. 이처럼 권력관계가 역전된 상황에서 일하고자 하는 사람들이 임금이 높고 출산과 육아를 병행하기 좋은 직장을 선택하는 것은 것은 자연스러운 흐름입니다.

수십 년 뒤에도 안정된 사회를 향해

미무라 우리가 지향해야 할 사회는 인구 8,000만 명 규모입니다. 즉, 현재보다 약 3분의 1이 감소한 세계입니다. 초반에는 인구 감소율도 상당히 빠를 것이라 예상됩니다. 이러한 환경에서는 기업이나 지자체로서는 상당 기간 어려움을 겪을 것입니다. 이러한 혹독한 시기를 극복하지 못한다면 안정적이고 지속 가능한 8,000만 명 사회를 실현할 수 없습니다.

특히 중소기업은 스스로 환경의 변화에 적응하면서 계속 생존할 수 있었습니다. 많은 경영자가 변화를 민감하게 두루 살피고 "우리는 이렇게 바뀌어야 한다"와 같은 의지를 사내 전반에 전파하며 대응했습니다. 하지만 인구 감소로 인해 일손 부족이 표면화되면서 더욱 곤란한 상황이 확실시되고 있습니다. 앞으로는 전자상거래 활용과 같은 IT 환경에 얼마나 적응하고 대응할 수 있는지가 중요합니다.

마스다　2040년 정도까지는 참고 견뎌야 할 것입니다. 매년 작은 현이 하나씩, 그다음은 정부 지정 도시가 하나씩 소멸할 수준의 규모로 인구가 줄어들 것입니다. 그러나 출산율이 늘어나면서 안정 상태에 가까워지면 결국 고령화율도 정점을 찍은 후 낮아지면서 다시 사회가 젊어지게 됩니다.

미무라　중소기업은 변화에 유연하다고 말씀하셨는데, 대기업이야말로 솔선수범하면서 변해야 합니다. 국내 시장이 상당히 줄어들 것이고 대기업은 수많은 중소기업의 지원을 받고 있습니다. 어떤 기업이든 단독으로 살아남지는 못합니다. 산업계 전반에 걸쳐 자체적으로 어떻게 개혁을 할지 물어야 할 시점입니다.

어떻게 캠페인으로 연계할 것인가?

마스다　이번 제언은 미래를 향해 나아가기 위해 지금 우리가 전환해야 할 방향성을 제시하고 정부에게 국가 비전의 수립을 요청하는 내용입니다. 그러나 그에 앞서 더 중요한 과제는 제언에 담긴 의지를 사회 전반에 확산시키고 일본 사회의 다양한 주체들이 이를 구체적인 캠페인으로 연결짓도록 하는 일입니다. 이를 위해서는 지자체가 이해하기 쉽도록 메시지를 전달해야 합니다.

지자체에서는 우선적으로 자기 지역 내 인구 규모에만 집중할 것입니다. 지자체는 인구 목표 설정이나 세부적인 정책을 수립하면서 주민 전체가 참여할 수 있도록 두 역할을 동시에 수행해야 합니다.

결혼이나 출산은 개개인의 가치관 문제이기도 합니다. 따라서 국가도 지금까지는 미온적 태도를 보여온 것이 사실입니다. 기본적인 입장은 똑같더라도 개인의 집합체인 사회 전체 문제로 본다면 세대 간 대립이나 지역 간 대립을 일으키는 인구 감소 문제를 방치할 수만은 없을 것입니다. 국가 전체적으로 어떻게 해야 할지 제시하는 것이야말로 정부의 역할입니다.

2014년에 '지역·사람·일자리 창생 회의'에서 종합적 전략은 수립했으나 국민 모두를 참여시킬 만한 캠페인 전략이 부족했습니다. 정부는 10년 전 교훈을 반면교사 삼아 더욱 철저하게 준비하고 조직과 비전을 구축해 대응하길 바랍니다.

미무라　이론상 인구 감소보다 생산성 향상이 앞선다면 GDP가 늘어납니다. 다만 GDP는 일반인이 자동차나 가전을 얼마나 사는지처럼 개인의 소비에 의존한 지표입니다. 인구가 줄어들면 소비도 줄고 국내 시장까지 축소됩니다. 시장이 축소되면 기업은 아무래도 설비 투자를 망설일 수밖에 없습니다. 그러면 생산성 향상을 기대하기 어렵습니다. 이러한 마이너스 요인을 모두 극복해나가면서 인구 감소를 뛰어넘는 생산성을 확보하기란 실제로 매우 어려운 과제입니다.

인구 문제는 정당을 초월한 협력 필요

미무라 따라서 정부는 각오를 다지고 확고한 의지를 세웠으면 합니다. 정권이 바뀌었으니 그만둔다는 식이면 그 누구도 따르지 않습니다. 공동육아사회 만들기를 우리가 아무리 외쳐도 정부와 지자체가 직접 실천하지 않으면 널리 확산시킬 수 없습니다.

그러므로 정책의 실천을 위해서라도 정당의 이해관계를 뛰어넘어 국가의 일원으로서 문제를 직시하고 대처할 의지를 굳건히 다져야 합니다. 반드시 그래야만 합니다. 각자의 의지가 굳건하다면 다음으로는 시스템을 만들어야 합니다. 정권이 아무리 바뀌어도 장기간에 걸쳐 모두 같은 방향을 바라보면서 계속해서 노력할 수 있는 시스템이 있어야 합니다. 법제화도 뒷받침돼야 합니다. 이 두 가지가 국가가 해야 할 최대의 과제라고 생각합니다.

마스다 인구 감소 대책과 사회보장을 정권의 도구로 삼아선 안 됩니다. 말씀하신 것처럼 정당이나 단체를 넘어 같은 방향을 바라보며 장기적으로 대처해야만 합니다. 다른 정당이 정권을 잡더라도 반드시 계속 이어지도록 상하 조직이나 당파 구분 없이 허심탄회하게 모두 원탁에 둘어앉아 지식과 견해를 나눴으면 합니다.

북유럽에서는 바로 이러한 방식으로 지혜롭게 정치를 해왔다고 들었습니다. 정권 교체 시기마다 서로의 발목만을 잡고 있다가는 정말로 나중에 큰일이 난다는 사실을 오랜 경험을 통해 뼈저리게 느꼈기 때문입니다. 일본도 꼭 그렇게 돼야 합니다.

사회자　민간에서 목소리를 내지만 결국은 국가의 의지가 중요하다는 말씀이군요.

미무라　우리는 국가가 행동을 촉구하는 선도자의 역할을 다해야 한다고 생각합니다. 물론 우리 자신에게도 닥쳐올 일이지만 장밋빛 미래만 강조하면 국가는 침몰합니다. 국가 전체적으로 현실을 인식하고 위기감을 느껴야 할 순간은 이미 우리 코앞에 와 있습니다.

마스다　현실 인식이라고 하니 일본창성회의가 소멸 가능성이 있는 도시를 지목해 화제가 된 보고서 〈일본의 지역별 장래 추계 인구〉의 최신판을 말해야겠네요. 소멸 가능성 있는 지자체 수는 10년 전보다 줄었으나 이는 외국인 입국자 수가 매우 늘어났기 때문입니다. 위기 상황은 전혀 개선되지 않았습니다.

미무라　결국 그것이 현실입니다.

마스다　보고서의 데이터를 직시한 다음 어떻게 인구가 늘어날 수 있도록 할 것인지를 생각해야 합니다. 이는 민주주의 존재 방식에도 영향을 미치는 문제입니다. 많은 인구수를 고려해 도쿄에 선거구를 집중시켜도 될까요? 지방에도 사람이 살고 있고 기업도 생산 활동

을 하고 있습니다. 그들의 목소리를 어떻게 반영할 것인지까지 고
려해 데이터를 바르게 활용하면 좋겠습니다.

어려움을 극복한 독일

미무라　기업 입장에서 보면 인구 감소는 시장의 축소를 의미하고 노
　　동자가 줄어든다는 의미입니다. 따라서 인구를 늘리는 노력이야말
　　로 중대하고 절실한 과제입니다. 각 지역의 상공회의소에 방문하면
　　어디서든 항상 인구 문제를 해결해달라는 요청을 받습니다. 인구
　　감소의 여파로 가장 먼저 타격을 받는 곳은 중소기업이 될 테니 말
　　입니다.

마스다　기시다 정권이 2030년까지가 마지막 기회라고 말했듯이 지
　　금이 시작해야 할 순간이라는 사실은 틀림이 없습니다. 이렇듯 힘
　　든 와중에도 희망을 버리면 안 된다고 강조하고 싶습니다.

　　예를 들어 독일은 메르켈 정부 아래 가족·고령자·여성·청년상
　　및 노동·사회상이었던 우르줄라 폰데어라이엔(Ursula von der Leyen,
　　현 유럽연합 집행위원장)이 노력한 결과, 출산율이 5년간 급상승했습니
　　다. 독일은 나치 정권의 인종주의적이고 강제적인 인구 정책에 대
　　한 혐오와 반성의 분위기 속에서 출산 장려 정책을 오랫동안 터부
　　시해왔습니다. 하지만 그는 개의치 않고 기탄없이 논의를 추진해
　　앞길을 열어나갔습니다.

　　큰 국가 비전을 수립하려면 총리를 위시한 강력한 사령탑이 필요

하다고 느낍니다. 최근에 '어린이 가정청'이나 '디지털 전원도시 국가구상'이 출범했으나 전 국민 캠페인 같은 움직임은 아직까지 보이지 않습니다. 중앙정부, 지자체, 경제계, 노동계가 하나로 뭉쳐 전 국민 캠페인의 근간이 되는 비전을 만들어야 할 것입니다. 더불어 세대를 넘어서 국민 전체가 함께 모여 이야기할 수 있는 시스템을 만들어야 합니다.

그다음은 역시 여론 형성입니다. 저를 불러주신다면 어디든 찾아가 설명해드리고자 합니다. 청년들도 자발적으로 참여할 수 있는 전 국민 캠페인을 펼치기 위해 다방면에서 지혜를 빌릴 준비도 돼 있습니다.

미무라 "인구 문제는 어렵다"라거나 "어떻게 해도 안 된다"라는 비관론이 만연하게 된다면 정말 돌이킬 수 없습니다. 아직 어떤 것도 도전하지 않았으니 포기하면 안 됩니다.

마스다 2100년은 제 자식은 물론이고 손자까지 모두 연결된 세상이니까요.

미무라 저는 적어도 살아 있진 않겠네요(웃음).

마스다 아니 저런, 모를 일입니다(웃음). 의학 기술이 크나큰 발전을 이룬다면 말입니다. 그러므로 차기 세대가 아닌 현세대의 문제로 다뤄야 합니다. 우리에게는 현세대와 미래 세대를 이어야 할 큰 책임과 임무가 있습니다. 이것이 바로 이번 비전의 특징이며 반드시 강조하고 싶은 점입니다.

미무라 이 전략이 궤도에 오르면 정말로 기쁠 것입니다. 미래에 희망을 품을 수 있다면 청년은 아이를 가지기 시작하고 저축보다 소비

를 시작할 것입니다. 그렇게 된다면 기업도 국가도 큰 성장 요인을
얻을 것입니다.

(구성: 다카마쓰 유카)

미무라 아키오(三村明夫)
　1940년 군마 현 출생. 도쿄대학교 경제학부 졸업 후 1963년 후지제철(현 일본제철)에
입사했고 2018년부터 동 회사의 명예회장을 지내고 있다. 중앙교육심의회 회장, 경제
재정자문회의 민간의원 등 요직을 역임했다.

전국 1,729개 지방자치단체의 아홉 가지 분류

- 국립 사회보장·인구문제 연구소 〈일본의 장래 추계 인구〉(2023)를 비롯해 그와 관련된 데이터로 작성됐다.
- 후쿠시마 현 하마도리 지역은 이와키 시, 소마 시, 미나미소마 시, 히로노 정, 나라하 정, 도미오카 정, 가와우치촌, 오쿠마 정, 후타바 정, 나미에 정, 가쓰라오 촌, 신치 정, 이이타테 촌 13개 시정촌을 포함한다.
- 추계 인구는 소수점 이하를 포함하므로, 각 '젊은 여성 감소율' 수치가 일치하지 않을 수 있다.
- 도도부현마다 젊은 여성 감소율이 높은 순으로 나열했다.
- 음영 처리된 지자체 명은 소멸 가능성이 있는 지자체를 나타낸다. ▨▨▨▨는 아홉 가지 분류(24쪽 표1-1 참조) 중 C-①(176), ▨▨▨▨는 C-②(545), ▨▨▨▨는 C-③(23)이다.
- 지난 분석 비교는 2014년 분석과의 비교를 말한다. ↑는 소멸 가능성이 있는 지자체에서 벗어난 지자체(239), ↓는 소멸 가능성 지자체에 신규로 속한 지자체(99), ↗는 젊은 여성 감소율이 개선된 지자체(833), ↘는 젊은 여성 감소율이 악화한 지자체(484)다.
- 아홉 가지 분류 열에서 검정 테두리를 친 곳은 블랙홀 형 지자체로 B-①(18), B-②(7)를 나타낸다.

	지난 분석 비교	젊은 여성 감소율 (%) 이동 시나리오 2020 → 2050	2050년 젊은 여성 인구 (총인구)(인)		2020년 젊은 여성 인구 (총인구)(인)		아홉 가지 분류
홋카이도(北海道)							
우타시나이 시(歌志内市)	↘	−86.7	18	(838)	135	(2,989)	C-③
기코나이 정(木古内町)	↗	−82.8	35	(1,295)	204	(3,832)	C-②
마쓰마에 정(松前町)	↗	−82.8	55	(1,939)	319	(6,260)	C-②
가미스나가와 정(上砂川町)	↘	−82.1	27	(895)	151	(2,841)	C-②
시라누카 정(白糠町)	↘	−80.3	102	(2,841)	518	(7,289)	C-②
후쿠시마 정(福島町)	↗	−79.1	43	(1,293)	206	(3,794)	C-②
가미노쿠니 정(上ノ国町)	↘	−77.9	56	(1,639)	253	(4,306)	C-②
아시베쓰 시(芦別市)	↘	−77.8	153	(4,498)	688	(12,555)	C-②
유바리 시(夕張市)	↗	−77.7	75	(2,154)	337	(7,334)	C-②
오토베 정(乙部町)	↘	−75.8	51	(1,301)	211	(3,403)	C-②
라우스 정(羅臼町)	↘	−74.9	93	(2,041)	370	(4,722)	C-②
아카비라 시(赤平市)	↘	−74.9	133	(3,643)	529	(9,698)	C-②

지역	추세	%					분류
모세우시 정(妹背牛町)	↗	−74.8	33	(988)	131	(2,693)	C-②
오쿠시리 정(奥尻町)	↗	−72.7	33	(967)	121	(2,410)	C-②
도베쓰 정(当別町)	↗	−72.3	369	(9,106)	1,332	(15,916)	C-③
세타나 정(せたな町)	↗	−71.8	120	(3,033)	426	(7,398)	C-②
유니 정(由仁町)	↗	−71.5	78	(2,188)	274	(4,822)	C-②
에사시 정(江差町)	↗	−71.2	153	(3,445)	531	(7,428)	C-②
루모이 시(留萌市)	↘	−71.2	433	(8,955)	1,501	(20,114)	C-②
아이베쓰 정(愛別町)	↘	−70.5	51	(1,010)	173	(2,605)	C-②
시리우치 정(知内町)	↘	−70.3	86	(1,949)	290	(4,167)	C-②
사마니 정(様似町)	↗	−70.1	78	(1,706)	261	(4,043)	C-②
비바이 시(美唄市)	↗	−70.0	367	(8,625)	1,224	(20,413)	C-②
가미카와 정(上川町)	↘	−69.9	72	(1,338)	239	(3,500)	C-②
모리 정(森町)	↘	−69.4	342	(6,353)	1,116	(14,338)	C-②
이와나이 정(岩内町)	↗	−68.9	264	(5,353)	849	(11,648)	C-②
우류 정(雨竜町)	↗	−68.8	40	(990)	128	(2,389)	C-①
시라오이 정(白老町)	↘	−68.7	306	(7,706)	976	(16,212)	C-②
시카베 정(鹿部町)	↓	−68.3	97	(1,778)	306	(3,760)	C-②
나이에 정(奈井江町)	↗	−67.4	102	(2,415)	313	(5,120)	C-②
구시로 정(釧路町)	↗	−66.7	614	(10,659)	1,845	(19,105)	C-②
앗사부 정(厚沢部町)	↗	−66.7	76	(1,664)	228	(3,592)	C-②
비라토리 정(平取町)	↗	−66.3	103	(2,402)	306	(4,776)	C-①
우라호로 정(浦幌町)	↘	−66.1	96	(2,000)	283	(4,387)	C-②
샤코탄 정(積丹町)	↗	−65.9	29	(720)	85	(1,831)	C-①
앗케시 정(厚岸町)	↘	−65.7	271	(4,343)	791	(8,892)	C-②
시베쓰 시(士別市)	↘	−65.6	372	(8,012)	1,080	(17,858)	C-②
구로마쓰나이 정(黒松内町)	↗	−65.5	70	(1,521)	203	(2,791)	C-②
오샤만베 정(長万部町)	↓	−65.5	132	(2,454)	382	(5,109)	C-②
데시카가 정(弟子屈町)	↘	−65.3	157	(3,337)	452	(6,955)	C-②
후루비라 정(古平町)	↗	−65.2	62	(1,169)	178	(2,745)	C-②
하마톤베쓰 정(浜頓別町)	↘	−65.1	91	(1,605)	261	(3,448)	C-②
이케다 정(池田町)	↗	−65.1	143	(3,100)	410	(6,294)	C-②
네무로 시(根室市)	↘	−64.8	716	(12,344)	2,034	(24,636)	C-②
비호로 정(美幌町)	↘	−64.3	509	(9,819)	1,426	(18,697)	C-②
야쿠모 정(八雲町)	↘	−64.0	428	(8,382)	1,190	(15,826)	C-②
사로마 정(佐呂間町)	↘	−63.9	155	(2,475)	429	(4,875)	C-②
왓사무 정(和寒町)	↗	−63.8	67	(1,473)	185	(3,192)	C-②
호로카나이 정(幌加内町)	↘	−63.5	31	(596)	85	(1,370)	C-②
도요토미 정(豊富町)	↗	−63.5	108	(2,357)	296	(3,974)	C-②
무카와 정(むかわ町)	↗	−63.2	177	(3,555)	481	(7,651)	C-①
에리모 정(えりも町)	↘	−63.0	114	(2,219)	308	(4,374)	C-①

하보로 정(羽幌町)	↗	−62.2	144	(3,088)	381	(6,548)	C-①
오비라 정(小平町)	↗	−62.2	87	(1,370)	230	(2,994)	C-②
난포로 정(南幌町)	↗	−62.1	206	(4,352)	544	(7,319)	C-②
나가누마 정(長沼町)	↘	−61.8	287	(5,707)	751	(10,289)	C-②
호쿠류 정(北竜町)	↗	−61.5	40	(778)	104	(1,724)	C-①
히로오 정(広尾町)	↗	−61.5	159	(3,158)	413	(6,387)	C-①
도야코 정(洞爺湖町)	↗	−61.4	219	(4,119)	568	(8,442)	C-②
유베쓰 정(湧別町)	↘	−61.1	238	(4,211)	612	(8,270)	C-②
노마리 촌(泊村)	↘	−60.9	36	(786)	92	(1,569)	C-①
쓰키가타 정(月形町)	↗	−60.6	78	(2,512)	198	(3,691)	C-②
오타루 시(小樽市)	↗	−60.6	3,154	(55,542)	7,998	(111,299)	C-②
마시케 정(増毛町)	↗	−60.3	110	(1,746)	277	(3,908)	C-②
교와 정(共和町)	↗	−60.0	158	(3,332)	395	(5,772)	C-①
왓카나이 시(稚内市)	↘	−59.8	1,087	(17,716)	2,702	(33,563)	C-②
히다카 정(日高町)	↗	−59.4	312	(5,909)	768	(11,279)	C-①
우라카와 정(浦河町)	↗	−59.2	397	(6,515)	973	(12,074)	C-②
쓰베쓰 정(津別町)	↗	−59.1	94	(1,852)	230	(4,373)	C-①
에사시 정(枝幸町)	↘	−59.0	241	(3,932)	588	(7,565)	C-②
시마마키 촌(島牧村)	↗	−58.9	30	(649)	73	(1,356)	C-①
도마마에 정(苫前町)	↗	−58.9	81	(1,361)	197	(2,936)	C-①
가미후라노 정(上富良野町)	↓	−58.9	330	(5,887)	802	(10,348)	C-②
후라노 시(富良野市)	↘	−58.6	760	(11,574)	1,835	(21,131)	C-②
몬베쓰 시(紋別市)	↗	−58.4	783	(11,377)	1,882	(21,215)	C-②
신시노쓰 촌(新篠津村)	↗	−58.3	90	(1,718)	216	(3,044)	C-②
후카가와 시(深川市)	↗	−58.2	531	(9,878)	1,271	(20,039)	C-②
다키노에 정(滝上町)	↗	−57.8	68	(1,140)	161	(2,421)	C-①
군넷푸 정(訓子府町)	↗	−57.6	120	(2,290)	283	(4,677)	C-①
이마카네 정(今金町)	↓	−57.4	129	(2,513)	303	(5,072)	C-①
요이치 정(余市町)	↗	−57.1	544	(9,569)	1,269	(18,000)	C-②
리시리 정(利尻町)	↗	−56.8	60	(1,016)	139	(2,004)	C-②
오토이넷푸 정(音威子府村)	↗	−56.3	21	(328)	48	(706)	C-①
스나가와 시(砂川市)	↘	−56.2	554	(9,023)	1,265	(16,486)	C-②
니시오콧페 촌(西興部村)	↗	−55.4	41	(745)	92	(1,053)	C-②
시호로 정(士幌町)	↗	−55.3	216	(3,713)	483	(5,848)	C-②
하마나카 정(浜中町)	↗	−55.3	221	(3,162)	494	(5,507)	C-②
엔베쓰 정(遠別町)	↗	−55.2	77	(1,183)	172	(2,520)	C-①
누마타 정(沼田町)	↗	−55.0	77	(1,421)	171	(2,909)	C-①
시베차 정(標茶町)	↘	−54.9	263	(4,102)	583	(7,230)	C-②
오무 정(雄武町)	↗	−54.9	190	(2,298)	421	(4,199)	C-②
호쿠토 시(北斗市)	↓	−54.9	1,771	(27,360)	3,924	(44,302)	C-②

지역	추세	증감률					분류
오조라 정(大空町)	↗	−54.7	203	(3,691)	448	(6,775)	C–①
신히다카 정(新ひだか町)	↗	−54.6	740	(11,949)	1,628	(21,517)	C–①
혼베쓰 정(本別町)	↗	−54.3	175	(3,190)	383	(6,618)	C–②
구시로 시(釧路市)	↗	−54.1	6,618	(98,544)	14,403	(165,077)	C–②
노보리베쓰 시(登別市)	↓	−53.8	1,635	(26,963)	3,539	(46,391)	C–②
나카톤베쓰 정(中頓別町)	↗	−53.7	44	(804)	95	(1,637)	C–①
도요코로 정(豊頃町)	↗	−53.5	107	(1,737)	230	(3,022)	C–①
가모에나이 촌(神恵内村)	↗	−53.1	15	(325)	32	(870)	C–①
아카이가와 촌(赤井川村)	↓	−52.4	49	(821)	103	(1,165)	C–②
비후카 정(美深町)	↗	−52.0	118	(2,096)	246	(4,145)	C–②
엔가루 정(遠軽町)	↗	−51.9	669	(10,769)	1,391	(19,241)	C–②
교고쿠 정(京極町)	↓	−51.8	106	(1,739)	220	(2,941)	C–②
다테 시(伊達市)	↓	−51.7	1,173	(19,762)	2,430	(32,826)	C–②
숫쓰 정(寿都町)	↗	−51.5	110	(1,538)	227	(2,838)	C–②
핏푸 정(比布町)	↗	−51.4	108	(1,976)	222	(3,520)	C–①
이와미자와 시(岩見沢市)	↗	−51.3	3,029	(45,761)	6,216	(79,306)	C–②
고시미즈 정(小清水町)	↗	−51.2	160	(2,522)	328	(4,623)	C–①
기요사토 정(清里町)	↗	−51.2	126	(2,014)	258	(3,883)	C–①
겐부치 정(剣淵町)	↗	−51.1	88	(1,411)	180	(2,926)	C–①
도마 정(当麻町)	↗	−51.1	204	(3,525)	417	(6,319)	C–①
구리야마 정(栗山町)	↗	−50.9	375	(5,917)	763	(11,272)	C–①
하코다테 시(函館市)	↗	−50.7	10,490	(151,567)	21,258	(251,084)	C–②
미카사 시(三笠市)	↗	−50.5	241	(3,619)	487	(8,040)	C–①
도요우라 정(豊浦町)	↗	−50.2	137	(2,297)	275	(3,821)	C–②
아바시리 시(網走市)	↗	−50.1	1,555	(21,159)	3,115	(35,759)	C–②
베쓰카이 정(別海町)	↑	−49.9	659	(9,231)	1,314	(14,380)	D–③
시무캇푸 촌(占冠村)	↘	−49.8	101	(807)	201	(1,306)	B–②
다키카와 시(滝川市)	↑	−49.6	1,638	(25,364)	3,252	(39,490)	D–③
무로란 시(室蘭市)	↘	−49.3	3,236	(46,571)	6,377	(82,383)	D–③
시미즈 정(清水町)	↑	−49.1	354	(5,667)	696	(9,094)	D–③
다카스 정(鷹栖町)	↘	−49.1	216	(4,032)	424	(6,567)	D–②
레분 정(礼文町)	↑	−49.0	105	(1,391)	206	(2,509)	D–③
신토쓰카와 정(新十津川町)	↑	−48.6	220	(3,714)	428	(6,484)	D–②
란코시 정(蘭越町)	↑	−48.5	156	(2,640)	303	(4,568)	D–②
기타미 시(北見市)	↑	−48.5	5,092	(76,002)	9,879	(115,480)	D–③
아비라 정(安平町)	↗	−48.0	269	(4,209)	517	(7,340)	D–③
짓푸베쓰 정(秩父別町)	↑	−47.7	92	(1,247)	176	(2,329)	D–②
나카가와 정(中川町)	↑	−47.7	46	(766)	88	(1,528)	D–③
리쿠베쓰 정(陸別町)	↑	−47.4	92	(1,290)	175	(2,264)	D–③
나카후라노 정(中富良野町)	↘	−47.3	178	(2,708)	338	(4,733)	D–②

다이키 정(大樹町)	↑	−47.1	249	(3,308)	471	(5,420)	D—③
쇼산베쓰 촌(初山別村)	↑	−46.8	41	(482)	77	(1,080)	D—③
비에이 정(美瑛町)	↑	−46.6	385	(5,681)	721	(9,668)	D—③
소베쓰 정(壮瞥町)	↑	−46.0	100	(1,568)	185	(2,743)	D—③
나나에 정(七飯町)	↑	−45.8	1,225	(19,706)	2,262	(27,686)	D—③
나카시베쓰 정(中標津町)	↘	−45.6	1,182	(16,552)	2,171	(23,010)	D—③
우라우스 정(浦臼町)	↑	−45.2	46	(782)	84	(1,732)	D—②
신토쿠 정(新得町)	↑	−44.8	248	(3,411)	449	(5,817)	D—③
리시리후지 정(利尻富士町)	↑	−44.6	93	(1,349)	168	(2,458)	D—③
마쿠베쓰 정(幕別町)	↘	−44.0	1,161	(18,386)	2,074	(25,766)	D—③
나요로 시(名寄市)	↘	−43.9	1,474	(17,272)	2,629	(27,282)	D—③
오케토 정(置戸町)	↑	−43.6	97	(1,375)	172	(2,775)	D—②
오콧페 정(興部町)	↑	−43.4	184	(2,143)	325	(3,628)	D—②
쓰루이 촌(鶴居村)	↗	−42.9	109	(1,791)	191	(2,558)	D—③
아쓰마 정(厚真町)	↑	−42.9	185	(2,931)	324	(4,432)	D—②
데시오 정(天塩町)	↑	−42.4	118	(1,568)	205	(2,950)	D—③
사라베쓰 촌(更別村)	↗	−41.6	149	(2,242)	255	(3,080)	D—②
니이캇푸 정(新冠町)	↑	−41.6	239	(3,728)	409	(5,309)	D—②
오토후케 정(音更町)	↘	−41.0	2,280	(33,627)	3,862	(43,576)	D—③
시베쓰 정(標津町)	↑	−40.5	244	(3,233)	410	(5,023)	D—②
시모카와 정(下川町)	↑	−40.3	120	(1,773)	201	(3,126)	D—②
아쇼로 정(足寄町)	↑	−40.1	270	(3,759)	451	(6,563)	D—②
샤리 정(斜里町)	↗	−39.0	598	(6,946)	980	(11,418)	D—③
메무로 정(芽室町)	↘	−37.9	926	(13,658)	1,492	(18,048)	D—②
루스쓰 촌(留寿都村)	↗	−37.9	144	(1,352)	232	(1,911)	D—③
호로노베 정(幌延町)	↑	−37.6	118	(1,590)	189	(2,371)	D—③
미나미후라노 정(南富良野町)	↑	−37.6	123	(1,518)	197	(2,376)	D—③
아사히카와 시(旭川市)	↑	−37.4	18,245	(236,115)	29,139	(329,306)	D—③
맛카리 촌(真狩村)	↑	−37.0	85	(1,333)	135	(2,045)	D—②
도마코마이 시(苫小牧市)	↗	−36.9	9,910	(131,140)	15,702	(170,113)	D—③
사루후쓰 촌(猿払村)	↗	−36.4	210	(1,958)	330	(2,611)	D—③
오비히로 시(帯広市)	↗	−35.8	10,846	(130,288)	16,893	(166,536)	D—③
에베쓰 시(江別市)	↑	−34.8	7,471	(94,433)	11,457	(121,056)	D—③
기모베쓰 정(喜茂別町)	↑	−34.2	123	(1,417)	187	(2,156)	B—②
히가시카구라 정(東神楽町)	↘	−33.5	565	(8,289)	849	(10,127)	D—②
굿찬 정(倶知安町)	↑	−33.0	1,076	(11,718)	1,607	(15,129)	D—③
나카사쓰나이 촌(中札内村)	↗	−33.0	242	(3,106)	361	(3,884)	D—③
에니와 시(恵庭市)	↗	−31.3	4,870	(59,483)	7,085	(70,331)	D—③
기타히로시마 시(北広島市)	↑	−31.1	3,170	(43,677)	4,598	(58,171)	D—③
이시카리 시(石狩市)	↗	−30.0	3,200	(42,365)	4,568	(56,869)	D—③

시카오이 정(鹿追町)	↑	−29.0	351	(3,802)	494	(5,266)	D—②
가미시호로 정(上士幌町)	↑	−28.4	303	(3,536)	423	(4,778)	D—③
삿포로 시(札幌市)	↗	−24.4	169,950	(1,745,608)	224,756	(1,973,395)	D—③
지토세 시(千歳市)	↗	−24.3	8,441	(87,335)	11,147	(97,950)	D—③
히가시카와 정(東川町)	↘	−24.2	581	(7,088)	766	(8,314)	D—③
니키 정(仁木町)	↑	−24.1	167	(1,987)	220	(3,180)	D—③
니세코 정(ニセコ町)	↗	−21.8	362	(4,852)	463	(5,074)	D—②

아오모리 현(青森県)

소토가하마 정(外ヶ浜町)	↘	−87.5	30	(1,749)	240	(5,401)	C—③
이마베쓰 정(今別町)	↗	−86.0	13	(691)	93	(2,334)	C—②
사이 촌(佐井村)	↘	−85.2	13	(607)	88	(1,788)	C—②
후카우라 정(深浦町)	↘	−80.1	69	(2,547)	347	(7,346)	C—②
오마 정(大間町)	↘	−79.8	64	(2,062)	316	(4,718)	C—②
신고 촌(新郷村)	↘	−79.3	22	(837)	106	(2,197)	C—②
아지카자와 정(鰺ヶ沢町)	↘	−77.5	117	(3,749)	519	(9,044)	C—②
나카도마리 정(中泊町)	↗	−76.3	133	(3,539)	561	(9,657)	C—②
오와니 정(大鰐町)	↘	−73.4	142	(3,642)	533	(8,665)	C—②
히가시도오리 촌(東通村)	↘	−72.6	106	(2,933)	387	(5,955)	C—①
고노헤 정(五戸町)	↗	−70.5	323	(7,885)	1,093	(16,042)	C—②
가자마우라 촌(風間浦村)	↘	−69.8	26	(756)	86	(1,636)	C—②
이타야나기 정(板柳町)	↘	−69.3	286	(6,034)	930	(12,700)	C—②
요모기타 촌(蓬田村)	↗	−69.1	47	(1,150)	152	(2,540)	C—②
히라나이 정(平内町)	↗	−68.9	200	(4,475)	643	(10,126)	C—②
닷코 정(田子町)	↘	−68.8	84	(2,198)	269	(4,968)	C—①
노헤지 정(野辺地町)	↗	−68.4	292	(6,156)	925	(12,374)	C—②
난부 정(南部町)	↘	−68.4	349	(8,464)	1,105	(16,809)	C—②
산노헤 정(三戸町)	↗	−66.9	182	(4,143)	549	(9,082)	C—①
시치노헤 정(七戸町)	↗	−66.7	309	(7,212)	928	(14,556)	C—②
요코하마 정(横浜町)	↘	−66.3	101	(2,353)	300	(4,229)	C—②
쓰가루 시(つがる市)	↘	−66.0	750	(15,262)	2,206	(30,934)	C—②
쓰루타 정(鶴田町)	↘	−64.9	304	(5,780)	866	(12,074)	C—②
구로이시 시(黒石市)	↘	−64.3	963	(17,571)	2,698	(31,946)	C—②
하시카미 정(階上町)	↗	−64.0	380	(7,997)	1,056	(13,496)	C—②
고쇼가와라 시(五所川原市)	↘	−63.6	1,443	(28,029)	3,962	(51,415)	C—②
무쓰 시(むつ市)	↘	−62.5	1,594	(30,531)	4,248	(54,103)	C—②
도호쿠 정(東北町)	↗	−58.9	476	(9,113)	1,157	(16,428)	C—①
히라카와 시(平川市)	↘	−56.2	1,112	(18,103)	2,540	(30,567)	C—②
아오모리 시(青森市)	↗	−52.7	11,473	(174,205)	24,265	(275,192)	C—②
후지사키 정(藤崎町)	↓	−52.6	619	(9,321)	1,306	(14,573)	C—②
도와다 시(十和田市)	↗	−51.9	2,496	(38,968)	5,191	(60,378)	C—②

지역						
히로사키 시(弘前市)	↗	−51.4	7,837	(108,684)	16,115	(168,466)	C−②
롯카쇼 촌(六ヶ所村)	↓	−51.0	427	(6,916)	871	(10,367)	C−②
하치노헤 시(八戸市)	↗	−50.1	9,835	(151,087)	19,702	(223,415)	C−②
미사와 시(三沢市)	↘	−48.4	1,976	(27,826)	3,826	(39,152)	D−③
니시메야 촌(西目屋村)	↑	−47.3	49	(587)	93	(1,265)	D−②
이나카다테 촌(田舎館村)	↑	−46.9	291	(4,368)	548	(7,326)	D−②
오이라세 정(おいらせ町)	↘	−43.3	1,271	(19,121)	2,242	(24,273)	D−②
로쿠노헤 정(六戸町)	↗	−37.2	521	(8,100)	830	(10,447)	D−②

이와테 현(岩手県)						
후다이 촌(普代村)	↘	−78.6	30	(1,057)	140	(2,487)	C−②
히로노 정(洋野町)	↘	−75.4	231	(6,821)	939	(15,091)	C−②
니시와가 정(西和賀町)	↗	−74.4	62	(1,940)	242	(5,134)	C−②
다노하타 촌(田野畑村)	↗	−70.2	50	(1,388)	168	(3,059)	C−①
이와테 정(岩手町)	↘	−69.8	241	(5,464)	799	(12,285)	C−②
이치노헤 정(一戸町)	↘	−69.6	221	(4,956)	727	(11,494)	C−②
가루마이 정(軽米町)	↘	−69.4	166	(4,007)	543	(8,421)	C−②
야마다 정(山田町)	↘	−69.0	315	(6,703)	1,016	(14,320)	C−②
하치만타이 시(八幡平市)	↗	−68.3	524	(11,349)	1,654	(24,023)	C−②
구지 시(久慈市)	↘	−68.0	893	(17,896)	2,786	(33,043)	C−②
이와이즈미 정(岩泉町)	↗	−67.4	158	(4,099)	484	(8,726)	C−①
구즈마키 정(葛巻町)	↗	−66.4	89	(2,389)	265	(5,634)	C−②
오쓰치 정(大槌町)	↗	−63.9	301	(5,394)	834	(11,004)	C−②
구노헤 촌(九戸村)	↘	−62.3	109	(2,550)	289	(5,378)	C−②
가마이시 시(釜石市)	↗	−61.8	881	(16,363)	2,307	(32,078)	C−②
도노 시(遠野市)	↘	−61.7	668	(13,201)	1,746	(25,366)	C−②
리쿠젠타카타 시(陸前高田市)	↗	−61.7	458	(9,617)	1,195	(18,262)	C−②
시즈쿠이시 정(雫石町)	↗	−61.6	428	(8,112)	1,113	(15,731)	C−②
미야코 시(宮古市)	↘	−61.5	1,418	(26,633)	3,684	(50,369)	C−②
니노헤 시(二戸市)	↘	−61.4	748	(13,701)	1,936	(25,513)	C−②
이치노세키 시(一関市)	↘	−60.0	3,281	(61,196)	8,204	(111,932)	C−②
오후나토 시(大船渡市)	↗	−59.8	1,007	(19,269)	2,503	(34,728)	C−②
스미타 정(住田町)	↗	−59.4	130	(2,475)	320	(5,045)	C−②
히라이즈미 정(平泉町)	↘	−59.1	199	(3,790)	487	(7,252)	C−①
노다 촌(野田村)	↗	−58.4	116	(2,104)	279	(3,936)	C−①
오슈 시(奥州市)	↘	−54.3	4,047	(69,375)	8,860	(112,937)	C−②
하나마키 시(花巻市)	↘	−48.5	3,938	(60,720)	7,642	(93,193)	D−③
야하바 정(矢巾町)	↑	−41.7	1,873	(22,283)	3,215	(28,056)	D−③
시와 정(紫波町)	↗	−41.7	1,620	(23,581)	2,778	(32,147)	D−③
가네가사키 정(金ヶ崎町)	↘	−40.1	747	(11,516)	1,247	(15,535)	D−②
기타카미 시(北上市)	↘	−39.8	5,292	(73,928)	8,784	(93,045)	D−③

지방자치단체						
다키자와 시(滝沢市)	↘	−37.9	3,582	(44,032)	5,765	(55,579)	D—③
모리오카 시(盛岡市)	↗	−35.0	19,611	(225,333)	30,189	(289,731)	D—③

<table>
<tr><td colspan="8">미야기 현(宮城県)</td></tr>
<tr><td>마루모리 정(丸森町)</td><td>↘</td><td>−75.6</td><td>188</td><td>(4,974)</td><td>769</td><td>(12,262)</td><td>C—②</td></tr>
<tr><td>미나미산리쿠 정(南三陸町)</td><td>↘</td><td>−74.9</td><td>205</td><td>(5,095)</td><td>818</td><td>(12,225)</td><td>C—②</td></tr>
<tr><td>시치카슈쿠 정(七ヶ宿町)</td><td>↘</td><td>−68.4</td><td>24</td><td>(599)</td><td>76</td><td>(1,262)</td><td>C—②</td></tr>
<tr><td>가와사키 정(川崎町)</td><td>↘</td><td>−67.2</td><td>228</td><td>(4,525)</td><td>696</td><td>(8,345)</td><td>C—③</td></tr>
<tr><td>와쿠야 정(涌谷町)</td><td>↘</td><td>−66.0</td><td>395</td><td>(7,895)</td><td>1,163</td><td>(15,388)</td><td>C—②</td></tr>
<tr><td>게센누마 시(気仙沼市)</td><td>↗</td><td>−63.9</td><td>1,469</td><td>(31,848)</td><td>4,072</td><td>(61,147)</td><td>C—②</td></tr>
<tr><td>오사토 정(大郷町)</td><td>↘</td><td>−63.2</td><td>238</td><td>(4,278)</td><td>646</td><td>(7,813)</td><td>C—②</td></tr>
<tr><td>오나가와 정(女川町)</td><td>↘</td><td>−62.7</td><td>208</td><td>(3,062)</td><td>557</td><td>(6,430)</td><td>C—②</td></tr>
<tr><td>구리하라 시(栗原市)</td><td>↗</td><td>−61.1</td><td>1,758</td><td>(33,929)</td><td>4,515</td><td>(64,637)</td><td>C—②</td></tr>
<tr><td>무라타 정(村田町)</td><td>↗</td><td>−60.9</td><td>339</td><td>(6,200)</td><td>866</td><td>(10,666)</td><td>C—②</td></tr>
<tr><td>가미 정(加美町)</td><td>↘</td><td>−60.7</td><td>651</td><td>(11,808)</td><td>1,656</td><td>(21,943)</td><td>C—②</td></tr>
<tr><td>가쿠다 시(角田市)</td><td>↗</td><td>−60.1</td><td>871</td><td>(16,575)</td><td>2,184</td><td>(27,976)</td><td>C—②</td></tr>
<tr><td>시로이시 시(白石市)</td><td>↘</td><td>−59.5</td><td>1,049</td><td>(18,669)</td><td>2,590</td><td>(32,758)</td><td>C—②</td></tr>
<tr><td>자오 정(蔵王町)</td><td>↘</td><td>−57.7</td><td>371</td><td>(6,916)</td><td>878</td><td>(11,418)</td><td>C—②</td></tr>
<tr><td>도메 시(登米市)</td><td>↗</td><td>−57.6</td><td>2,517</td><td>(43,781)</td><td>5,933</td><td>(76,037)</td><td>C—②</td></tr>
<tr><td>시치가하마 정(七ケ浜町)</td><td>↘</td><td>−56.9</td><td>644</td><td>(11,250)</td><td>1,493</td><td>(18,132)</td><td>C—②</td></tr>
<tr><td>이시노마키 시(石巻市)</td><td>↘</td><td>−54.8</td><td>5,562</td><td>(86,785)</td><td>12,309</td><td>(140,151)</td><td>C—②</td></tr>
<tr><td>시카마 정(色麻町)</td><td>↘</td><td>−54.1</td><td>255</td><td>(3,954)</td><td>556</td><td>(6,698)</td><td>C—②</td></tr>
<tr><td>마쓰시마 정(松島町)</td><td>↗</td><td>−53.3</td><td>463</td><td>(7,674)</td><td>991</td><td>(13,323)</td><td>C—②</td></tr>
<tr><td>시오가마 시(塩竈市)</td><td>↑</td><td>−48.6</td><td>2,436</td><td>(34,782)</td><td>4,741</td><td>(52,203)</td><td>D—③</td></tr>
<tr><td>미사토 정(美里町)</td><td>↑</td><td>−47.9</td><td>1,004</td><td>(15,734)</td><td>1,928</td><td>(23,994)</td><td>D—③</td></tr>
<tr><td>히가시마쓰시마 시(東松島市)</td><td>↘</td><td>−47.2</td><td>1,994</td><td>(27,332)</td><td>3,778</td><td>(39,098)</td><td>D—③</td></tr>
<tr><td>오사키 시(大崎市)</td><td>↘</td><td>−47.2</td><td>6,259</td><td>(87,340)</td><td>11,856</td><td>(127,330)</td><td>D—③</td></tr>
<tr><td>와타리 정(亘理町)</td><td>↗</td><td>−45.9</td><td>1,616</td><td>(24,117)</td><td>2,985</td><td>(33,087)</td><td>D—③</td></tr>
<tr><td>시바타 정(柴田町)</td><td>↗</td><td>−39.6</td><td>2,275</td><td>(28,553)</td><td>3,768</td><td>(38,271)</td><td>D—③</td></tr>
<tr><td>야마모토 정(山元町)</td><td>↑</td><td>−39.5</td><td>521</td><td>(7,911)</td><td>861</td><td>(12,046)</td><td>D—③</td></tr>
<tr><td>리후 정(利府町)</td><td>↘</td><td>−31.3</td><td>2,477</td><td>(30,650)</td><td>3,606</td><td>(35,182)</td><td>D—③</td></tr>
<tr><td>다가조 시(多賀城市)</td><td>↗</td><td>−30.8</td><td>4,825</td><td>(51,958)</td><td>6,975</td><td>(62,827)</td><td>D—③</td></tr>
<tr><td>이와누마 시(岩沼市)</td><td>↗</td><td>−30.2</td><td>3,236</td><td>(35,985)</td><td>4,637</td><td>(44,068)</td><td>D—③</td></tr>
<tr><td>오가와라 정(大河原町)</td><td>↗</td><td>−29.4</td><td>1,704</td><td>(19,966)</td><td>2,415</td><td>(23,571)</td><td>D—③</td></tr>
<tr><td>센다이 시(仙台市)</td><td>↗</td><td>−25.6</td><td>103,135</td><td>(998,832)</td><td>138,549</td><td>(1,096,704)</td><td>D—③</td></tr>
<tr><td>도미야 시(富谷市)</td><td>↘</td><td>−25.2</td><td>3,817</td><td>(46,867)</td><td>5,105</td><td>(51,651)</td><td>D—②</td></tr>
<tr><td>다이와 정(大和町)</td><td>↗</td><td>−24.5</td><td>2,483</td><td>(26,953)</td><td>3,289</td><td>(28,786)</td><td>D—③</td></tr>
<tr><td>나토리 시(名取市)</td><td>↘</td><td>−17.8</td><td>7,201</td><td>(77,071)</td><td>8,761</td><td>(78,718)</td><td>D—①</td></tr>
<tr><td>오히라 촌(大衡村)</td><td>↑</td><td>−15.2</td><td>470</td><td>(5,697)</td><td>554</td><td>(5,849)</td><td>A</td></tr>
<tr><td colspan="8">아키타 현(秋田県)</td></tr>
<tr><td>오가 시(男鹿市)</td><td>↘</td><td>−77.4</td><td>315</td><td>(9,456)</td><td>1,391</td><td>(25,154)</td><td>C—②</td></tr>
</table>

지역							
가미코아니 촌(上小阿仁村)	↘	−77.3	17	(760)	75	(2,063)	C−②
후지사토 정(藤里町)	↘	−76.6	32	(1,064)	137	(2,896)	C−②
미타네 정(三種町)	↘	−74.6	218	(6,284)	857	(15,254)	C−②
하치로가타 정(八郎潟町)	↘	−74.2	88	(2,548)	341	(5,583)	C−②
유자와 시(湯沢市)	↘	−72.2	735	(19,552)	2,645	(42,091)	C−②
핫포 정(八峰町)	↗	−72.1	95	(2,831)	341	(6,577)	C−②
이카와 정(井川町)	↘	−72.1	70	(2,151)	251	(4,566)	C−②
오사카 정(小坂町)	↗	−72.1	71	(2,059)	254	(4,780)	C−②
고조메 정(五城目町)	↗	−70.6	139	(3,571)	473	(8,538)	C−②
센보쿠 시(仙北市)	↘	−68.0	499	(11,201)	1,558	(24,610)	C−②
기타아키타 시(北秋田市)	↗	−67.2	552	(13,934)	1,683	(30,198)	C−②
우고 정(羽後町)	↘	−67.1	309	(6,704)	938	(13,825)	C−②
노시로 시(能代市)	↘	−65.9	1,096	(24,973)	3,209	(49,968)	C−②
히가시나루세 촌(東成瀬村)	↘	−64.0	49	(1,404)	136	(2,704)	C−②
미사토 정(美郷町)	↘	−62.8	472	(9,336)	1,268	(18,613)	C−②
니카호 시(にかほ市)	↘	−62.4	539	(12,265)	1,435	(23,435)	C−②
가즈노 시(鹿角市)	↘	−61.9	682	(14,230)	1,789	(29,088)	C−②
유리혼조 시(由利本荘市)	↘	−59.7	2,240	(42,387)	5,564	(74,707)	C−②
오다테 시(大館市)	↘	−58.4	2,100	(39,696)	5,047	(69,237)	C−②
오가타 촌(大潟村)	↓	−58.0	97	(1,772)	231	(3,011)	C−②
다이센 시(大仙市)	↘	−57.3	2,473	(44,243)	5,793	(77,657)	C−②
요코테 시(横手市)	↘	−56.9	2,651	(47,878)	6,148	(85,555)	C−②
가타카미 시(潟上市)	↗	−55.4	1,124	(19,363)	2,522	(31,720)	C−②
아키타 시(秋田市)	↑	−42.0	16,720	(220,767)	28,830	(307,672)	D−③

야마가타 현(山形県)

지역							
도자와 촌(戸沢村)	↘	−75.1	73	(1,848)	293	(4,199)	C−②
니시카와 정(西川町)	↘	−72.4	81	(1,987)	293	(4,956)	C−②
오쿠라 촌(大蔵村)	↗	−70.6	57	(1,346)	194	(3,028)	C−①
오바나자와 시(尾花沢市)	↘	−70.0	279	(6,207)	929	(14,971)	C−②
가네야마 정(金山町)	↘	−69.1	112	(2,317)	362	(5,071)	C−②
아사히 정(朝日町)	↘	−68.2	119	(2,835)	374	(6,366)	C−②
유자 정(遊佐町)	↗	−65.8	258	(6,160)	755	(13,032)	C−①
사케가와 촌(鮭川村)	↗	−65.8	78	(1,776)	228	(3,902)	C−①
오이시다 정(大石田町)	↗	−65.7	144	(3,082)	420	(6,577)	C−②
후나가타 정(舟形町)	↘	−65.2	105	(2,436)	302	(5,007)	C−②
마무로가와 정(真室川町)	↘	−63.8	162	(3,176)	448	(7,203)	C−①
모가미 정(最上町)	↗	−62.6	186	(3,830)	497	(8,080)	C−①
시라타카 정(白鷹町)	↘	−62.5	327	(6,660)	873	(12,890)	C−②
무라야마 시(村山市)	↘	−62.5	593	(11,556)	1,581	(22,516)	C−②
오구니 정(小国町)	↘	−61.7	155	(3,298)	405	(7,107)	C−①

가미노야마 시(上山市)	↘	−61.7	833	(15,550)	2,172	(29,110)	C–②
가와니시 정(川西町)	↗	−61.6	406	(7,107)	1,058	(14,558)	C–②
쇼나이 정(庄内町)	↘	−60.4	581	(10,773)	1,468	(20,151)	C–②
오에 정(大江町)	↘	−60.4	203	(4,059)	512	(7,646)	C–②
신조 시(新庄市)	↘	−59.0	1,164	(19,662)	2,842	(34,432)	C–②
나카야마 정(中山町)	↘	−57.3	363	(6,417)	850	(10,746)	C–②
이데 정(飯豊町)	↗	−56.1	215	(3,508)	490	(6,613)	C–②
사카타 시(酒田市)	↗	−56.0	3,412	(60,768)	7,745	(100,273)	C–②
나가이 시(長井市)	↓	−51.9	1,055	(16,881)	2,192	(26,543)	C–②
가호쿠 정(河北町)	↘	−51.3	639	(10,671)	1,312	(17,641)	C–②
쓰루오카 시(鶴岡市)	↗	−51.1	4,761	(76,968)	9,744	(122,347)	C–②
다카하타 정(高畠町)	↓	−50.9	906	(13,826)	1,845	(22,463)	C–②
야마노베 정(山辺町)	↓	−50.3	559	(8,978)	1,124	(13,725)	C–②
난요 시(南陽市)	↑	−49.6	1,324	(19,390)	2,626	(30,420)	D–③
요네자와 시(米沢市)	↘	−48.8	3,655	(53,112)	7,141	(81,252)	D–③
사가에 시(寒河江市)	↗	−40.9	2,189	(29,014)	3,702	(40,189)	D–③
덴도 시(天童市)	↑	−36.0	3,951	(49,037)	6,171	(62,140)	D–③
미카와 정(三川町)	↑	−34.1	397	(5,848)	602	(7,601)	D–②
야마가타 시(山形市)	↗	−31.9	17,410	(198,986)	25,570	(247,590)	D–③
히가시네 시(東根市)	↘	−25.0	3,605	(41,769)	4,808	(47,682)	D–③

후쿠시마 현(福島県)

가와마타 정(川俣町)	↓	−78.1	175	(5,072)	798	(12,170)	C–②
히라타 촌(平田村)	↓	−75.7	101	(2,824)	415	(5,826)	C–②
사메가와 촌(鮫川村)	↓	−74.2	53	(1,275)	205	(3,049)	C–②
미시마 정(三島町)	↓	−74.0	19	(528)	73	(1,452)	C–②
미나미아이즈 정(南会津町)	↓	−72.7	234	(6,369)	856	(14,451)	C–②
시모고 정(下郷町)	↓	−72.4	78	(2,331)	283	(5,264)	C–②
후루도노 정(古殿町)	↓	−71.9	87	(2,180)	310	(4,825)	C–②
가네야마 정(金山町)	↓	−70.3	22	(715)	74	(1,862)	C–②
오노 정(小野町)	↓	−69.4	200	(4,747)	653	(9,471)	C–②
구니미 정(国見町)	↓	−68.5	187	(4,185)	594	(8,639)	C–②
다무라 시(田村市)	↓	−67.5	884	(18,087)	2,720	(35,169)	C–②
아이즈미사토 정(会津美里町)	↓	−67.3	436	(9,218)	1,335	(19,014)	C–②
니시아이즈 정(西会津町)	↓	−66.2	109	(2,587)	322	(5,770)	C–①
이나와시로 정(猪苗代町)	↓	−65.4	326	(6,670)	942	(13,552)	C–②
이시카와 정(石川町)	↓	−65.4	361	(7,213)	1,042	(14,644)	C–②
하나와 정(塙町)	↓	−64.1	217	(4,323)	604	(8,302)	C–②
기타시오바라 촌(北塩原村)	↓	−63.9	69	(1,259)	191	(2,556)	C–②
덴에이 촌(天栄村)	↓	−63.3	152	(2,829)	414	(5,194)	C–②
히노에마타 촌(檜枝岐村)	↓	−62.2	14	(279)	37	(504)	C–②

기타카타 시(喜多方市)	↓	−60.9	1,374	(24,846)	3,514	(44,760)	C–②
아사카와 정(浅川町)	↓	−60.8	174	(3,376)	444	(6,036)	C–②
니혼마쓰 시(二本松市)	↓	−59.7	1,820	(31,803)	4,517	(53,557)	C–②
다마가와 촌(玉川村)	↓	−59.7	223	(3,820)	553	(6,392)	C–②
다테 시(伊達市)	↓	−59.5	1,858	(33,578)	4,586	(58,240)	C–②
아이즈반게 정(会津坂下町)	↓	−58.7	483	(8,641)	1,169	(15,068)	C–②
미하루 정(三春町)	↓	−58.5	566	(10,419)	1,363	(17,018)	C–②
야마쓰리 정(矢祭町)	↓	−57.3	160	(2,987)	375	(5,392)	C–①
고오리 정(桑折町)	↓	−57.1	372	(6,783)	867	(11,459)	C–②
다다미 정(只見町)	↓	−56.4	85	(2,084)	195	(4,044)	C–①
다나구라 정(棚倉町)	↓	−54.5	512	(7,834)	1,124	(13,343)	C–②
이즈미자커 촌(泉崎村)	↓	−54.2	252	(4,173)	550	(6,213)	C–②
아이즈와카마쓰 시(会津若松市)	↓	−53.0	5,057	(76,262)	10,749	(117,376)	C–②
시라카와 시(白河市)	↓	−50.3	2,700	(40,370)	5,429	(59,491)	C–②
모토미야 시(本宮市)		−47.3	1,524	(22,760)	2,890	(30,236)	D–③
유가와 촌(湯川村)		−47.2	131	(2,021)	248	(3,081)	D–②
나카지마 촌(中島村)		−45.8	225	(3,535)	415	(4,885)	D–②
하마도리(浜通り)		−45.5	20,922	(307,228)	38,374	(452,508)	D–③
후쿠시마 시(福島市)		−44.8	14,891	(209,049)	26,996	(282,693)	D–③
스가카와 시(須賀川市)		−43.8	3,910	(53,951)	6,959	(74,992)	D–③
야나이즈 정(柳津町)		−42.9	88	(1,636)	154	(3,081)	D–②
고리야마 시(郡山市)		−41.4	19,923	(256,083)	33,984	(327,692)	D–③
가가미이시 정(鏡石町)		−41.3	712	(9,333)	1,213	(12,318)	D–③
쇼와 촌(昭和村)		−38.7	38	(670)	62	(1,246)	D–③
반다이 정(磐梯町)		−38.3	150	(2,035)	243	(3,322)	D–②
야부키 정(矢吹町)		−34.0	1,008	(12,749)	1,528	(17,287)	D–③
니시고 촌(西郷村)		−32.2	1,507	(18,313)	2,221	(20,808)	D–③
오타마 촌(大玉村)		−30.0	648	(7,970)	926	(8,900)	D–②
이바라키 현(茨城県)							
다이고 정(大子町)	↘	−76.4	200	(6,231)	847	(15,736)	C–②
가와치 정(河内町)	↘	−74.7	151	(3,897)	597	(8,231)	C–③
시로사토 정(城里町)	↘	−71.0	370	(9,218)	1,276	(18,097)	C–②
이나시키 시(稲敷市)	↘	−70.4	844	(19,170)	2,847	(39,039)	C–②
사쿠라가와 시(桜川市)	↘	−66.4	1,014	(20,487)	3,017	(39,122)	C–②
히타치오타 시(常陸太田市)	↘	−65.4	1,214	(25,696)	3,506	(48,602)	C–②
다카하기 시(高萩市)	↘	−65.0	765	(14,824)	2,188	(27,699)	C–②
고카 정(五霞町)	↘	−62.0	246	(4,534)	648	(8,093)	C–②
히타치오미야 시(常陸大宮市)	↗	−61.8	1,137	(22,313)	2,978	(39,267)	C–②
미호 촌(美浦村)	↗	−60.9	434	(8,377)	1,109	(14,602)	C–②
기타이바라키 시(北茨城市)	↘	−59.7	1,364	(24,023)	3,381	(41,801)	C–②

나메가타 시(行方市)	↘	−59.6	1,039	(17,726)	2,572	(32,185)	C−②
토네 정(利根町)	↗	−59.1	381	(8,023)	932	(15,340)	C−②
히타치 시(日立市)	↘	−57.2	6,072	(104,391)	14,181	(174,508)	C−②
이타코 시(潮来市)	↘	−54.2	1,099	(16,865)	2,397	(27,604)	C−②
야치요 정(八千代町)	↓	−52.7	813	(13,901)	1,718	(21,026)	C−②
호코타 시(鉾田市)	↓	−50.5	1,992	(31,934)	4,026	(45,953)	C−②
이시오카 시(石岡市)	↑	−49.3	3,106	(49,199)	6,124	(73,061)	D−③
오아라이 정(大洗町)	↘	−48.5	642	(9,406)	1,247	(15,715)	D−③
지쿠세이 시(筑西市)	↑	−48.5	4,454	(67,207)	8,643	(100,753)	D−③
가스미가우라 시(かすみがうら市)	↘	−47.0	1,814	(27,514)	3,422	(40,087)	D−③
시모쓰마 시(下妻市)	↗	−45.8	2,174	(30,931)	4,014	(42,521)	D−③
반도 시(坂東市)	↘	−45.6	2,480	(36,253)	4,559	(52,265)	D−③
가사마 시(笠間市)	↑	−45.0	3,536	(49,917)	6,429	(73,173)	D−③
오미타마 시(小美玉市)	↘	−45.0	2,456	(34,656)	4,464	(48,870)	D−③
류가사키 시(龍ケ崎市)	↘	−44.0	3,991	(57,774)	7,120	(76,420)	D−③
이바라키 정(茨城町)	↘	−43.6	1,442	(21,664)	2,555	(31,401)	D−③
조소 시(常総市)	↗	−40.5	3,316	(44,611)	5,573	(60,834)	D−③
사카이 정(境町)	↗	−37.6	1,410	(18,102)	2,259	(24,201)	D−③
나카 시(那珂市)	↗	−36.9	2,972	(41,710)	4,711	(53,502)	D−③
고가 시(古河市)	↗	−36.9	8,560	(107,859)	13,568	(139,344)	D−③
유키 시(結城市)	↗	−34.6	3,006	(39,431)	4,596	(50,645)	D−③
히타치나카 시(ひたちなか市)	↘	−32.6	10,145	(132,531)	15,046	(156,581)	D−③
쓰치우라 시(土浦市)	↗	−29.8	9,953	(118,991)	14,173	(142,074)	D−③
도리데 시(取手市)	↗	−29.7	6,360	(78,828)	9,050	(104,524)	D−③
가미스 시(神栖市)	↗	−27.1	7,143	(83,794)	9,798	(95,454)	D−③
가시마 시(鹿嶋市)	↗	−26.2	4,280	(56,811)	5,796	(66,950)	D−③
아미 정(阿見町)	↗	−23.3	3,859	(43,596)	5,032	(48,553)	D−③
도카이 촌(東海村)	↘	−22.4	2,730	(33,173)	3,518	(37,891)	D−③
미토 시(水戸市)	↗	−22.4	22,258	(243,760)	28,665	(270,685)	D−③
우시쿠 시(牛久市)	↗	−13.9	6,905	(77,034)	8,018	(84,651)	D−①
쓰쿠바 시(つくば市)	↗	−13.3	28,398	(256,124)	32,770	(241,656)	D−①
모리야 시(守谷市)	↗	0.3	7,482	(76,203)	7,462	(68,421)	D−①
쓰쿠바미라이 시(つくばみらい市)	↗	4.1	5,416	(56,376)	5,201	(49,872)	A

도치기 현(栃木県)

시오야 정(塩谷町)	↘	−75.2	171	(4,587)	689	(10,354)	C−②
나카가와 정(那珂川町)	↘	−73.1	282	(6,986)	1,048	(15,215)	C−②
모테기 정(茂木町)	↘	−72.2	196	(5,194)	706	(11,891)	C−②
나스카라스야마 시(那須烏山市)	↘	−65.2	616	(12,959)	1,769	(24,875)	C−②
닛코 시(日光市)	↘	−59.4	2,558	(43,723)	6,301	(77,661)	C−②
마시코 정(益子町)	↓	−56.4	798	(13,260)	1,830	(21,898)	C−②

야이타 시(矢板市)	↓	−56.0	1,137	(19,273)	2,586	(31,165)	C–②
이치카이 정(市貝町)	↓	−51.3	466	(7,681)	957	(11,262)	C–②
가누마 시(鹿沼市)	↘	−47.9	4,372	(64,621)	8,385	(94,033)	D–③
나스 정(那須町)	↑	−47.8	813	(15,893)	1,557	(23,956)	D–③
아시카가 시(足利市)	↗	−46.0	6,601	(100,047)	12,226	(144,746)	D–③
다카네자와 정(高根沢町)	↘	−43.4	1,668	(22,545)	2,947	(29,229)	D–③
도치기 시(栃木市)	↗	−42.2	8,026	(112,915)	13,874	(155,549)	D–③
사노 시(佐野市)	↗	−39.5	6,482	(87,904)	10,707	(116,228)	D–③
오타와라 시(大田原市)	↗	−38.7	4,634	(52,338)	7,555	(72,087)	D–③
가미노카와 정(上三川町)	↘	−37.7	1,868	(23,977)	3,000	(30,806)	D–③
모카 시(真岡市)	↘	−36.6	4,867	(59,328)	7,671	(78,190)	D–③
시모쓰케 시(下野市)	↗	−36.1	4,225	(48,870)	6,612	(59,507)	D–③
노기 정(野木町)	↗	−34.8	1,489	(18,370)	2,285	(24,913)	D–③
나스시오바라 시(那須塩原市)	↘	−33.5	7,516	(95,216)	11,307	(115,210)	D–③
하가 정(芳賀町)	↗	−32.7	830	(11,212)	1,233	(14,961)	D–②
미부 정(壬生町)	↗	−29.1	2,890	(31,487)	4,077	(39,474)	D–③
사쿠라 시(さくら市)	↗	−23.8	3,173	(38,224)	4,163	(44,513)	D–③
오야마 시(小山市)	↗	−23.7	13,268	(150,012)	17,390	(166,666)	D–③
우쓰노미야 시(宇都宮市)	↗	−22.6	41,633	(455,580)	53,771	(518,757)	D–③
군마 현(群馬県)							
난모쿠 촌(南牧村)	↗	−88.0	6	(406)	50	(1,611)	C–③
시모니타 정(下仁田町)	↗	−80.7	63	(2,268)	326	(6,576)	C–②
가타시나 촌(片品村)	↗	−71.8	58	(1,779)	206	(3,993)	C–①
나가노하라 정(長野原町)	↘	−71.2	94	(2,681)	326	(5,095)	C–②
히가시아즈마 정(東吾妻町)	↘	−71.0	259	(6,009)	894	(12,728)	C–②
간나 정(神流町)	↗	−68.0	16	(498)	50	(1,645)	C–③
미나카미 정(みなかみ町)	↗	−66.1	376	(8,049)	1,110	(17,195)	C–②
나카노조 정(中之条町)	↘	−63.1	395	(8,347)	1,069	(15,386)	C–②
기류 시(桐生市)	↗	−57.6	3,424	(59,785)	8,075	(106,445)	C–②
누마타 시(沼田市)	↘	−57.3	1,552	(27,210)	3,633	(45,337)	C–②
구사쓰 정(草津町)	↗	−57.2	201	(3,386)	470	(6,049)	C–③
안나카 시(安中市)	↗	−55.1	1,856	(34,680)	4,133	(54,907)	C–②
시부카와 시(渋川市)	↗	−54.7	2,773	(44,906)	6,123	(74,581)	C–②
간라 정(甘楽町)	↗	−54.2	471	(7,905)	1,028	(12,491)	C–②
다마무라 정(玉村町)	↗	−53.9	1,835	(25,742)	3,984	(36,054)	C–②
이타쿠라 정(板倉町)	↓	−53.1	546	(8,712)	1,164	(14,083)	C–②
쓰마고이 촌(嬬恋村)	↗	−52.2	268	(4,968)	561	(8,850)	C–①
도미오카 시(富岡市)	↓	−52.0	1,852	(30,374)	3,858	(47,446)	C–②
우에노 촌(上野村)	↗	−51.0	49	(589)	100	(1,128)	C–②
후지오카 시(藤岡市)	↓	−50.7	2,744	(42,395)	5,566	(63,261)	C–②

가와바 촌(川場村)	·	↘	−48.8	106	(2,164)	207	(3,480)	D-②
다카야마 촌(高山村)		↑	−47.6	144	(2,330)	275	(3,511)	D-③
오라 정(邑楽町)		↑	−45.6	1,166	(17,848)	2,145	(25,522)	D-③
미도리 시(みどり市)		↘	−44.3	2,494	(35,731)	4,479	(49,648)	D-③
지요다 정(千代田町)		↘	−43.6	558	(7,874)	989	(10,861)	D-③
메이와 정(明和町)		↗	−40.4	622	(8,238)	1,043	(10,882)	D-③
다테바야시 시(館林市)		↗	−39.7	4,056	(56,971)	6,724	(75,309)	D-③
쇼와 촌(昭和村)		↘	−36.5	435	(4,997)	685	(6,953)	D-③
마에바시 시(前橋市)		↗	−31.3	22,215	(271,548)	32,323	(332,149)	D-③
신토 촌(榛東村)		↗	−30.4	958	(12,270)	1,377	(14,216)	D-②
오이즈미 정(大泉町)		↑	−29.1	3,151	(35,955)	4,447	(42,089)	D-③
이세사키 시(伊勢崎市)		↘	−24.8	16,559	(190,997)	22,012	(211,850)	D-③
다카사키 시(高崎市)		↗	−22.3	29,095	(330,734)	37,441	(372,973)	D-③
오타 시(太田市)		↗	−21.2	17,066	(200,120)	21,656	(223,014)	D-③
요시오카 정(吉岡町)		↘	−15.6	2,021	(22,164)	2,395	(21,792)	A

히가시치치부 촌(東秩父村)	↗	−79.4	33	(1,105)	160	(2,709)	C-②
오가노 정(小鹿野町)	↘	−74.9	184	(4,907)	733	(10,928)	C-②
요시미 정(吉見町)	↗	−70.5	454	(9,671)	1,539	(18,192)	C-③
오가와 정(小川町)	↗	−69.4	641	(14,269)	2,097	(28,524)	C-②
도키가와 정(ときがわ町)	↗	−66.9	230	(5,535)	695	(10,540)	C-②
가와지마 정(川島町)	↘	−62.6	574	(11,022)	1,536	(19,378)	C-②
오고세 정(越生町)	↘	−62.2	319	(6,206)	843	(11,029)	C-②
나가토로 정(長瀞町)	↗	−62.1	159	(3,685)	420	(6,807)	C-②
요코제 정(横瀬町)	↗	−58.6	252	(4,779)	609	(7,979)	C-②
하토야마 정(鳩山町)	↗	−58.2	354	(7,290)	846	(13,560)	C-②
미나노 정(皆野町)	↗	−55.0	283	(5,160)	629	(9,302)	C-②
가미카와 정(神川町)	↓	−54.5	528	(9,260)	1,160	(13,359)	C-②
요리이 정(寄居町)	↗	−53.5	1,293	(20,587)	2,782	(32,374)	C-②
지치부 시(秩父市)	↘	−53.3	2,260	(35,846)	4,843	(59,674)	C-②
마쓰부시 정(松伏町)	↓	−53.3	1,121	(19,035)	2,402	(28,266)	C-②
교다 시(行田市)	↗	−50.9	3,501	(49,980)	7,130	(78,617)	C-②
란잔 정(嵐山町)	↑	−47.3	865	(12,674)	1,642	(17,889)	D-③
스기토 정(杉戸町)	↘	−46.0	2,007	(30,307)	3,717	(43,845)	D-③
삿테 시(幸手市)	↑	−45.5	2,245	(33,617)	4,118	(50,066)	D-③
모로야마 정(毛呂山町)	↗	−44.5	2,028	(23,847)	3,653	(35,366)	B-②
가미사토 정(上里町)	↘	−44.1	1,575	(23,596)	2,816	(30,343)	D-③
하뉴 시(羽生市)	↘	−43.6	2,870	(38,541)	5,087	(52,862)	D-③
기타모토 시(北本市)	↑	−43.6	3,237	(45,682)	5,734	(65,201)	D-③
가조 시(加須市)	↗	−41.2	6,242	(86,600)	10,620	(111,623)	D-③

지역		증감률					분류
가스카베 시(春日部市)	↗	−38.9	12,893	(171,185)	21,112	(229,792)	D—③
미사토 정(美里町)	↑	−38.3	547	(8,537)	887	(11,039)	D—③
후카야 시(深谷市)	↗	−37.2	8,392	(108,952)	13,356	(141,268)	D—③
이루마 시(入間市)	↗	−37.1	8,809	(113,303)	14,005	(145,651)	D—③
구마가야 시(熊谷市)	↗	−36.3	11,667	(149,959)	18,308	(194,415)	D—③
구키 시(久喜市)	↗	−35.8	9,292	(117,103)	14,467	(150,582)	D—③
사야마 시(狭山市)	↗	−34.7	8,933	(110,891)	13,678	(148,699)	D—③
한노 시(飯能市)	↑	−34.3	4,772	(63,609)	7,259	(80,361)	D—③
고노스 시(鴻巣市)	↗	−34.1	7,536	(91,849)	11,441	(116,828)	D—③
혼조 시(本庄市)	↗	−30.7	5,105	(65,077)	7,365	(78,569)	D—③
쓰루가시마 시(鶴ヶ島市)	↗	−25.5	5,320	(58,252)	7,144	(70,117)	D—③
미야시로 정(宮代町)	↑	−25.5	2,407	(28,029)	3,229	(34,147)	D—③
히가시마쓰야마 시(東松山市)	↗	−25.3	6,948	(78,779)	9,304	(91,791)	D—③
사카도 시(坂戸市)	↗	−22.3	7,539	(84,008)	9,702	(100,275)	D—③
오케가와 시(桶川市)	↗	−22.0	5,667	(64,820)	7,261	(74,748)	D—③
아게오 시(上尾市)	↗	−20.6	18,286	(201,253)	23,026	(226,940)	D—③
히다카 시(日高市)	↗	−20.1	3,704	(44,637)	4,637	(54,571)	D—③
하스다 시(蓮田市)	↗	−20.1	4,673	(50,194)	5,850	(61,499)	D—③
도코로자와 시(所沢市)	↗	−17.6	29,933	(307,906)	36,341	(342,464)	D—①
소카 시(草加市)	↗	−16.7	22,457	(229,624)	26,958	(248,304)	D—①
시라오카 시(白岡市)	↗	−16.6	4,504	(49,395)	5,400	(52,214)	D—①
후지미 시(富士見市)	↗	−15.8	11,731	(106,340)	13,929	(111,859)	D—①
가와고에 시(川越市)	↗	−15.0	31,091	(331,749)	36,580	(354,571)	D—①
와라비 시(蕨市)	↗	−14.4	8,603	(72,917)	10,051	(74,283)	B—①
고시가야 시(越谷市)	↗	−13.3	33,202	(330,327)	38,274	(341,621)	D—①
미요시 정(三芳町)	↗	−12.6	2,903	(34,102)	3,321	(38,434)	D—①
사이타마 시(さいたま市)	↗	−12.2	138,517	(1,339,475)	157,841	(1,324,025)	D—①
미사토 시(三郷市)	↑	−11.8	13,681	(140,552)	15,510	(142,145)	D—①
후지미노 시(ふじみ野市)	↗	−11.1	10,602	(111,025)	11,923	(113,597)	D—①
가와구치 시(川口市)	↗	−8.6	63,930	(599,667)	69,927	(594,274)	D—①
야시오 시(八潮市)	↗	−8.6	10,710	(102,076)	11,711	(93,363)	D—①
이나 정(伊奈町)	↘	−8.3	4,053	(44,770)	4,420	(44,841)	D—①
와코 시(和光市)	↗	−7.7	11,005	(84,333)	11,922	(83,989)	D—①
니자 시(新座市)	↗	−7.5	16,449	(162,926)	17,786	(166,017)	D—①
시키 시(志木市)	↗	−7.5	8,045	(76,611)	8,694	(75,346)	D—①
도다 시(戸田市)	↗	−6.7	18,408	(150,760)	19,729	(140,899)	D—①
아사카 시(朝霞市)	↗	−6.2	17,122	(146,963)	18,262	(141,083)	D—①
요시카와 시(吉川市)	↘	−3.3	7,756	(76,872)	8,023	(71,979)	D—①
나메가와 정(滑川町)	↗	1.7	2,091	(21,904)	2,057	(19,732)	A

지바 현(千葉県)						
조난 정(長南町)	↘	−72.3	117	(3,192)	422	(7,198)	C-②
구주쿠리 정(九十九里町)	↘	−69.6	305	(7,210)	1,003	(14,639)	C-②
조시 시(銚子市)	↘	−67.5	1,409	(28,770)	4,331	(58,431)	C-③
나가라 정(長柄町)	↘	−67.0	128	(3,378)	388	(6,721)	C-②
시바야마 정(芝山町)	↘	−66.2	182	(4,148)	538	(7,033)	C-②
교난 정(鋸南町)	↗	−66.1	136	(3,089)	401	(6,993)	C-②
산무 시(山武市)	↘	−65.9	1,261	(27,339)	3,699	(48,444)	C-②
사카에 정(栄町)	↗	−64.5	579	(10,885)	1,631	(20,127)	C-②
야치마타 시(八街市)	↘	−63.2	2,176	(42,276)	5,912	(67,455)	C-②
도노쇼 정(東庄町)	↗	−60.8	343	(6,895)	874	(13,228)	C-②
훗쓰 시(富津市)	↗	−60.6	1,169	(24,286)	2,965	(42,465)	C-②
가토리 시(香取市)	↗	−60.1	2,186	(40,605)	5,481	(72,356)	C-②
소사 시(匝瑳市)	↗	−58.6	1,078	(20,643)	2,602	(35,040)	C-②
오타키 정(大多喜町)	↗	−56.5	230	(4,498)	529	(8,885)	C-②
고자키 정(神崎町)	↗	−55.8	187	(3,697)	423	(5,816)	C-②
시라코 정(白子町)	↗	−55.4	311	(5,779)	698	(10,305)	C-②
다코 정(多古町)	↗	−55.3	447	(8,018)	999	(13,735)	C-②
이스미 시(いすみ市)	↗	−54.6	1,011	(20,218)	2,226	(35,544)	C-②
가쓰우라 시(勝浦市)	↗	−54.2	440	(8,815)	960	(16,927)	C-②
미나미보소 시(南房総市)	↗	−52.9	890	(19,201)	1,891	(35,831)	C-②
요코시바히카리 정(横芝光町)	↗	−52.8	803	(13,382)	1,701	(22,075)	C-②
온주쿠 정(御宿町)	↗	−51.2	159	(4,381)	326	(6,874)	C-②
기미쓰 시(君津市)	↑	−48.2	3,612	(54,982)	6,978	(82,206)	D-③
조세이 촌(長生村)	↘	−47.4	598	(9,847)	1,136	(13,803)	D-③
다테야마 시(館山市)	↑	−45.3	1,672	(30,710)	3,058	(45,153)	D-③
무쓰자와 정(睦沢町)	↑	−44.8	271	(4,108)	491	(6,760)	D-③
모바라 시(茂原市)	↗	−42.3	4,280	(63,935)	7,414	(86,782)	D-③
아사히 시(旭市)	↗	−41.4	3,506	(45,570)	5,978	(63,745)	D-③
도가네 시(東金市)	↑	−40.9	3,360	(43,866)	5,680	(58,219)	D-③
오아미시라사토 시(大網白里市)	↗	−38.7	2,544	(37,560)	4,152	(48,129)	D-③
이치하라 시(市原市)	↗	−36.0	16,109	(207,507)	25,153	(269,524)	D-③
시스이 정(酒々井町)	↗	−33.4	1,395	(15,329)	2,095	(20,745)	B-②
가모가와 시(鴨川市)	↗	−32.1	2,096	(22,407)	3,086	(32,116)	D-③
도미사토 시(富里市)	↗	−32.1	3,517	(40,574)	5,178	(49,735)	D-③
사쿠라 시(佐倉市)	↗	−26.7	11,011	(135,752)	15,019	(168,743)	D-③
노다 시(野田市)	↗	−20.7	11,105	(131,593)	14,000	(152,638)	D-③
아비코 시(我孫子市)	↗	−20.2	9,514	(112,074)	11,923	(130,510)	D-③
지바 시(千葉市)	↗	−19.0	84,458	(897,073)	104,261	(974,951)	D-①
시로이 시(白井市)	↗	−18.3	4,456	(55,915)	5,453	(62,441)	D-①

소데가우라 시(袖ケ浦市)	↗	−17.2	5,444	(62,246)	6,577	(63,883)	D−①
나리타 시(成田市)	↗	−15.9	14,292	(127,821)	16,995	(132,906)	D−①
마쓰도 시(松戸市)	↗	−15.7	48,226	(476,057)	57,197	(498,232)	D−①
이치카와 시(市川市)	↗	−15.0	55,385	(483,307)	65,192	(496,676)	D−①
우라야스 시(浦安市)	↗	−14.3	22,286	(163,769)	25,991	(171,362)	B−①
가마가야 시(鎌ケ谷市)	↗	−13.1	9,937	(103,245)	11,433	(109,932)	D−①
기사라즈 시(木更津市)	↗	−12.7	12,065	(133,860)	13,819	(136,166)	D−①
요쓰카이도 시(四街道市)	↗	−11.4	8,105	(89,822)	9,150	(93,576)	D−①
이치노미야 정(一宮町)	↗	−10.4	856	(11,291)	955	(11,897)	D−①
나라시노 시(習志野市)	↗	−10.3	18,364	(175,271)	20,466	(176,197)	D−①
야치요 시(八千代市)	↗	−9.7	19,586	(195,520)	21,689	(199,498)	D−①
가시와 시(柏市)	↗	−7.3	43,954	(435,479)	47,393	(426,468)	D−①
후나바시 시(船橋市)	↗	−6.0	70,028	(651,603)	74,519	(642,907)	D−①
인자이 시(印西市)	↗	−1.5	10,956	(119,819)	11,123	(102,609)	A
나가레야마 시(流山市)	↗	2.4	25,220	(241,539)	24,622	(199,849)	A

도쿄 도(東京都)

히노하라 촌(檜原村)	↗	−58.3	35	(1,037)	84	(2,003)	C−①
오쿠타마 정(奥多摩町)	↗	−56.9	104	(2,659)	241	(4,750)	C−②
미즈호 정(瑞穂町)	↘	−45.0	1,578	(22,873)	2,869	(31,765)	D−③
오메 시(青梅市)	↗	−43.3	6,520	(100,202)	11,497	(133,535)	D−③
훗사 시(福生市)	↗	−33.1	4,233	(44,668)	6,325	(56,414)	D−③
하무라 시(羽村市)	↘	−32.8	3,324	(42,473)	4,947	(54,326)	D−③
니지마 촌(新島村)	↑	−32.5	108	(1,560)	160	(2,441)	D−②
도시마 촌(利島村)	↑	−32.3	21	(256)	31	(327)	D−③
미야케 촌(三宅村)	↗	−29.8	113	(1,613)	161	(2,273)	D−②
아키루노 시(あきる野市)	↗	−26.4	5,216	(66,455)	7,089	(79,292)	D−③
고즈시마 촌(神津島村)	↑	−23.6	110	(1,487)	144	(1,855)	D−②
히노데 정(日の出町)	↑	−23.1	984	(13,241)	1,280	(16,958)	D−②
아오가시마 촌(青ケ島村)	↑	−23.1	20	(146)	26	(169)	B−②
오시마 정(大島町)	↑	−21.6	349	(5,115)	445	(7,102)	D−②
하치조 정(八丈町)	↑	−19.5	387	(5,196)	481	(7,042)	A
하치오지 시(八王子市)	↗	−17.7	50,425	(532,958)	61,252	(579,355)	D−①
아키시마 시(昭島市)	↗	−15.2	10,392	(107,561)	12,259	(113,949)	D−①
히노 시(日野市)	↗	−14.6	18,890	(185,978)	22,124	(190,435)	D−①
다마 시(多摩市)	↗	−13.9	12,901	(133,806)	14,990	(146,951)	D−①
오가사와라 촌(小笠原村)	↗	−13.4	252	(2,563)	291	(2,929)	D−①
구니타치 시(国立市)	↗	−13.3	8,192	(74,905)	9,445	(77,130)	D−①
다치카와 시(立川市)	↗	−12.8	18,699	(178,883)	21,445	(183,581)	D−①
고다이라 시(小平市)	↗	−12.6	21,227	(197,822)	24,293	(198,739)	D−①
기요세 시(清瀬市)	↗	−12.6	7,083	(72,531)	8,102	(76,208)	D−①

마치다 시(町田市)	↗	−11.9	37,586	(406,456)	42,678	(431,079)	D-①
무사시무라야마 시(武蔵村山市)	↗	−11.9	6,087	(66,075)	6,909	(70,829)	D-①
스기나미 구(杉並区)	↗	−11.9	82,359	(618,595)	93,449	(591,108)	B-①
고쿠분지 시(国分寺市)	↗	−10.8	15,695	(130,403)	17,589	(129,242)	D-①
히가시쿠루메 시(東久留米市)	↗	−10.5	10,317	(105,467)	11,529	(115,271)	D-①
고가네이 시(小金井市)	↗	−10.1	15,870	(128,944)	17,659	(126,074)	D-①
가쓰시카 구(葛飾区)	↗	−9.9	48,500	(451,040)	53,837	(453,093)	D-①
이타바시 구(板橋区)	↗	−9.7	77,349	(605,109)	85,609	(584,483)	B-①
히가시무라야마 시(東村山市)	↗	−9.4	14,427	(147,601)	15,919	(151,815)	D-①
에도가와 구(江戸川区)	↗	−9.4	79,937	(679,003)	88,180	(697,932)	D-①
나카노 구(中野区)	↗	−9.3	52,354	(361,660)	57,744	(344,880)	B-①
히가시야마토 시(東大和市)	↗	−9.2	7,612	(79,710)	8,383	(83,901)	D-①
기타 구(北区)	↗	−9.1	45,321	(358,782)	49,872	(355,213)	B-①
오타 구(大田区)	↗	−8.5	97,205	(768,130)	106,219	(748,081)	B-①
아다치 구(足立区)	↗	−8.3	75,393	(711,213)	82,249	(695,043)	D-①
후추 시(府中市)	↗	−7.7	28,814	(260,163)	31,229	(262,790)	D-①
조후 시(調布市)	↗	−7.2	30,380	(253,359)	32,740	(242,614)	D-①
네리마 구(練馬区)	↗	−7.2	99,192	(755,009)	106,860	(752,608)	B-①
스미다 구(墨田区)	↗	−6.7	38,108	(297,077)	40,852	(272,085)	B-①
신주쿠 구(新宿区)	↗	−6.6	55,474	(364,111)	59,390	(349,385)	B-①
무사시노 시(武蔵野市)	↗	−6.5	19,899	(158,921)	21,283	(150,149)	D-①
고마에 시(狛江市)	↗	−6.0	10,540	(88,697)	11,214	(84,772)	D-①
니시토쿄 시(西東京市)	↗	−6.0	23,046	(212,923)	24,510	(207,388)	D-①
세타가야 구(世田谷区)	↗	−5.9	127,964	(987,144)	135,926	(943,664)	B-①
시나가와 구(品川区)	↗	−5.3	60,637	(465,174)	64,018	(422,488)	B-①
시부야 구(渋谷区)	↗	−5.2	37,175	(267,179)	39,214	(243,883)	B-①
다이토 구(台東区)	↗	−4.4	28,158	(244,549)	29,462	(211,444)	B-①
분쿄 구(文京区)	↗	−3.1	36,416	(271,626)	37,582	(240,069)	B-①
도시마 구(豊島区)	↑	−2.8	50,075	(329,403)	51,536	(301,599)	B-①
아라카와 구(荒川区)	↗	−2.3	28,808	(231,170)	29,497	(217,475)	B-①
메구로 구(目黒区)	↗	−1.8	44,248	(298,596)	45,077	(288,088)	B-①
미타카 시(三鷹市)	↗	−1.8	25,583	(202,399)	26,056	(195,391)	D-①
이나기 시(稲城市)	↗	−1.1	10,085	(101,191)	10,197	(93,151)	D-①
지요다 구(千代田区)	↗	−0.9	9,577	(79,828)	9,659	(66,680)	D-①
고토 구(江東区)	↗	1.1	68,855	(592,669)	68,094	(524,310)	D-①
고쿠라지마 촌(御蔵島村)	↑	2.0	52	(327)	51	(323)	D-①
주오 구(中央区)	↗	4.2	27,416	(210,897)	26,321	(169,179)	D-①
미나토 구(港区)	↗	7.6	41,588	(312,556)	38,651	(260,486)	D-①

가나가와 현(神奈川県)

마나즈루 정(真鶴町)	↗	−67.8	128	(3,364)	398	(6,722)	C-②

지역							
야마키타 정(山北町)	↗	−65.2	230	(4,762)	661	(9,761)	C—②
미우라 시(三浦市)	↘	−62.2	1,151	(23,251)	3,047	(42,069)	C—②
유가와라 정(湯河原町)	↘	−61.0	601	(14,614)	1,541	(23,426)	C—②
나카이 정(中井町)	↓	−51.0	330	(5,995)	673	(9,300)	C—②
하코네 정(箱根町)	↗	−50.5	658	(6,644)	1,329	(11,293)	C—③
아이카와 정(愛川町)	↘	−49.8	1,691	(28,573)	3,371	(39,869)	D—③
미나미아시가라 시(南足柄市)	↘	−46.7	1,785	(27,551)	3,351	(40,841)	D—③
마쓰다 정(松田町)	↑	−45.5	507	(7,399)	930	(10,836)	D—③
니노미야 정(二宮町)	↑	−44.9	1,194	(18,672)	2,168	(27,564)	D—③
요코스카 시(横須賀市)	↗	−38.5	20,420	(272,859)	33,217	(388,078)	D—③
하다노 시(秦野市)	↗	−35.0	9,806	(126,201)	15,083	(162,439)	D—③
기요카와 촌(清川村)	↑	−33.3	128	(1,929)	192	(3,038)	D—②
오다와라 시(小田原市)	↗	−33.1	12,335	(147,647)	18,427	(188,856)	D—③
오이 정(大井町)	↑	−31.8	1,046	(13,312)	1,534	(17,129)	D—③
아쓰기 시(厚木市)	↗	−28.0	16,117	(189,139)	22,374	(223,705)	D—③
이세하라 시(伊勢原市)	↗	−26.9	8,019	(87,248)	10,964	(101,780)	D—③
히라쓰카 시(平塚市)	↗	−24.7	18,880	(219,555)	25,085	(258,422)	D—③
사가미하라 시(相模原市)	↗	−23.2	61,787	(647,739)	80,464	(725,493)	D—③
자마 시(座間市)	↗	−19.7	11,208	(119,047)	13,963	(132,325)	D—①
오이소 정(大磯町)	↗	−19.5	1,956	(26,091)	2,430	(31,634)	D—①
사무카와 정(寒川町)	↗	−19.4	3,807	(42,167)	4,724	(48,348)	D—①
아야세 시(綾瀬市)	↗	−16.2	6,574	(72,966)	7,843	(83,913)	D—①
요코하마 시(横浜市)	↗	−15.2	357,197	(3,537,253)	421,136	(3,777,491)	D—①
야마토 시(大和市)	↗	−15.1	23,174	(230,831)	27,297	(239,169)	D—①
에비나 시(海老名市)	↗	−14.5	12,553	(132,870)	14,687	(136,516)	D—①
즈시 시(逗子市)	↗	−12.2	3,986	(49,027)	4,538	(57,060)	D—①
지가사키 시(茅ケ崎市)	↗	−11.3	21,110	(227,316)	23,801	(242,389)	D—①
가이세이 정(開成町)	↗	−10.7	1,644	(18,790)	1,841	(18,329)	A
후지사와 시(藤沢市)	↗	−10.6	40,771	(432,600)	45,608	(436,905)	D—①
가마쿠라 시(鎌倉市)	↗	−8.9	13,683	(156,498)	15,025	(172,710)	D—①
하야마 정(葉山町)	↗	−8.0	2,029	(27,051)	2,205	(31,665)	A
가와사키 시(川崎市)	↗	−7.0	191,928	(1,605,531)	206,356	(1,538,262)	D—①
니가타 현(新潟県)							
아가 정(阿賀町)	↘	−77.2	107	(3,802)	469	(9,965)	C—②
다가미 정(田上町)	↘	−70.2	251	(5,950)	843	(11,227)	C—②
세키가와 촌(関川村)	↘	−65.3	103	(2,300)	297	(5,144)	C—①
가모 시(加茂市)	↘	−63.8	668	(13,027)	1,847	(25,441)	C—②
이즈모자키 정(出雲崎町)	↗	−62.9	95	(2,158)	256	(4,113)	C—①
묘코 시(妙高市)	↘	−62.7	824	(16,190)	2,207	(30,383)	C—②
사도 시(佐渡市)	↘	−60.5	1,274	(25,968)	3,228	(51,492)	C—①

무라카미 시(村上市)	↗	−60.4	1,580	(30,615)	3,992	(57,418)	C-②
고센 시(五泉市)	↘	−60.1	1,574	(26,794)	3,943	(47,625)	C-②
우오누마 시(魚沼市)	↗	−59.3	1,044	(18,436)	2,564	(34,483)	C-②
도카마치 시(十日町市)	↘	−56.7	1,421	(26,029)	3,279	(49,820)	C-①
이토이가와 시(糸魚川市)	↓	−55.4	1,181	(22,382)	2,645	(40,765)	C-②
아가노 시(阿賀野市)	↓	−54.8	1,580	(24,893)	3,498	(40,696)	C-②
쓰난 정(津南町)	↗	−54.2	266	(4,713)	581	(8,989)	C-①
다이나이 시(胎内市)	↗	−52.5	1,041	(17,257)	2,191	(28,509)	C-②
유자와 정(湯沢町)	↗	−51.1	270	(5,408)	552	(7,767)	C-②
오지야 시(小千谷市)	↓	−50.7	1,287	(20,714)	2,609	(34,096)	C-②
아와시마우라 촌(粟島浦村)	↗	−50.0	13	(189)	26	(353)	C-①
가시와자키 시(柏崎市)	↑	−49.1	3,278	(51,217)	6,435	(81,526)	D-③
산조 시(三条市)	↗	−48.5	4,146	(63,029)	8,052	(94,642)	D-③
미쓰케 시(見附市)	↘	−47.2	1,838	(26,906)	3,483	(39,237)	D-③
쓰바메 시(燕市)	↘	−47.2	3,719	(54,136)	7,041	(77,201)	D-③
미나미우오누마 시(南魚沼市)	↗	−46.2	2,566	(35,646)	4,769	(54,851)	D-③
조에쓰 시(上越市)	↘	−46.1	8,708	(127,657)	16,161	(188,047)	D-③
야히코 촌(弥彦村)	↘	−45.5	314	(5,026)	576	(7,705)	D-②
시바타 시(新発田市)	↑	−43.6	4,842	(65,061)	8,579	(94,927)	D-③
나가오카 시(長岡市)	↗	−38.5	14,744	(197,104)	23,989	(266,936)	D-③
니가타 시(新潟市)	↗	−33.4	53,441	(616,385)	80,188	(789,275)	D-③
세이로 정(聖籠町)	↗	−25.1	1,115	(12,480)	1,488	(14,259)	D-③
가리와 촌(刈羽村)	↑	−20.9	261	(3,532)	330	(4,380)	D-②

도야마 현(富山県)

아사히 정(朝日町)	↗	−64.0	223	(5,023)	619	(11,081)	C-②
히미 시(氷見市)	↘	−63.0	1,120	(21,973)	3,030	(43,950)	C-②
가미이치 정(上市町)	↘	−59.0	581	(11,097)	1,416	(19,351)	C-②
뉴젠 정(入善町)	↓	−56.3	790	(13,550)	1,807	(23,839)	C-②
난토 시(南砺市)	↗	−55.4	1,581	(25,965)	3,546	(47,937)	C-②
오야베 시(小矢部市)	↑	−49.3	1,170	(17,263)	2,307	(28,983)	D-③
우오즈 시(魚津市)	↗	−46.9	1,705	(26,450)	3,208	(40,535)	D-③
다테야마 정(立山町)	↘	−46.0	1,083	(16,518)	2,005	(24,792)	D-③
다카오카 시(高岡市)	↗	−41.8	8,333	(119,270)	14,311	(166,393)	D-③
구로베 시(黒部市)	↗	−37.1	2,074	(29,373)	3,299	(39,638)	D-③
도나미 시(砺波市)	↘	−35.5	2,787	(37,730)	4,319	(48,154)	D-③
이미즈 시(射水市)	↗	−31.9	5,494	(70,502)	8,066	(90,742)	D-③
나메리카와 시(滑川市)	↗	−30.4	2,015	(25,699)	2,893	(32,349)	D-③
도야마 시(富山市)	↗	−27.8	28,601	(338,229)	39,584	(413,938)	D-③
후나하시 촌(舟橋村)	↘	−22.6	253	(3,077)	327	(3,132)	D-②

노토 정(能登町)	↗	−73.1	189	(6,173)	703	(15,687)	C−①
아나미즈 정(穴水町)	↗	−67.8	116	(3,729)	360	(7,890)	C−②
스즈 시(珠洲市)	↗	−66.8	193	(5,083)	582	(12,929)	C−①
호다쓰시미즈 정(宝達志水町)	↘	−66.8	290	(6,245)	874	(12,121)	C−②
와지마 시(輪島市)	↗	−64.2	461	(10,754)	1,288	(24,608)	C−②
시카 정(志賀町)	↘	−64.1	385	(8,740)	1,072	(18,630)	C−②
하쿠이 시(羽咋市)	↗	−62.3	531	(11,063)	1,408	(20,407)	C−②
나나오 시(七尾市)	↗	−58.7	1,554	(27,443)	3,758	(50,300)	C−②
가가 시(加賀市)	↘	−54.8	2,272	(36,571)	5,030	(63,220)	C−②
나카노토 정(中能登町)	↘	−44.3	653	(10,166)	1,172	(16,540)	D−②
우치나다 정(内灘町)	↗	−39.0	1,782	(20,566)	2,919	(26,574)	D−③
쓰바타 정(津幡町)	↘	−33.1	2,496	(32,050)	3,728	(36,957)	D−③
고마쓰 시(小松市)	↗	−29.5	7,001	(86,175)	9,935	(106,216)	D−③
하쿠산 시(白山市)	↗	−23.8	8,065	(94,293)	10,585	(110,408)	D−③
노미 시(能美市)	↘	−23.6	3,547	(42,084)	4,645	(48,523)	D−③
가호쿠 시(かほく市)	↗	−23.2	2,614	(30,439)	3,405	(34,889)	D−②
가나자와 시(金沢市)	↗	−22.6	39,315	(404,449)	50,766	(463,254)	D−③
노노이치 시(野々市市)	↘	−18.5	5,737	(55,360)	7,040	(57,238)	D−①
가와키타 정(川北町)	↘	−13.6	483	(5,418)	559	(6,135)	A

이케다 정(池田町)	↘	−72.1	45	(1,138)	161	(2,423)	C−②
오노 시(大野市)	↗	−59.9	961	(17,078)	2,396	(31,286)	C−②
미나미에치젠 정(南越前町)	↓	−57.4	327	(5,368)	768	(10,002)	C−①
다카하마 정(高浜町)	↗	−56.0	325	(6,789)	739	(10,326)	C−①
와카사 정(若狭町)	↘	−55.1	436	(7,779)	970	(14,003)	C−①
에치젠 정(越前町)	↓	−54.8	695	(11,813)	1,539	(20,118)	C−②
가쓰야마 시(勝山市)	↗	−53.0	814	(12,892)	1,731	(22,150)	C−②
아와라 시(あわら市)	↗	−51.1	1,194	(17,958)	2,440	(27,524)	C−②
미하마 정(美浜町)	↑	−49.0	369	(5,803)	724	(9,179)	D−③
에치젠 시(越前市)	↗	−42.8	4,601	(59,291)	8,042	(80,611)	D−③
사카이 시(坂井市)	↘	−40.2	5,073	(67,141)	8,476	(88,481)	D−③
오바마 시(小浜市)	↑	−39.6	1,503	(21,212)	2,489	(28,991)	D−②
쓰루가 시(敦賀市)	↗	−39.6	3,533	(47,585)	5,845	(64,264)	D−③
오이 정(おおい町)	↑	−39.1	364	(5,252)	598	(7,910)	D−②
에이헤이지 정(永平寺町)	↘	−39.0	1,216	(13,325)	1,992	(18,965)	D−③
후쿠이 시(福井市)	↗	−29.1	18,150	(213,712)	25,604	(262,328)	D−③
사바에 시(鯖江市)	↗	−25.4	5,000	(58,749)	6,706	(68,302)	D−②

미노부 정(身延町)	↘	−80.1	102	(3,778)	512	(10,663)	C−②

지방자치단체							
난부 정(南部町)	↘	−75.8	102	(2,945)	422	(7,156)	C−②
오쓰키 시(大月市)	↗	−70.2	438	(9,672)	1,472	(22,512)	C−②
우에노하라 시(上野原市)	↘	−65.0	614	(11,762)	1,752	(22,669)	C−②
하야카와 정(早川町)	↗	−64.3	20	(521)	56	(1,098)	C−③
니시카쓰라 정(西桂町)	↓	−64.0	123	(2,229)	342	(4,041)	C−②
후지카와 정(富士川町)	↘	−56.2	489	(8,617)	1,116	(14,219)	C−②
고슈 시(甲州市)	↘	−55.9	932	(16,846)	2,114	(29,237)	C−②
도시 촌(道志村)	↘	−55.0	45	(875)	100	(1,607)	C−②
니라사키 시(韮崎市)	↘	−53.4	1,186	(19,170)	2,543	(29,067)	C−②
쓰루 시(都留市)	↓	−50.5	1,793	(19,896)	3,625	(31,016)	C−③
이치카와미사토 정(市川三郷町)	↑	−49.0	504	(9,017)	988	(14,700)	D−③
야마나시 시(山梨市)	↑	−47.9	1,422	(21,983)	2,729	(33,435)	D−③
고스게 촌(小菅村)	↑	−44.4	25	(328)	45	(684)	D−③
후지요시다 시(富士吉田市)	↑	−43.7	2,233	(31,644)	3,966	(46,530)	D−③
나루사와 촌(鳴沢村)	↘	−42.2	122	(2,207)	211	(2,824)	D−②
호쿠토 시(北杜市)	↑	−39.1	1,698	(32,364)	2,788	(44,053)	D−③
후에후키 시(笛吹市)	↗	−38.4	3,804	(51,355)	6,175	(66,947)	D−③
주오 시(中央市)	↗	−34.1	2,199	(25,795)	3,335	(31,216)	D−③
미나미알프스 시(南アルプス市)	↗	−33.9	4,249	(56,258)	6,426	(69,459)	D−③
야마나카코 촌(山中湖村)	↑	−31.6	266	(4,051)	389	(5,179)	D−②
가이 시(甲斐市)	↗	−23.6	5,827	(65,709)	7,622	(75,313)	D−③
다바야마 촌(丹波山村)	↑	−22.6	24	(321)	31	(530)	D−③
고후 시(甲府市)	↗	−22.4	14,363	(159,036)	18,500	(189,591)	D−③
후지카와구치코 정(富士河口湖町)	↗	−21.6	2,107	(24,150)	2,687	(26,082)	D−③
오시노 촌(忍野村)	↗	−19.0	742	(9,010)	916	(9,237)	A
쇼와 정(昭和町)	↗	−13.9	2,153	(22,047)	2,500	(20,909)	D−①
나가노 현(長野県)							
오타키 촌(王滝村)	↘	−78.0	11	(292)	50	(715)	C−③
사카에 촌(栄村)	↘	−77.3	15	(634)	66	(1,660)	C−①
히라야 촌(平谷村)	↓	−69.7	10	(155)	33	(387)	C−②
지쿠호쿠 촌(筑北村)	↗	−69.0	66	(1,781)	213	(4,149)	C−②
덴류 촌(天龍村)	↗	−68.1	15	(364)	47	(1,178)	C−②
시나노 정(信濃町)	↗	−67.5	140	(3,810)	431	(7,739)	C−②
야마노우치 정(山ノ内町)	↗	−67.2	238	(5,578)	726	(11,352)	C−②
아게마쓰 정(上松町)	↘	−66.8	86	(1,990)	259	(4,131)	C−②
아난 정(阿南町)	↓	−66.7	85	(1,993)	255	(4,299)	C−②
나가와 정(長和町)	↗	−64.7	124	(2,821)	351	(5,600)	C−②
기소 정(木曽町)	↗	−63.6	252	(5,377)	692	(10,584)	C−②
사쿠호 정(佐久穂町)	↗	−63.5	253	(5,687)	693	(10,218)	C−②
이야마 시(飯山市)	↘	−61.5	523	(10,400)	1,359	(19,539)	C−②

오마치 시(大町市)	↗	−59.9	760	(14,411)	1,896	(26,029)	C–②
고우미 정(小海町)	↗	−59.7	116	(2,408)	288	(4,353)	C–②
다카야마 촌(高山村)	↓	−59.6	181	(3,953)	448	(6,617)	C–②
다테시나 정(立科町)	↗	−59.5	186	(3,745)	459	(6,612)	C–②
오쿠와 촌(大桑村)	↓	−59.0	94	(1,747)	229	(3,439)	C–②
오가와 촌(小川村)	↓	−58.0	50	(991)	119	(2,215)	C–②
이이즈나 정(飯綱町)	↘	−57.4	277	(5,586)	650	(10,296)	C–②
이쿠사카 정(生坂村)	↗	−56.4	48	(898)	110	(1,639)	C–②
오타리 촌(小谷村)	↗	−56.3	69	(1,230)	158	(2,647)	C–①
나기소 정(南木曽町)	↗	−55.1	97	(1,998)	216	(3,915)	C–①
사카키 정(坂城町)	↘	−52.3	509	(8,529)	1,067	(14,004)	C–②
아치 촌(阿智村)	↗	−50.0	228	(3,580)	456	(6,068)	C–①
기지마다이라 촌(木島平村)	↗	−50.0	136	(2,660)	272	(4,375)	C–①
이지마 정(飯島町)	↑	−49.9	339	(5,734)	676	(9,004)	D–③
미나미마키 촌(南牧村)	↑	−49.1	118	(2,506)	232	(3,242)	D–②
아사히 촌(朝日村)	↑	−48.9	180	(2,955)	352	(4,279)	D–②
다쓰노 정(辰野町)	↗	−47.0	692	(11,518)	1,305	(18,555)	D–③
노자와온센 촌(野沢温泉村)	↑	−46.7	114	(1,894)	214	(3,279)	D–②
시모조 촌(下條村)	↘	−46.3	145	(2,275)	270	(3,545)	D–②
나카노 시(中野市)	↘	−46.1	1,983	(29,506)	3,676	(42,338)	D–③
이케다 정(池田町)	↗	−45.5	331	(6,153)	607	(9,382)	D–③
오미 촌(麻績村)	↑	−45.4	95	(1,651)	174	(2,593)	D–③
야스오카 촌(泰阜村)	↘	−45.3	64	(913)	117	(1,542)	D–②
네바 촌(根羽村)	↑	−44.7	26	(378)	47	(852)	D–③
오시카 촌(大鹿村)	↑	−44.7	26	(506)	47	(1,023)	D–②
마쓰카와 정(松川町)	↗	−44.4	540	(8,722)	971	(12,530)	D–②
가와카미 촌(川上村)	↘	−43.5	164	(3,013)	290	(4,344)	D–②
고모로 시(小諸市)	↗	−42.9	1,967	(28,582)	3,447	(40,991)	D–③
오카야 시(岡谷市)	↗	−42.2	2,188	(31,505)	3,783	(47,790)	D–③
시모스와 정(下諏訪町)	↑	−41.4	777	(11,842)	1,325	(19,155)	D–②
지쿠마 시(千曲市)	↗	−39.5	2,900	(42,682)	4,796	(58,852)	D–③
기소 촌(木祖村)	↗	−39.5	101	(1,558)	167	(2,692)	D–②
스자카 시(須坂市)	↗	−38.6	2,533	(36,723)	4,124	(49,559)	D–③
이다 시(飯田市)	↗	−38.1	5,364	(72,714)	8,670	(98,164)	D–③
도요오카 촌(豊丘村)	↑	−37.5	325	(4,858)	520	(6,426)	D–②
기타아이키 촌(北相木村)	↑	−37.3	32	(513)	51	(752)	D–②
마쓰카와 촌(松川村)	↗	−36.6	491	(7,232)	774	(9,599)	D–③
도미 시(東御市)	↗	−36.1	1,724	(24,569)	2,696	(30,122)	D–③
이나 시(伊那市)	↗	−35.2	3,704	(50,175)	5,712	(66,125)	D–③
미야다 촌(宮田村)	↘	−34.4	482	(6,672)	735	(8,569)	D–②

나카가와 촌(中川村)	↗	−34.4	235	(3,188)	358	(4,651)	D−②
오부세 정(小布施町)	↑	−34.3	533	(8,066)	811	(10,660)	D−②
우에다 시(上田市)	↗	−33.8	9,409	(121,116)	14,221	(154,055)	D−③
하쿠바 촌(白馬村)	↑	−32.1	468	(6,321)	689	(8,575)	D−③
아오키 촌(青木村)	↗	−31.4	181	(2,923)	264	(4,121)	D−②
스와 시(諏訪市)	↗	−31.1	3,096	(36,871)	4,491	(48,729)	D−③
고마가네 시(駒ヶ根市)	↗	−30.9	2,029	(25,286)	2,936	(32,202)	D−③
나가노 시(長野市)	↗	−30.6	23,601	(304,037)	33,986	(372,760)	D−③
다카기 촌(喬木村)	↗	−29.6	283	(4,109)	402	(5,973)	D−②
미노와 정(箕輪町)	↗	−29.4	1,482	(19,588)	2,100	(24,989)	D−②
후지미 정(富士見町)	↗	−29.2	753	(10,569)	1,063	(14,084)	D−②
아즈미노 시(安曇野市)	↗	−29.1	5,746	(78,135)	8,099	(94,222)	D−③
시오지리 시(塩尻市)	↗	−26.7	4,847	(57,415)	6,611	(67,241)	D−③
우루키 촌(売木村)	↗	−25.0	27	(343)	36	(548)	D−②
다카모리 정(高森町)	↗	−24.9	774	(10,206)	1,031	(12,811)	D−②
사쿠 시(佐久市)	↗	−23.1	7,001	(85,580)	9,108	(98,199)	D−③
미나미아이키 촌(南相木村)	↑	−22.6	48	(678)	62	(962)	D−②
지노 시(茅野市)	↗	−22.4	3,777	(46,776)	4,864	(56,400)	D−②
야마가타 촌(山形村)	↘	−22.2	586	(7,449)	753	(8,400)	D−③
마쓰모토 시(松本市)	↗	−21.3	18,964	(207,208)	24,080	(241,145)	D−③
하라 촌(原村)	↗	−19.5	445	(6,904)	553	(7,680)	A
미요타 정(御代田町)	↗	−15.9	1,284	(15,374)	1,527	(15,555)	D−①
미나미미노와 촌(南箕輪村)	↘	−15.9	1,491	(15,882)	1,772	(15,797)	A
가루이자와 정(軽井沢町)	↗	−13.4	1,351	(17,958)	1,560	(19,188)	D−①

기후 현(岐阜県)

시라카와 정(白川町)	↘	−73.6	99	(3,098)	375	(7,412)	C−②
히치소 정(七宗町)	↘	−71.0	56	(1,429)	193	(3,402)	C−②
세키가하라 정(関ヶ原町)	↘	−66.3	157	(3,105)	466	(6,610)	C−②
히가시시라카와 촌(東白川村)	↘	−66.0	32	(911)	94	(2,016)	C−①
가이즈 시(海津市)	↘	−65.7	906	(17,756)	2,638	(32,735)	C−②
이비가와 정(揖斐川町)	↘	−64.7	495	(9,033)	1,402	(19,529)	C−②
요로 정(養老町)	↘	−64.0	754	(14,417)	2,092	(26,882)	C−②
히다 시(飛騨市)	↗	−60.1	534	(11,268)	1,337	(22,538)	C−①
게로 시(下呂市)	↘	−58.7	816	(15,154)	1,974	(30,428)	C−①
야마가타 시(山県市)	↓	−58.2	883	(13,877)	2,113	(25,280)	C−②
구조 시(郡上市)	↗	−57.1	1,121	(21,763)	2,610	(38,997)	C−①
야오쓰 정(八百津町)	↗	−56.0	303	(5,514)	688	(10,195)	C−②
이케다 정(池田町)	↓	−52.5	987	(15,679)	2,076	(23,360)	C−②
에나 시(恵那市)	↘	−52.0	1,765	(28,611)	3,679	(47,774)	C−②
미노 시(美濃市)	↘	−50.6	788	(11,343)	1,596	(19,247)	C−②

지역							
미즈나미 시(瑞浪市)	↗	−50.0	1,725	(25,047)	3,451	(37,150)	C—②
오노 정(大野町)	↘	−49.2	949	(14,650)	1,869	(22,041)	D—③
고베 정(神戸町)	↑	−48.7	843	(11,943)	1,643	(18,585)	D—③
다카야마 시(高山市)	↗	−46.4	3,695	(53,862)	6,894	(84,419)	D—②
다지미 시(多治見市)	↑	−46.3	5,287	(72,336)	9,838	(106,732)	D—③
나카쓰가와 시(中津川市)	↗	−44.4	3,738	(55,136)	6,728	(76,570)	D—③
세키 시(関市)	↘	−43.9	4,396	(59,419)	7,829	(85,283)	D—③
도키 시(土岐市)	↗	−43.3	2,807	(37,104)	4,946	(55,348)	D—③
다루이 정(垂井町)	↘	−42.9	1,297	(18,195)	2,270	(26,402)	D—③
가와베 정(川辺町)	↘	−42.5	506	(7,100)	880	(9,860)	D—③
와노우치 정(輪之内町)	↘	−41.6	562	(7,289)	963	(9,654)	D—③
안파치 정(安八町)	↘	−40.1	771	(10,182)	1,288	(14,355)	D—③
미타케 정(御嵩町)	↗	−38.4	962	(12,578)	1,561	(17,516)	D—③
모토스 시(本巣市)	↘	−36.0	1,865	(24,186)	2,916	(32,928)	D—③
하시마 시(羽島市)	↗	−34.0	4,180	(51,806)	6,329	(65,649)	D—③
도미카 정(富加町)	↑	−31.3	353	(4,422)	514	(5,626)	D—②
시라카와 촌(白川村)	↗	−31.1	82	(861)	119	(1,511)	D—②
기후 시(岐阜市)	↗	−30.6	28,352	(325,128)	40,836	(402,557)	D—③
기타가타 정(北方町)	↘	−30.6	1,380	(15,217)	1,987	(18,139)	D—③
오가키 시(大垣市)	↗	−29.8	11,347	(130,141)	16,155	(158,286)	D—③
가사마쓰 정(笠松町)	↘	−29.2	1,730	(18,063)	2,445	(22,208)	D—③
가니 시(可児市)	↗	−28.6	7,237	(83,832)	10,138	(99,968)	D—③
가카미가하라 시(各務原市)	↗	−27.4	10,171	(119,096)	14,001	(144,521)	D—③
사카호기 정(坂祝町)	↗	−26.7	547	(6,378)	746	(8,071)	D—②
기난 정(岐南町)	↘	−24.3	2,527	(24,133)	3,340	(25,881)	D—③
미즈호 시(瑞穂市)	↘	−19.8	5,497	(53,347)	6,850	(56,388)	D—①
미노카모 시(美濃加茂市)	↘	−17.2	5,193	(53,983)	6,269	(56,689)	A
시즈오카 현(静岡県)							
가와네혼 정(川根本町)	↘	−72.6	89	(2,392)	325	(6,206)	C—②
니시이즈 정(西伊豆町)	↘	−70.2	91	(2,869)	305	(7,090)	C—②
히가시이즈 정(東伊豆町)	↗	−64.9	228	(5,575)	650	(11,488)	C—②
마쓰자키 정(松崎町)	↘	−64.4	95	(2,840)	267	(6,038)	C—②
이즈 시(伊豆市)	↗	−61.6	688	(14,014)	1,791	(28,190)	C—②
아타미 시(熱海市)	↗	−58.0	928	(20,578)	2,210	(34,208)	C—③
시모다 시(下田市)	↗	−55.8	548	(10,574)	1,240	(20,183)	C—②
오마에자키 시(御前崎市)	↓	−52.4	1,246	(19,720)	2,618	(31,103)	C—②
마키노하라 시(牧之原市)	↓	−51.7	1,875	(27,948)	3,879	(43,502)	C—②
이토 시(伊東市)	↑	−50.0	2,031	(43,974)	4,058	(65,491)	D—③
모리 정(森町)	↑	−48.7	724	(10,633)	1,411	(17,457)	D—③
오야마 정(小山町)	↑	−47.8	774	(12,349)	1,482	(18,568)	D—②

지역							
누마즈 시(沼津市)	╱	−46.9	8,439	(131,634)	15,890	(189,386)	D─③
미나미이즈 정(南伊豆町)	↑	−46.7	202	(4,410)	379	(7,877)	D─②
시미즈 정(清水町)	╲	−44.6	1,845	(24,252)	3,332	(31,710)	D─③
가와즈 정(河津町)	╲	−42.8	230	(4,244)	402	(6,870)	D─③
고사이 시(湖西市)	╱	−40.8	3,176	(42,841)	5,366	(57,885)	D─③
후지노미야 시(富士宮市)	╲	−39.0	7,093	(96,298)	11,618	(128,105)	D─③
야이즈 시(焼津市)	╲	−37.8	8,198	(103,986)	13,169	(136,845)	D─③
후지 시(富士市)	╲	−37.4	14,357	(190,495)	22,922	(245,392)	D─③
간나미 정(函南町)	╱	−36.4	1,993	(27,297)	3,131	(36,794)	D─③
이즈노쿠니 시(伊豆の国市)	╱	−36.2	2,555	(33,651)	4,003	(46,804)	D─③
시마다 시(島田市)	╱	−35.7	5,686	(71,821)	8,848	(95,719)	D─③
요시다 정(吉田町)	╲	−34.2	2,086	(24,141)	3,171	(28,919)	D─③
스소노 시(裾野市)	╲	−33.3	3,297	(37,980)	4,943	(50,911)	D─③
미시마 시(三島市)	╱	−31.8	6,662	(82,914)	9,771	(107,783)	D─③
후지에다 시(藤枝市)	╱	−30.9	8,918	(112,629)	12,897	(141,342)	D─③
시즈오카 시(静岡市)	╱	−30.8	46,381	(546,205)	67,003	(693,389)	D─③
고텐바 시(御殿場市)	╲	−29.9	5,896	(70,200)	8,416	(86,614)	D─③
이와타 시(磐田市)	╱	−27.9	11,372	(135,644)	15,765	(166,672)	D─③
가케가와 시(掛川市)	╱	−27.9	8,121	(95,159)	11,258	(114,954)	D─③
하마마쓰 시(浜松市)	╱	−26.8	56,678	(657,052)	77,384	(790,718)	D─③
기쿠가와 시(菊川市)	╱	−26.5	3,587	(41,233)	4,879	(47,789)	D─③
후쿠로이 시(袋井市)	╱	−21.3	7,468	(80,483)	9,492	(87,864)	D─③
나가이즈미 정(長泉町)	╲	−16.2	4,030	(40,788)	4,806	(43,336)	A
아이치 현(愛知県)							
시타라 정(設楽町)	╱	−69.2	66	(1,934)	214	(4,437)	C─②
미나미치타 정(南知多町)	╲	−67.9	414	(7,839)	1,291	(16,617)	C─②
도에이 정(東栄町)	╱	−62.9	53	(1,301)	143	(2,942)	C─①
신시로 시(新城市)	╲	−58.4	1,442	(25,647)	3,470	(44,355)	C─②
미하마 정(美浜町)	╲	−55.6	974	(14,086)	2,195	(22,496)	C─②
도요네 촌(豊根村)	╱	−53.5	20	(486)	43	(1,017)	C─①
쓰시마 시(津島市)	↓	−53.2	2,566	(42,290)	5,480	(60,942)	C─②
아이사이 시(愛西市)	╲	−42.5	3,092	(42,323)	5,380	(60,829)	D─③
다하라 시(田原市)	╲	−41.0	3,349	(41,015)	5,672	(59,360)	D─③
가마고오리 시(蒲郡市)	╱	−32.8	5,208	(63,506)	7,749	(79,538)	D─③
야토미 시(弥富市)	╲	−31.1	3,156	(35,632)	4,577	(43,025)	D─③
가니에 정(蟹江町)	╱	−31.0	2,897	(31,731)	4,199	(37,338)	D─③
도요하시 시(豊橋市)	╲	−30.2	26,501	(304,309)	37,985	(371,920)	D─③
고난 시(江南市)	╱	−29.6	6,651	(80,266)	9,450	(98,255)	D─③
한다 시(半田市)	╲	−29.2	8,936	(101,584)	12,628	(117,884)	D─③
이나자와 시(稲沢市)	╱	−29.1	9,573	(107,170)	13,509	(134,751)	D─③

이누야마 시(犬山市)	↘	−28.9	4,773	(58,275)	6,713	(73,090)	D—③
고마키 시(小牧市)	↗	−28.8	11,196	(124,365)	15,726	(148,831)	D—③
지타 시(知多市)	↘	−27.8	5,988	(69,197)	8,294	(84,364)	D—③
이치노미야 시(一宮市)	↘	−26.8	28,179	(321,749)	38,486	(380,073)	D—③
이와쿠라 시(岩倉市)	↗	−26.1	3,954	(40,633)	5,353	(47,983)	D—③
헤키난 시(碧南市)	↘	−25.9	5,796	(64,060)	7,818	(72,458)	D—③
도요아케 시(豊明市)	↗	−25.1	5,674	(59,878)	7,574	(69,295)	D—③
세토 시(瀬戸市)	↗	−24.9	8,723	(102,422)	11,615	(127,792)	D—③
도요카와 시(豊川市)	↗	−24.3	14,427	(160,223)	19,066	(184,661)	D—③
도요타 시(豊田市)	↘	−23.2	34,677	(370,200)	45,123	(422,330)	D—③
미요시 시(みよし市)	↘	−22.6	5,400	(56,436)	6,972	(61,952)	D—③
아마 시(あま市)	↗	−22.2	6,733	(72,696)	8,652	(86,126)	D—③
지류 시(知立市)	↘	−21.4	6,679	(67,603)	8,500	(72,193)	D—③
나고야 시(名古屋市)	↗	−21.3	220,742	(2,122,366)	280,488	(2,332,176)	D—③
오카자키 시(岡崎市)	↗	−20.8	33,593	(355,210)	42,396	(384,654)	D—③
다케토요 정(武豊町)	↘	−20.7	3,502	(38,882)	4,416	(43,535)	D—③
히가시우라 정(東浦町)	↗	−20.3	4,167	(44,396)	5,230	(49,596)	D—③
가리야 시(刈谷市)	↗	−20.2	14,893	(145,393)	18,668	(153,834)	D—③
니시오 시(西尾市)	↗	−19.9	13,851	(154,392)	17,295	(169,046)	D—①
오구치 정(大口町)	↘	−19.5	2,164	(23,366)	2,689	(24,305)	D—①
가스가이 시(春日井市)	↗	−19.3	26,124	(273,342)	32,370	(308,681)	D—①
후소 정(扶桑町)	↘	−18.9	2,816	(30,522)	3,474	(34,133)	D—①
오와리아사히 시(尾張旭市)	↗	−18.7	6,803	(75,084)	8,365	(83,144)	D—①
안조 시(安城市)	↘	−18.4	17,442	(176,290)	21,380	(187,990)	D—①
오하루 정(大治町)	↘	−17.6	2,979	(31,143)	3,613	(32,399)	D—①
다카하마 시(高浜市)	↘	−15.8	4,594	(45,784)	5,458	(46,106)	D—①
기요스 시(清須市)	↗	−15.8	6,571	(63,645)	7,800	(67,352)	D—①
도카이 시(東海市)	↘	−15.7	10,521	(106,739)	12,474	(113,787)	D—①
기타나고야 시(北名古屋市)	↗	−15.4	8,231	(81,974)	9,726	(86,385)	D—①
도고 정(東郷町)	↘	−14.6	3,916	(41,114)	4,585	(43,903)	A
도비시마 촌(飛島村)	↑	−14.0	364	(4,335)	423	(4,575)	A
닛신 시(日進市)	↘	−13.4	9,184	(92,055)	10,600	(91,520)	A
아구이 정(阿久比町)	↗	−12.2	2,555	(27,324)	2,909	(28,383)	A
도요야마 정(豊山町)	↗	−11.8	1,569	(15,363)	1,779	(15,613)	D—①
오부 시(大府市)	↘	−11.6	9,404	(94,007)	10,637	(93,123)	A
나가쿠테 시(長久手市)	↘	−11.5	7,321	(64,569)	8,272	(60,162)	D—①
고타 정(幸田町)	↘	−11.3	4,349	(41,088)	4,901	(42,449)	A
도코나메 시(常滑市)	↗	−10.6	6,422	(59,092)	7,180	(58,710)	D—①
미에 현(三重県)							
미나미이세 정(南伊勢町)	↘	−83.5	82	(3,427)	498	(10,989)	C—②

지자체		증감률					분류
오키 정(大紀町)	↘	−77.4	86	(3,083)	381	(7,815)	C-②
기호쿠 정(紀北町)	↘	−72.0	224	(6,336)	800	(14,604)	C-②
오와세 시(尾鷲市)	↘	−70.7	284	(7,125)	969	(16,252)	C-②
시마 시(志摩市)	↗	−67.3	1,009	(22,561)	3,085	(46,057)	C-②
도바 시(鳥羽市)	↘	−67.3	429	(8,107)	1,311	(17,525)	C-②
오다이 정(大台町)	↘	−61.3	214	(4,284)	553	(8,668)	C-②
구마노 시(熊野市)	↗	−59.3	391	(8,360)	961	(15,965)	C-①
기호 정(紀宝町)	↘	−59.2	336	(5,713)	823	(10,321)	C-②
와타라이 정(度会町)	↘	−58.7	247	(4,573)	598	(7,847)	C-②
기소사키 정(木曽岬町)	↗	−57.0	208	(3,561)	484	(6,023)	C-②
오하마 정(御浜町)	↗	−55.8	201	(4,690)	455	(8,079)	C-①
나바리 시(名張市)	↑	−48.2	3,504	(50,394)	6,760	(76,387)	D-③
이가 시(伊賀市)	↗	−45.9	4,271	(60,581)	7,897	(88,766)	D-③
이세 시(伊勢市)	↑	−42.8	6,378	(85,241)	11,148	(122,765)	D-③
다키정(多気町)	↘	−41.0	659	(9,352)	1,117	(14,021)	D-③
스즈카 시(鈴鹿市)	↘	−37.2	12,375	(157,095)	19,716	(195,670)	D-③
마쓰사카 시(松阪市)	↗	−35.8	9,746	(117,839)	15,177	(159,145)	D-③
이나베 시(いなべ市)	↘	−35.4	2,834	(36,239)	4,388	(44,973)	D-③
메이와 정(明和町)	↗	−32.6	1,420	(17,883)	2,108	(22,445)	D-②
쓰 시(津市)	↗	−31.4	18,700	(217,792)	27,267	(274,537)	D-③
구와나 시(桑名市)	↗	−28.9	9,861	(115,878)	13,872	(138,613)	D-③
요카이치 시(四日市市)	↗	−28.8	22,479	(258,968)	31,571	(305,424)	D-③
다마키 정(玉城町)	↘	−28.2	1,047	(12,389)	1,459	(15,041)	D-③
도인 정(東員町)	↗	−27.4	1,816	(20,646)	2,500	(25,784)	D-②
가메야마 시(亀山市)	↘	−25.9	3,728	(43,131)	5,033	(49,835)	D-③
고모노 정(菰野町)	↘	−24.4	3,089	(36,237)	4,084	(40,559)	D-③
가와고에 정(川越町)	↘	−23.1	1,464	(14,891)	1,903	(15,123)	D-③
아사히 정(朝日町)	↗	−9.7	1,010	(10,826)	1,118	(11,021)	A

시가 현(滋賀県)

지자체		증감률					분류
고라 정(甲良町)	↗	−64.3	188	(3,274)	527	(6,362)	C-②
다카시마 시(高島市)	↓	−55.6	1,598	(28,228)	3,595	(46,377)	C-②
류오 정(竜王町)	↑	−43.7	564	(7,872)	1,001	(11,789)	D-③
히노 정(日野町)	↘	−42.9	1,078	(15,444)	1,889	(20,964)	D-③
나가하마 시(長浜市)	↘	−41.6	6,519	(82,316)	11,165	(113,636)	D-③
고카 시(甲賀市)	↗	−41.3	4,985	(65,677)	8,497	(88,358)	D-③
마이바라 시(米原市)	↘	−41.2	2,112	(26,594)	3,591	(37,225)	D-③
히가시오미 시(東近江市)	↗	−36.1	7,281	(90,099)	11,397	(112,819)	D-③
고난 시(湖南市)	↗	−34.7	3,700	(43,633)	5,668	(54,460)	D-③
다가 정(多賀町)	↑	−32.3	427	(5,347)	631	(7,274)	D-②
히코네 시(彦根市)	↗	−26.6	8,869	(98,671)	12,082	(113,647)	D-③

도요사토 정(豊郷町)	↘	−24.2	512	(5,822)	675	(7,132)	D-②
아이쇼 정(愛荘町)	↘	−23.5	1,794	(19,262)	2,345	(20,893)	D-③
오미하치만 시(近江八幡市)	↗	−21.5	6,499	(68,995)	8,280	(81,122)	D-③
야스 시(野洲市)	↗	−21.2	4,043	(44,340)	5,130	(50,513)	D-③
오쓰 시(大津市)	↗	−20.3	27,983	(320,021)	35,101	(345,070)	D-③
구사쓰 시(草津市)	↘	−15.8	14,903	(144,542)	17,706	(143,913)	D-①
릿토 시(栗東市)	↘	−13.6	7,127	(67,595)	8,246	(68,820)	A
모리야마 시(守山市)	↘	−11.1	8,065	(85,059)	9,074	(83,236)	A
교토 부(京都府)							
가사기 정(笠置町)	↘	−85.7	8	(367)	56	(1,144)	C-②
와즈카 정(和束町)	↘	−77.9	44	(1,306)	199	(3,478)	C-②
미나미야마시로 촌(南山城村)	↗	−72.7	35	(933)	128	(2,391)	C-②
교탄바 정(京丹波町)	↘	−71.2	223	(5,928)	773	(12,907)	C-②
이데 정(井手町)	↘	−67.7	222	(4,062)	688	(7,406)	C-③
요사노 정(与謝野町)	↘	−61.2	533	(10,761)	1,375	(20,092)	C-①
미야즈 시(宮津市)	↗	−57.8	398	(8,512)	943	(16,758)	C-①
우지타와라 정(宇治田原町)	↓	−57.5	320	(5,690)	753	(8,911)	C-②
교탄고 시(京丹後市)	↘	−57.3	1,452	(28,614)	3,400	(50,860)	C-①
구미야마 정(久御山町)	↑	−48.4	755	(9,996)	1,462	(15,250)	D-③
이네 정(伊根町)	↑	−46.4	52	(998)	97	(1,928)	D-②
가메오카 시(亀岡市)	↗	−45.1	4,481	(58,768)	8,155	(86,174)	D-③
아야베 시(綾部市)	↑	−44.2	1,322	(20,624)	2,368	(31,846)	D-③
마이즈루 시(舞鶴市)	↗	−43.5	3,632	(53,813)	6,431	(80,336)	D-②
난탄 시(南丹市)	↑	−42.3	1,615	(21,578)	2,800	(31,629)	D-③
조요 시(城陽市)	↑	−42.0	3,863	(50,011)	6,661	(74,607)	D-③
야와타 시(八幡市)	↘	−41.8	3,697	(48,950)	6,357	(70,433)	D-③
우지 시(宇治市)	↗	−37.4	10,420	(130,285)	16,632	(179,630)	D-③
세이카 정(精華町)	↘	−33.2	2,353	(28,670)	3,520	(36,198)	D-③
후쿠치야마 시(福知山市)	↗	−28.1	4,941	(62,061)	6,873	(77,306)	D-②
교토 시(京都市)	↗	−27.2	129,376	(1,240,645)	177,804	(1,463,723)	B-②
교타나베 시(京田辺市)	↗	−23.8	6,319	(69,713)	8,292	(73,753)	D-③
무코 시(向日市)	↗	−22.2	4,539	(49,646)	5,836	(56,859)	D-②
나가오카쿄 시(長岡京市)	↗	−18.2	6,636	(69,744)	8,112	(80,608)	D-①
오야마자키 정(大山崎町)	↗	−15.3	1,449	(14,902)	1,710	(15,953)	A
기즈가와 시(木津川市)	↘	−9.0	7,269	(79,398)	7,988	(77,907)	A
오사카 부(大阪府)							
노세 정(能勢町)	↘	−81.4	109	(3,838)	587	(9,079)	C-②
도요노 정(豊能町)	↗	−76.9	251	(7,516)	1,085	(18,279)	C-③
지하야아카사카 촌(千早赤阪村)	↗	−69.0	96	(2,045)	310	(4,909)	C-②
미사키 정(岬町)	↘	−66.0	331	(7,296)	973	(14,741)	C-②

한난 시(阪南市)	↓	−60.7	1,713	(29,574)	4,362	(51,254)	C—②
가와치나가노 시(河内長野市)	↗	−57.7	3,689	(58,342)	8,710	(101,692)	C—②
다이시 정(太子町)	↓	−54.0	516	(8,141)	1,121	(13,009)	C—②
가난 정(河南町)	↗	−53.4	691	(9,989)	1,483	(15,697)	C—②
돈다바야시 시(富田林市)	↗	−52.1	5,079	(67,795)	10,603	(108,699)	B—②
가도마 시(門真市)	↓	−51.3	5,682	(79,332)	11,672	(119,764)	C—②
가시와라 시(柏原市)	↗	−50.6	3,495	(44,402)	7,068	(68,775)	C—②
센난 시(泉南市)	↓	−50.0	2,854	(40,136)	5,709	(60,102)	C—②
다다오카 정(忠岡町)	↘	−48.2	835	(11,699)	1,612	(16,567)	D—③
마쓰바라 시(松原市)	↘	−48.1	5,941	(80,074)	11,445	(117,641)	D—③
하비키노 시(羽曳野市)	↘	−47.9	5,386	(73,479)	10,331	(108,736)	D—③
가이즈카 시(貝塚市)	↘	−45.2	4,440	(59,365)	8,108	(84,443)	D—③
이즈미오쓰 시(泉大津市)	↘	−44.2	4,610	(54,837)	8,265	(74,412)	D—③
다이토 시(大東市)	↘	−42.5	7,178	(87,420)	12,477	(119,367)	D—③
기시와다 시(岸和田市)	↘	−41.5	11,172	(137,512)	19,107	(190,658)	D—③
히가시오사카 시(東大阪市)	↗	−40.7	30,683	(377,297)	51,774	(493,940)	D—③
후지이데라 시(藤井寺市)	↘	−39.7	3,965	(47,772)	6,579	(63,688)	D—③
이즈미사노 시(泉佐野市)	↘	−39.0	7,099	(80,921)	11,635	(100,131)	D—③
가타노 시(交野市)	↘	−38.8	4,271	(55,115)	6,980	(75,033)	D—③
히라카타 시(枚方市)	↗	−38.3	23,894	(307,802)	38,717	(397,289)	D—③
다카이시 시(高石市)	↗	−36.7	3,536	(40,293)	5,588	(55,635)	D—③
시조나와테 시(四條畷市)	↘	−36.7	3,443	(41,138)	5,435	(55,177)	D—③
네야가와 시(寝屋川市)	↑	−35.3	14,020	(172,808)	21,657	(229,733)	D—③
구마토리 정(熊取町)	↗	−33.0	2,758	(33,329)	4,117	(43,763)	D—③
이즈미 시(和泉市)	↘	−32.6	12,449	(151,940)	18,478	(184,495)	D—③
야오 시(八尾市)	↗	−31.5	18,339	(207,696)	26,777	(264,642)	D—③
모리구치 시(守口市)	↗	−31.5	10,564	(116,069)	15,417	(143,096)	D—③
사카이 시(堺市)	↘	−29.2	59,250	(653,087)	83,664	(826,161)	D—③
오사카사야마 시(大阪狭山市)	↗	−28.8	4,324	(47,801)	6,074	(58,435)	D—③
오사카 시(大阪市)	↗	−26.0	272,882	(2,430,185)	368,504	(2,752,412)	B—②
셋쓰 시(摂津市)	↗	−22.9	7,948	(77,289)	10,308	(87,456)	D—③
시마모토 정(島本町)	↗	−19.3	2,564	(28,158)	3,178	(30,927)	A
다카쓰키 시(高槻市)	↗	−19.2	28,756	(300,685)	35,570	(352,698)	D—①
이케다 시(池田市)	↗	−17.2	9,461	(94,005)	11,430	(104,993)	D—①
다지리 정(田尻町)	↘	−17.0	774	(7,638)	932	(8,434)	D—①
이바라키 시(茨木市)	↗	−16.8	27,382	(266,518)	32,910	(287,730)	D—①
스이타 시(吹田市)	↗	−15.9	38,202	(366,647)	45,444	(385,567)	D—①
도요나카 시(豊中市)	↗	−14.3	37,606	(367,696)	43,890	(401,558)	D—①
미노오 시(箕面市)	↗	−14.0	12,366	(128,501)	14,375	(136,868)	D—①

신온센 정(新温泉町)	↘	−71.8	220	(6,202)	780	(13,318)	C—①
사요 정(佐用町)	↘	−70.8	279	(7,284)	956	(15,863)	C—②
다카 정(多可町)	↘	−70.8	382	(9,228)	1,307	(19,261)	C—②
가미고리 정(上郡町)	↘	−70.5	271	(6,622)	920	(13,879)	C—②
가미 정(香美町)	↘	−67.2	303	(7,050)	925	(16,064)	C—①
이치카와 정(市川町)	↘	−64.2	300	(5,719)	837	(11,231)	C—②
시소 시(宍粟市)	↘	−63.7	950	(18,235)	2,617	(34,819)	C—②
가미카와 정(神河町)	↘	−62.3	295	(5,657)	782	(10,616)	C—②
스모토 시(洲本市)	↘	−58.7	1,311	(23,759)	3,172	(41,236)	C—②
야부 시(養父市)	↗	−58.1	643	(11,694)	1,534	(22,129)	C—①
가사이 시(加西市)	↗	−54.1	1,696	(26,829)	3,696	(42,700)	C—②
아사고 시(朝来市)	↗	−53.6	1,041	(17,415)	2,245	(28,989)	C—①
니시와키 시(西脇市)	↓	−50.3	1,599	(23,993)	3,215	(38,673)	C—②
도요오카 시(豊岡市)	↘	−49.9	3,095	(49,032)	6,172	(77,489)	D—②
아코 시(赤穂市)	↘	−49.7	1,954	(28,856)	3,882	(45,892)	D—③
미나미아와지 시(南あわじ市)	↑	−49.4	1,734	(26,986)	3,429	(44,137)	D—②
단바 시(丹波市)	↑	−48.7	2,569	(40,338)	5,006	(61,471)	D—②
미키 시(三木市)	↑	−48.2	3,340	(48,639)	6,446	(75,294)	D—③
단바사사야마 시(丹波篠山市)	↑	−47.6	1,795	(26,326)	3,424	(39,611)	D—③
산다 시(三田市)	↘	−47.2	5,937	(76,492)	11,235	(109,238)	D—③
다쓰노 시(たつの市)	↘	−43.9	3,689	(50,721)	6,570	(74,316)	D—③
아이오이 시(相生市)	↑	−43.2	1,325	(17,420)	2,331	(28,355)	D—③
다카사고 시(高砂市)	↗	−41.3	5,012	(61,902)	8,540	(87,722)	D—③
이나미 정(稲美町)	↑	−40.3	1,594	(21,446)	2,672	(30,268)	D—③
후쿠사키 정(福崎町)	↑	−39.1	1,215	(14,977)	1,996	(19,377)	D—③
아와지 시(淡路市)	↑	−39.1	1,975	(27,809)	3,243	(41,967)	D—③
오노 시(小野市)	↘	−38.4	2,780	(35,911)	4,511	(47,562)	D—③
이나가와 정(猪名川町)	↗	−37.4	1,413	(22,046)	2,256	(29,680)	D—③
가코가와 시(加古川市)	↗	−36.6	16,268	(201,317)	25,676	(260,878)	D—③
다이시 정(太子町)	↘	−32.4	2,224	(26,806)	3,289	(33,477)	D—③
가토 시(加東市)	↘	−31.2	3,183	(34,121)	4,627	(40,645)	D—③
히메지 시(姫路市)	↗	−30.6	37,467	(436,360)	53,983	(530,495)	D—③
고베 시(神戸市)	↗	−30.0	115,066	(1,233,396)	164,344	(1,525,152)	D—③
아마가사키 시(尼崎市)	↗	−26.1	36,672	(393,903)	49,652	(459,593)	D—③
가와니시 시(川西市)	↗	−25.6	10,215	(119,770)	13,723	(152,321)	D—③
하리마 정(播磨町)	↗	−25.4	2,535	(27,485)	3,400	(33,604)	D—②
아카시 시(明石市)	↗	−23.4	25,033	(269,828)	32,698	(303,601)	D—③
이타미 시(伊丹市)	↗	−19.3	16,761	(175,060)	20,761	(198,138)	D—①
다카라즈카 시(宝塚市)	↗	−18.6	17,904	(197,105)	21,986	(226,432)	D—①

니시노미야 시(西宮市)	↗	−16.9	45,333	(441,358)	54,540	(485,587)	D—①
아시야 시(芦屋市)	↗	−13.3	7,168	(82,479)	8,263	(93,922)	D—①
나라 현(奈良県)							
구로타키 촌(黒滝村)	↘	−85.7	5	(183)	35	(623)	C—②
요시노 정(吉野町)	↘	−84.9	52	(1,952)	344	(6,229)	C—③
미쓰에 촌(御杖村)	↘	−83.3	9	(422)	54	(1,479)	C—②
시모이치 정(下市町)	↘	−82.2	61	(1,737)	342	(5,037)	C—③
노세가와 촌(野迫川村)	↘	−81.8	4	(98)	22	(357)	C—③
히가시요시노 촌(東吉野村)	↗	−79.8	17	(441)	84	(1,502)	C—③
고조 시(五條市)	↘	−76.8	492	(11,845)	2,124	(27,927)	C—②
가미키타야마 촌(上北山村)	↘	−76.5	8	(160)	34	(444)	C—③
소니 촌(曽爾村)	↗	−74.7	18	(378)	71	(1,295)	C—①
야마조에 촌(山添村)	↗	−71.4	51	(1,291)	178	(3,226)	C—②
고세 시(御所市)	↘	−71.3	536	(10,788)	1,865	(24,096)	C—②
우다 시(宇陀市)	↗	−70.9	568	(12,070)	1,953	(28,121)	C—②
오요도 정(大淀町)	↘	−68.7	406	(8,888)	1,295	(16,728)	C—②
시모키타야마 촌(下北山村)	↘	−65.7	12	(337)	35	(753)	C—②
간마키 정(上牧町)	↗	−62.1	689	(13,481)	1,816	(21,714)	C—②
도쓰카와 촌(十津川村)	↘	−62.0	57	(1,490)	150	(3,061)	C—①
가와카미 촌(川上村)	↗	−60.0	20	(435)	50	(1,156)	C—①
야마토타카다 시(大和高田市)	↘	−59.4	2,391	(37,168)	5,883	(61,744)	C—②
미야케 정(三宅町)	↓	−58.7	230	(3,479)	557	(6,439)	C—②
다카토리 정(高取町)	↘	−58.2	193	(3,624)	462	(6,729)	C—②
안도 정(安堵町)	↗	−58.0	314	(4,494)	747	(7,225)	C—②
가와이 정(河合町)	↗	−53.7	611	(9,854)	1,320	(17,018)	C—②
사쿠라이 시(桜井市)	↘	−49.3	2,640	(35,731)	5,207	(54,857)	D—③
아스카 촌(明日香村)	↑	−47.5	206	(3,016)	392	(5,179)	D—③
헤구리 정(平群町)	↑	−46.7	727	(11,017)	1,364	(18,009)	D—③
야마토코리야마 시(大和郡山市)	↑	−46.3	4,059	(54,141)	7,552	(83,285)	D—③
다와라모토 정(田原本町)	↗	−43.4	1,732	(22,130)	3,058	(31,177)	D—③
가와니시 정(川西町)	↑	−43.3	395	(5,234)	697	(8,167)	D—③
덴리 시(天理市)	↗	−43.1	4,020	(42,057)	7,061	(63,889)	D—③
가시하라 시(橿原市)	↘	−39.8	7,658	(91,164)	12,710	(120,922)	D—③
덴카와 촌(天川村)	↑	−34.8	30	(523)	46	(1,176)	D—②
나라 시(奈良市)	↗	−33.7	23,272	(271,142)	35,083	(354,630)	D—③
고료 정(広陵町)	↗	−27.1	2,454	(28,413)	3,364	(33,810)	D—②
산고 정(三郷町)	↗	−24.7	1,692	(19,159)	2,246	(23,219)	D—③
가시바 시(香芝市)	↘	−23.1	6,464	(70,053)	8,402	(78,113)	D—③
이카루가 정(斑鳩町)	↗	−22.6	2,037	(22,469)	2,633	(27,587)	D—②
이코마 시(生駒市)	↗	−22.1	8,304	(96,062)	10,663	(116,675)	D—③

오지 정(王寺町)	↗	−20.2	2,147	(21,298)	2,689	(24,043)	D–②
가쓰라기 시(葛城市)	↗	−19.0	2,957	(32,141)	3,650	(36,832)	A
와카야마 현(和歌山県)							
구도야마 정(九度山町)	↘	−75.8	63	(1,487)	260	(3,856)	C–②
기미노 정(紀美野町)	↗	−71.5	128	(3,368)	449	(8,256)	C–②
유아사 정(湯浅町)	↗	−71.2	238	(5,242)	825	(11,122)	C–②
유라 정(由良町)	↗	−69.8	100	(2,567)	331	(5,364)	C–②
구시모토 정(串本町)	↗	−68.3	269	(7,188)	849	(14,959)	C–②
스사미 정(すさみ町)	↗	−68.0	55	(1,620)	172	(3,685)	C–①
고자가와 정(古座川町)	↗	−67.0	34	(1,112)	103	(2,480)	C–②
다이지 정(太地町)	↗	−64.8	69	(1,601)	196	(2,791)	C–②
아리다 시(有田市)	↘	−63.3	786	(14,597)	2,140	(26,538)	C–②
나치카쓰우라 정(那智勝浦町)	↘	−61.6	328	(6,910)	853	(14,137)	C–①
미나베 정(みなべ町)	↘	−59.0	383	(7,009)	934	(11,818)	C–①
미하마 정(美浜町)	↗	−58.0	223	(4,051)	531	(6,867)	C–②
신구 시(新宮市)	↗	−56.8	872	(15,423)	2,020	(27,171)	C–②
가쓰라기 정(かつらぎ町)	↗	−55.2	538	(8,534)	1,201	(15,967)	C–②
히다카가와 정(日高川町)	↗	−54.4	276	(5,413)	605	(9,219)	C–①
고야 정(高野町)	↗	−54.3	86	(1,453)	188	(2,970)	C–②
히로가와 정(広川町)	↓	−54.2	233	(3,941)	509	(6,781)	C–②
다나베 시(田辺市)	↘	−53.8	2,626	(42,309)	5,683	(69,870)	C–②
기노카와 시(紀の川市)	↘	−53.2	2,337	(36,636)	4,993	(58,816)	C–②
하시모토 시(橋本市)	↗	−52.7	2,557	(37,636)	5,400	(60,818)	C–②
가이난 시(海南市)	↗	−52.5	1,813	(28,027)	3,820	(48,369)	C–②
시라하마 정(白浜町)	↓	−52.3	753	(12,807)	1,579	(20,262)	C–②
고보 시(御坊市)	↓	−51.4	978	(14,966)	2,013	(23,481)	C–②
기타야마 촌(北山村)	↑	−47.6	11	(181)	21	(404)	D–②
이나미 정(印南町)	↑	−47.4	298	(4,793)	566	(7,720)	D–②
아리다가와 정(有田川町)	↑	−44.4	1,251	(17,649)	2,248	(25,258)	D–②
이와데 시(岩出市)	↘	−39.0	3,479	(45,396)	5,701	(53,967)	D–③
가미톤다 정(上富田町)	↘	−35.0	962	(12,595)	1,479	(15,236)	D–②
와카야마 시(和歌山市)	↗	−30.6	24,041	(280,227)	34,617	(356,729)	D–③
히다카 정(日高町)	↗	−26.3	507	(6,881)	688	(7,673)	D–②
돗토리 현(鳥取県)							
와카사 정(若桜町)	↗	−77.4	38	(1,092)	168	(2,864)	C–②
니치난 정(日南町)	↘	−68.9	60	(1,765)	193	(4,196)	C–②
고후 정(江府町)	↘	−66.2	48	(1,177)	142	(2,672)	C–②
히노 정(日野町)	↘	−64.6	58	(1,227)	164	(2,907)	C–②
지즈 정(智頭町)	↗	−60.9	173	(2,977)	442	(6,427)	C–②
야즈 정(八頭町)	↗	−56.7	539	(9,086)	1,246	(15,937)	C–①

이와미 정(岩美町)	↗	−55.5	373	(6,168)	839	(10,799)	C–②
다이센 정(大山町)	↗	−50.4	528	(8,767)	1,065	(15,370)	C–①
고토우라 정(琴浦町)	↑	−46.6	692	(10,000)	1,295	(16,365)	D–②
미사사 정(三朝町)	↑	−46.2	224	(3,450)	416	(6,060)	D–②
난부 정(南部町)	↑	−45.7	407	(6,378)	749	(10,323)	D–②
호쿠에이 정(北栄町)	↑	−44.7	592	(9,189)	1,070	(14,228)	D–②
사카이미나토 시(境港市)	↗	−42.2	1657.0	−22,961	2,865	−32,740	D–③
호키 정(伯耆町)	↑	−41.7	470.0	−6,883	806	−10,696	D–②
구라요시 시(倉吉市)	↗	−35.2	2566.0	−32,042	3,959	−46,485	D–②
돗토리 시(鳥取市)	↗	−33.2	12215.0	−142,787	18,277	−188,465	D–③
유리하마 정(湯梨浜町)	↗	−31.3	971.0	−12,290	1,413	−16,055	D–②
요나고 시(米子市)	↗	−24.8	11413.0	−123,921	15,172	−147,317	D–③
히에즈 촌(日吉津村)	↘	−14.2	321.0	−3,368	374	−3,501	A

시마네 현(島根県)

오쿠이즈모 정(奥出雲町)	↗	−57.5	282	(5,735)	663	(11,849)	C–①
쓰와노 정(津和野町)	↗	−56.7	166	(3,217)	383	(6,875)	C–①
오키노시마 정(隠岐の島町)	↗	−56.0	387	(7,553)	880	(13,433)	C–①
운난 시(雲南市)	↗	−52.0	1,220	(20,016)	2,544	(36,007)	C–①
야스기 시(安来市)	↑	−50.0	1,422	(22,209)	2,843	(37,062)	D–③
오다 시(大田市)	↑	−49.5	1,139	(19,642)	2,255	(32,846)	D–②
고쓰 시(江津市)	↑	−48.5	856	(13,714)	1,662	(22,959)	D–②
요시카 정(吉賀町)	↑	−47.6	207	(3,891)	395	(6,077)	D–②
미사토 정(美郷町)	↑	−45.9	119	(2,253)	220	(4,355)	D–②
이난 정(飯南町)	↗	−45.0	155	(2,576)	282	(4,577)	D–②
마스다 시(益田市)	↑	−44.0	1,822	(28,780)	3,256	(45,003)	D–②
오난 정(邑南町)	↑	−44.0	332	(6,043)	593	(10,163)	D–②
하마다 시(浜田市)	↑	−42.0	2,453	(36,252)	4,229	(54,592)	D–②
니시노시마 정(西ノ島町)	↑	−32.4	115	(1,740)	170	(2,788)	D–②
지부 촌(知夫村)	↑	−29.6	31	(462)	44	(634)	D–②
가와모토 정(川本町)	↑	−26.6	157	(1,927)	214	(3,248)	D–②
마쓰에 시(松江市)	↗	−25.8	14,703	(168,911)	19,819	(203,616)	D–③
아마 정(海士町)	↑	−23.4	141	(1,605)	184	(2,267)	D–②
이즈모 시(出雲市)	↗	−22.4	13,340	(150,468)	17,187	(172,775)	D–③

오카야마 현(岡山県)

비젠 시(備前市)	↘	−62.8	887	(16,553)	2,381	(32,320)	C–②
다카하시 시(高梁市)	↗	−62.3	799	(14,031)	2,117	(29,072)	C–②
가사오카 시(笠岡市)	↘	−59.9	1,443	(25,357)	3,601	(46,088)	C–②
니미 시(新見市)	↘	−57.4	863	(14,693)	2,027	(28,079)	C–②
기비추오 정(吉備中央町)	↗	−53.9	341	(6,226)	739	(10,886)	C–②
구메난 정(久米南町)	↓	−53.0	132	(2,559)	281	(4,530)	C–②

이바라 시(井原市)	↓	−52.7	1,449	(23,584)	3,060	(38,384)	C–②
마니와 시(真庭市)	↗	−51.9	1,430	(24,564)	2,970	(42,725)	C–①
다마노 시(玉野市)	↗	−51.2	2,191	(32,112)	4,491	(56,531)	C–②
미마사카 시(美作市)	↗	−51.1	878	(14,927)	1,795	(25,939)	C–②
와케 정(和気町)	↑	−49.2	481	(8,338)	947	(13,623)	D–③
미사키 정(美咲町)	↑	−48.0	433	(7,281)	833	(13,053)	D–②
나기 정(奈義町)	↑	−45.3	243	(3,687)	444	(5,578)	D–②
쓰야마 시(津山市)	↗	−42.6	5,394	(70,662)	9,391	(99,937)	D–③
아사쿠치 시(浅口市)	↗	−42.5	1,573	(21,953)	2,734	(32,772)	D–③
세토우치 시(瀬戸内市)	↑	−41.0	1,795	(26,719)	3,041	(36,048)	D–③
야카게 정(矢掛町)	↘	−38.8	641	(8,919)	1,048	(13,414)	D–③
가가미노 정(鏡野町)	↗	−31.5	629	(8,416)	918	(12,062)	D–②
아카이와 시(赤磐市)	↗	−28.4	2,661	(34,386)	3,715	(42,661)	D–②
쇼오 정(勝央町)	↗	−23.7	798	(8,871)	1,046	(10,888)	D–②
소자 시(総社市)	↗	−23.5	5,781	(61,585)	7,556	(69,030)	D–③
구라시키 시(倉敷市)	↗	−23.4	39,132	(409,836)	51,091	(474,592)	D–③
사토쇼 정(里庄町)	↘	−23.3	846	(9,121)	1,103	(10,950)	D–③
신조 촌(新庄村)	↑	−22.6	41	(540)	53	(813)	D–②
오카야마시(岡山市)	↗	−22.4	65,337	(643,367)	84,238	(724,691)	D–③
니시아와쿠라 촌(西粟倉村)	↑	−22.4	97	(1,040)	125	(1,398)	D–③
하야시마 정(早島町)	↗	−14.6	1,102	(11,133)	1,290	(12,368)	A

히로시마 현(広島県)

다케하라 시(竹原市)	↘	−65.9	529	(11,636)	1,551	(23,993)	C–②
에타지마 시(江田島市)	↗	−65.0	458	(10,232)	1,308	(21,930)	C–②
진세키코겐 정(神石高原町)	↗	−63.0	159	(3,818)	430	(8,250)	C–①
후추 시(府中市)	↗	−57.4	1,154	(20,800)	2,707	(37,655)	C–②
아키타카타 시(安芸高田市)	↘	−55.9	814	(14,775)	1,845	(26,448)	C–②
아키오타 정(安芸太田町)	↗	−52.8	133	(2,590)	282	(5,740)	C–①
쇼바라 시(庄原市)	↑	−48.8	1,144	(17,950)	2,233	(33,633)	D–②
기타히로시마 정(北広島町)	↑	−48.4	611	(11,575)	1,184	(17,763)	D–③
구레 시(呉市)	↗	−45.6	9,482	(129,151)	17,436	(214,592)	D–③
미하라 시(三原市)	↗	−44.6	4,178	(56,356)	7,544	(90,573)	D–③
세라 정(世羅町)	↗	−44.3	534	(8,767)	958	(15,125)	D–②
미요시 시(三次市)	↗	−42.9	2,276	(33,901)	3,983	(50,681)	D–②
오타케 시(大竹市)	↑	−41.6	1,293	(17,250)	2,215	(26,319)	D–③
오노미치 시(尾道市)	↗	−40.4	6,073	(87,875)	10,185	(131,170)	D–③
구마노 정(熊野町)	↗	−39.7	1,092	(14,879)	1,810	(22,834)	D–②
오사키카미지마 정(大崎上島町)	↑	−34.4	204	(3,905)	311	(7,158)	D–②
사카 정(坂町)	↘	−29.3	844	(9,840)	1,194	(12,582)	D–②
하쓰카이치 시(廿日市市)	↑	−26.6	8,256	(93,945)	11,241	(114,173)	D–③

후쿠야마 시(福山市)	↗	−25.7	34,282	(383,669)	46,143	(460,930)	D−③
가이타 정(海田町)	↗	−24.5	2,642	(25,365)	3,499	(29,636)	D−③
히가시히로시마 시(東広島市)	↗	−23.4	17,421	(179,511)	22,748	(196,608)	D−③
히로시마 시(広島市)	↗	−21.4	104,068	(1,047,223)	132,333	(1,200,754)	D−③
후추 정(府中町)	↗	−19.7	4,354	(44,514)	5,423	(51,155)	A

야마구치 현(山口県)

미네 시(美祢市)	↘	−68.5	498	(10,902)	1,579	(23,247)	C−②
스오오시마 정(周防大島町)	↗	−66.9	234	(6,363)	707	(14,798)	C−②
하기 시(萩市)	↗	−65.5	968	(21,167)	2,804	(44,626)	C−②
아부 정(阿武町)	↗	−62.8	55	(1,502)	148	(3,055)	C−②
나가토 시(長門市)	↗	−60.3	852	(16,197)	2,146	(32,519)	C−②
가미노세키 정(上関町)	↗	−58.1	39	(956)	93	(2,342)	C−①
히라오 정(平生町)	↘	−54.8	360	(6,667)	797	(11,914)	C−②
다부세 정(田布施町)	↓	−50.4	516	(8,918)	1,040	(14,483)	C−②
야나이 시(柳井市)	↗	−45.3	1,217	(19,224)	2,224	(30,799)	D−③
이와쿠니 시(岩国市)	↗	−44.6	5,877	(83,047)	10,603	(129,125)	D−③
슈난 시(周南市)	↗	−43.8	6,294	(91,413)	11,203	(137,540)	D−③
시모노세키 시(下関市)	↗	−42.6	12,566	(164,753)	21,880	(255,051)	D−③
산요오노다 시(山陽小野田市)	↗	−41.3	3,021	(40,201)	5,143	(60,326)	D−③
히카리 시(光市)	↗	−40.6	2,246	(34,459)	3,783	(49,798)	D−③
우베 시(宇部市)	↗	−38.1	9,212	(115,395)	14,882	(162,570)	D−③
야마구치 시(山口市)	↗	−27.7	14,308	(158,010)	19,781	(193,966)	D−③
와키 정(和木町)	↗	−26.7	442	(4,541)	603	(6,034)	D−②
호후 시(防府市)	↗	−25.4	8,329	(93,933)	11,158	(113,979)	D−③
구다마쓰 시(下松市)	↘	−21.0	4,108	(48,535)	5,202	(55,887)	D−②

도쿠시마 현(徳島県)

나카 정(那賀町)	↗	−78.7	71	(2,575)	333	(7,367)	C−①
무기 정(牟岐町)	↘	−77.7	37	(1,382)	166	(3,743)	C−②
가이요 정(海陽町)	↘	−74.2	126	(3,720)	488	(8,358)	C−②
미요시 시(三好市)	↗	−73.2	358	(9,148)	1,336	(23,605)	C−②
쓰루기 정(つるぎ町)	↘	−71.3	125	(3,074)	436	(7,715)	C−②
사나고치 촌(佐那河内村)	↗	−71.0	31	(877)	107	(2,058)	C−②
가미야마 정(神山町)	↗	−69.7	82	(1,838)	271	(4,647)	C−②
미나미 정(美波町)	↗	−65.5	119	(2,633)	345	(6,222)	C−①
가쓰우라 정(勝浦町)	↗	−60.4	134	(2,291)	338	(4,837)	C−②
미마 시(美馬市)	↗	−60.0	834	(14,908)	2,085	(28,055)	C−②
히가시미요시 정(東みよし町)	↗	−58.3	434	(8,184)	1,041	(13,622)	C−①
고마쓰시마 시(小松島市)	↘	−58.1	1,267	(20,786)	3,021	(36,149)	C−②
아와 시(阿波市)	↘	−57.9	1,120	(19,115)	2,661	(34,713)	C−②
요시노가와 시(吉野川市)	↘	−55.4	1,352	(22,633)	3,029	(38,772)	C−②

나루토 시(鳴門市)	↓	−51.6	2,299	(33,701)	4,753	(54,622)	C─②
가미이타 정(上板町)	↗	−51.2	434	(6,884)	889	(11,384)	C─②
아난 시(阿南市)	↘	−49.9	2,857	(44,094)	5,706	(69,470)	D─③
가미카쓰 정(上勝町)	↑	−48.0	38	(664)	73	(1,380)	D─②
이타노 정(板野町)	↑	−46.3	621	(8,928)	1,157	(13,042)	D─③
이시이 정(石井町)	↗	−39.2	1,398	(18,434)	2,299	(24,833)	D─③
마쓰시게 정(松茂町)	↘	−37.4	881	(10,982)	1,407	(14,583)	D─③
도쿠시마 시(徳島市)	↗	−36.5	16,291	(192,475)	25,671	(252,391)	D─③
아이즈미 정(藍住町)	↗	−29.9	2,752	(30,749)	3,925	(35,246)	D─③
기타지마 정(北島町)	↗	−22.2	1,875	(20,594)	2,411	(22,745)	D─②

가가와 현(香川県)

히가시카가와 시(東かがわ市)	↗	−61.0	735	(13,546)	1,883	(28,279)	C─②
고토히라 정(琴平町)	↘	−60.0	259	(4,597)	647	(8,468)	C─②
도노쇼 정(土庄町)	↗	−55.1	367	(6,626)	818	(12,846)	C─②
사누키 시(さぬき市)	↗	−52.7	1,754	(27,741)	3,705	(47,003)	C─②
쇼도시마 정(小豆島町)	↑	−49.9	437	(7,598)	873	(13,870)	D─③
미토요 시(三豊市)	↗	−43.8	2,702	(40,383)	4,806	(61,857)	D─③
간온지 시(観音寺市)	↑	−43.1	2,935	(39,329)	5,159	(57,438)	D─③
아야가와 정(綾川町)	↑	−40.1	1,109	(15,455)	1,850	(22,693)	D─③
만노 정(まんのう町)	↗	−38.9	818	(11,237)	1,338	(17,401)	D─②
사카이데 시(坂出市)	↗	−38.5	2,584	(35,075)	4,198	(50,624)	D─③
다도쓰 정(多度津町)	↗	−37.5	1,123	(16,952)	1,796	(22,445)	D─③
젠쓰지 시(善通寺市)	↑	−35.8	1,975	(21,981)	3,076	(31,631)	D─③
미키 정(三木町)	↗	−27.2	1,807	(20,723)	2,482	(26,878)	D─③
우다쓰 정(宇多津町)	↘	−26.9	1,614	(16,569)	2,209	(18,699)	D─③
다카마쓰 시(高松市)	↗	−26.1	30,669	(351,256)	41,503	(417,496)	D─③
나오시마 정(直島町)	↑	−25.9	220	(2,268)	297	(3,103)	D─③
마루가메 시(丸亀市)	↗	−25.7	7,966	(92,784)	10,727	(109,513)	D─③

에히메 현(愛媛県)

아이난 정(愛南町)	↗	−76.4	221	(8,148)	937	(19,601)	C─①
구마코겐 정(久万高原町)	↗	−70.7	99	(3,065)	338	(7,404)	C─②
이카타 정(伊方町)	↘	−70.0	113	(3,502)	376	(8,397)	C─①
기호쿠 정(鬼北町)	↘	−65.3	180	(4,779)	519	(9,682)	C─①
마쓰노 정(松野町)	↘	−65.1	68	(1,868)	195	(3,674)	C─①
야와타하마 시(八幡浜市)	↗	−62.2	778	(15,800)	2,057	(31,987)	C─②
우와지마 시(宇和島市)	↘	−61.7	1,785	(36,266)	4,656	(70,809)	C─②
우치코 정(内子町)	↗	−60.4	414	(7,971)	1,046	(15,322)	C─②
오즈 시(大洲市)	↗	−59.3	1,253	(21,366)	3,082	(40,575)	C─②
세이요 시(西予市)	↗	−58.9	881	(18,200)	2,143	(35,388)	C─①
가미지마 정(上島町)	↗	−56.6	124	(3,283)	286	(6,509)	C─①

지역						
시코쿠추오 시(四国中央市)	↓	−53.8	3,278	(51,455)	7,100	(82,754)	C−②
이마바리 시(今治市)	↑	−46.1	6,653	(99,196)	12,338	(151,672)	D−③
이요 시(伊予市)	↗	−43.5	1,737	(23,641)	3,076	(35,133)	D−③
도베 정(砥部町)	↑	−40.7	1,046	(13,592)	1,764	(20,480)	D−③
사이조 시(西条市)	↗	−40.3	5,265	(76,692)	8,816	(104,791)	D−②
니이하마 시(新居浜市)	↗	−36.3	6,514	(84,485)	10,222	(115,938)	D−③
마사키 정(松前町)	↗	−29.5	1,937	(22,798)	2,749	(29,630)	D−③
도온 시(東温市)	↗	−29.3	2,415	(26,330)	3,415	(33,903)	D−③
마쓰야마 시(松山市)	↗	−29.2	38,266	(422,197)	54,048	(511,192)	D−③
고치 현(高知県)						
무로토 시(室戸市)	↗	−80.2	103	(3,777)	521	(11,742)	C−②
오토요 정(大豊町)	↗	−78.7	29	(1,016)	136	(3,252)	C−②
오오쓰키 정(大月町)	↗	−78.0	47	(1,807)	214	(4,434)	C−②
도요 정(東洋町)	↘	−76.1	22	(870)	92	(2,194)	C−②
도사시미즈 시(土佐清水市)	↘	−75.2	146	(5,124)	589	(12,388)	C−②
나카토사 정(中土佐町)	↘	−72.9	78	(2,494)	288	(6,002)	C−①
기타가와 촌(北川村)	↘	−70.7	22	(583)	75	(1,146)	C−③
유스하라 정(檮原町)	↗	−67.0	65	(1,400)	197	(3,307)	C−①
니요도가와 정(仁淀川町)	↗	−66.8	73	(1,821)	220	(4,827)	C−②
미하라 촌(三原村)	↘	−65.5	29	(721)	84	(1,437)	C−②
스쿠모 시(宿毛市)	↗	−65.5	437	(9,651)	1,265	(19,033)	C−①
히다카 촌(日高村)	↗	−64.0	117	(2,654)	325	(4,812)	C−②
오치 정(越知町)	↗	−63.9	119	(2,521)	330	(5,187)	C−②
야스다 정(安田町)	↗	−63.7	45	(1,043)	124	(2,370)	C−①
이노 정(いの町)	↗	−62.9	541	(10,940)	1,459	(21,374)	C−②
아키 시(安芸市)	↓	−62.5	409	(8,409)	1,091	(16,243)	C−②
시만토 정(四万十町)	↗	−61.8	362	(7,595)	947	(15,607)	C−①
구로시오 정(黒潮町)	↗	−61.6	201	(4,971)	523	(10,262)	C−①
스사키 시(須崎市)	↗	−61.0	517	(10,434)	1,327	(20,590)	C−②
쓰노 정(津野町)	↘	−59.0	121	(2,646)	295	(5,291)	C−①
다노 정(田野町)	↗	−56.7	74	(1,257)	171	(2,498)	C−①
사가와 정(佐川町)	↓	−52.0	417	(7,336)	869	(12,323)	C−②
시만토 시(四万十市)	↗	−51.5	1,226	(20,436)	2,529	(32,694)	C−①
모토야마 정(本山町)	↓	−51.3	95	(1,599)	195	(3,261)	C−①
나하리 정(奈半利町)	↓	−50.0	89	(1,723)	178	(3,034)	C−①
오카와 촌(大川村)	↘	−48.3	15	(174)	29	(366)	D−③
우마지 촌(馬路村)	↑	−48.2	29	(343)	56	(745)	D−②
도사 정(土佐町)	↗	−43.6	119	(2,161)	211	(3,753)	D−②
게이세이 촌(芸西村)	↑	−41.5	155	(2,536)	265	(3,694)	D−②
난코쿠 시(南国市)	↗	−41.4	2,612	(33,108)	4,459	(46,664)	D−③

도사 시(土佐市)	↗	−39.2	1,283	(16,391)	2,111	(25,732)	D—③
고치 시(高知市)	↗	−37.6	19,869	(241,483)	31,859	(326,545)	D—③
가미 시(香美市)	↗	−35.3	1,333	(17,253)	2,061	(26,513)	D—③
고난 시(香南市)	↗	−34.7	1,789	(24,703)	2,739	(32,207)	D—③
후쿠오카 현(福岡県)							
도호 촌(東峰村)	↘	−68.8	35	(820)	112	(1,899)	C—①
가와사키 정(川崎町)	↗	−64.0	415	(7,469)	1,152	(15,176)	C—②
고타케 정(小竹町)	↗	−62.4	189	(3,742)	502	(7,151)	C—②
소에다 정(添田町)	↘	−61.9	200	(4,205)	525	(8,801)	C—②
가마 시(嘉麻市)	↗	−55.2	1,174	(18,118)	2,622	(35,473)	C—②
미야코 정(みやこ町)	↗	−54.3	577	(10,206)	1,262	(18,825)	C—①
지쿠조 정(築上町)	↗	−52.7	619	(9,865)	1,308	(17,189)	C—①
구라테 정(鞍手町)	↗	−50.5	568	(8,719)	1,148	(15,080)	C—①
아시야 정(芦屋町)	↑	−49.7	565	(8,281)	1,123	(13,545)	D—②
우키하 시(うきは市)	↘	−49.6	1,124	(17,235)	2,232	(27,981)	D—②
후쿠치 정(福智町)	↑	−48.9	864	(12,586)	1,689	(21,398)	D—②
가와라 정(香春町)	↑	−48.6	374	(5,798)	727	(10,191)	D—②
야메 시(八女市)	↑	−47.9	2,607	(37,097)	4,999	(60,608)	D—③
미야마 시(みやま市)	↑	−45.3	1,552	(21,323)	2,837	(35,861)	D—③
나카마 시(中間市)	↑	−44.5	1,890	(26,055)	3,404	(40,362)	D—③
아사쿠라 시(朝倉市)	↑	−44.0	2,483	(32,828)	4,432	(50,273)	D—③
야나가와 시(柳川市)	↑	−42.3	3,238	(41,396)	5,609	(64,475)	D—③
오무타 시(大牟田市)	↑	−41.1	5,408	(72,520)	9,177	(111,281)	D—③
부젠 시(豊前市)	↗	−40.7	1,114	(15,453)	1,879	(24,391)	D—②
오카와 시(大川市)	↑	−37.7	1,935	(20,830)	3,106	(32,988)	D—③
이토다 정(糸田町)	↗	−37.1	438	(5,333)	696	(8,407)	D—②
미즈마키 정(水巻町)	↑	−36.7	1,745	(20,139)	2,757	(28,114)	D—③
게이센 정(桂川町)	↑	−35.4	734	(8,715)	1,137	(12,878)	D—②
아카 촌(赤村)	↑	−34.1	116	(1,692)	176	(2,774)	D—②
미야와카 시(宮若市)	↗	−32.9	1,528	(18,246)	2,276	(26,298)	D—③
오키 정(大木町)	↘	−31.8	903.0	(10,259)	1,324	(13,820)	D—②
요시토미 정(吉富町)	↗	−31.5	391.0	(4,875)	571	(6,536)	D—②
고게 정(上毛町)	↗	−30.4	385.0	(5,185)	553	(7,251)	D—②
기타큐슈 시(北九州市)	↗	−29.0	64607.0	(728,898)	91,017	(939,029)	D—③
히로카와 정(広川町)	↘	−27.9	1407.0	(16,184)	1,951	(19,969)	D—③
오토 정(大任町)	↗	−27.8	319.0	(3,500)	442	(5,008)	D—②
구루메 시(久留米市)	↗	−25.2	23964.0	(260,912)	32,034	(303,316)	D—③
유쿠하시 시(行橋市)	↗	−24.8	5141.0	(61,430)	6,834	(71,426)	D—②
이이즈카 시(飯塚市)	↗	−24.2	9356.0	(101,373)	12,335	(126,364)	D—③
온가 정(遠賀町)	↗	−23.5	1264.0	(14,203)	1,653	(18,723)	D—③

지자체		증감률					분류
노가타 시(直方市)	↗	−23.1	3967.0	(45,263)	5,155	(56,212)	D−③
우미 정(宇美町)	↗	−22.7	2796.0	(31,031)	3,618	(37,671)	D−②
다치아라이 정(大刀洗町)	↗	−22.4	1350.0	(13,781)	1,740	(15,521)	D−②
다가와 시(田川市)	↗	−22.2	3304.0	(34,421)	4,247	(46,203)	D−②
이토시마 시(糸島市)	↗	−21.3	7262.0	(87,977)	9,224	(98,877)	D−②
오고리 시(小郡市)	↗	−21.1	4626.0	(52,689)	5,862	(59,360)	D−③
지쿠고 시(筑後市)	↗	−21.0	3995.0	(43,534)	5,058	(48,827)	D−②
오카가키 정(岡垣町)	↘	−20.3	2126.0	(25,375)	2,668	(31,007)	D−②
지쿠젠 정(筑前町)	↗	−20.2	2219.0	(26,064)	2,781	(29,591)	D−②
간다 정(苅田町)	↗	−19.8	3031.0	(34,551)	3,778	(37,684)	A
무나카타 시(宗像市)	↗	−18.7	8302.0	(86,259)	10,208	(97,095)	D−①
가스가 시(春日市)	↗	−17.9	9899.0	(99,936)	12,057	(111,023)	D−①
사사구리 정(篠栗町)	↗	−17.0	2724.0	(28,299)	3,283	(31,209)	D−①
지쿠시노 시(筑紫野市)	↗	−16.2	9195.0	(97,302)	10,976	(103,311)	D−①
고가 시(古賀市)	↗	−13.3	5380.0	(53,950)	6,203	(58,786)	D−①
나카가와 시(那珂川市)	↘	−12.9	4544.0	(46,437)	5,217	(50,112)	A
오노조 시(大野城市)	↗	−12.8	10150.0	(99,002)	11,645	(102,085)	D−①
후쿠오카 시(福岡市)	↗	−12.6	200659.0	(1,622,565)	229,469	(1,612,392)	D−①
다자이후 시(太宰府市)	↗	−10.0	6800.0	(69,619)	7,556	(73,164)	A
후쿠쓰 시(福津市)	↗	−8.4	6777.0	(72,626)	7,401	(67,033)	A
신구 정(新宮町)	↗	−7.8	3526.0	(33,806)	3,824	(32,927)	A
스에 정(須恵町)	↗	−3.4	2860.0	(28,983)	2,959	(28,628)	A
시메 정(志免町)	↘	−2.1	4923.0	(47,659)	5,030	(46,377)	A
가스야 정(粕屋町)	↘	−0.8	6099.0	(52,690)	6,145	(48,190)	A
히사야마 정(久山町)	↗	−0.7	999.0	(9,712)	1,006	(9,068)	A

사가 현(佐賀県)

지자체		증감률					분류
겐카이 정(玄海町)	↘	−66.0	119.0	(3,332)	350	(5,609)	C−①
다라 정(太良町)	↗	−62.4	199.0	(4,035)	529	(8,121)	C−①
시로이시 정(白石町)	↘	−57.8	747.0	(12,558)	1,772	(22,051)	C−②
오마치 정(大町町)	↗	−55.7	220.0	(3,577)	497	(6,293)	C−②
다쿠 시(多久市)	↘	−55.5	626.0	(10,306)	1,408	(18,295)	C−②
우레시노 시(嬉野市)	↑	−46.2	1231.0	(16,149)	2,289	(25,848)	D−②
아리타 정(有田町)	↘	−46.2	828.0	(11,980)	1,539	(19,010)	D−②
가시마 시(鹿島市)	↗	−45.2	1363.0	(17,646)	2,487	(27,892)	D−②
이마리 시(伊万里市)	↘	−41.9	2590.0	(35,675)	4,456	(52,629)	D−②
가라쓰 시(唐津市)	↗	−37.9	6387.0	(80,289)	10,278	(117,373)	D−②
간자키 시(神埼市)	↗	−35.6	1911.0	(23,364)	2,966	(31,022)	D−③
오기 시(小城市)	↗	−35.2	2965.0	(34,241)	4,572	(43,952)	D−③
기야마 정(基山町)	↑	−34.7	1188.0	(13,129)	1,819	(17,250)	D−③
다케오 시(武雄市)	↗	−33.7	2968.0	(36,558)	4,475	(47,914)	D−②

가미미네 정(上峰町)	↗	−27.2	740.0	(7,991)	1,017	(9,286)	D−③
고호쿠 정(江北町)	↗	−27.0	778.0	(8,313)	1,066	(9,566)	D−②
사가 시(佐賀市)	↗	−25.1	18212.0	(194,311)	24,302	(233,301)	D−③
미야키 정(みやき町)	↑	−23.1	1761.0	(20,920)	2,290	(25,511)	D−②
요시노가리 정(吉野ヶ里町)	↗	−22.7	1414.0	(14,114)	1,828	(16,323)	D−③
도스 시(鳥栖市)	↘	−13.7	7225.0	(72,385)	8,370	(74,196)	D−①

신카미고토 정(新上五島町)	↗	−76.7	213.0	(7,024)	915	(17,503)	C−①
쓰시마 시(対馬市)	↗	−67.0	604.0	(13,326)	1,830	(28,502)	C−①
사이카이 시(西海市)	↗	−63.3	636.0	(12,827)	1,731	(26,275)	C−①
고토 시(五島市)	↗	−62.6	804.0	(17,632)	2,149	(34,391)	C−①
히라도 시(平戸市)	↗	−62.3	690.0	(14,473)	1,829	(29,365)	C−①
미나미시마바라 시(南島原市)	↗	−61.8	1063.0	(20,627)	2,780	(42,330)	C−①
히가시소노기 정(東彼杵町)	↗	−61.1	205.0	(4,073)	527	(7,721)	C−①
마쓰우라 시(松浦市)	↗	−59.2	643.0	(10,888)	1,575	(21,271)	C−①
이키 시(壱岐市)	↗	−58.9	656.0	(13,199)	1,596	(24,948)	C−①
오지카 정(小値賀町)	↗	−58.3	50.0	(963)	120	(2,288)	C−①
운젠 시(雲仙市)	↗	−55.4	1465.0	(23,609)	3,282	(41,096)	C−①
시마바라 시(島原市)	↑	−48.4	1742.0	(27,091)	3,375	(43,338)	D−②
가와타나 정(川棚町)	↗	−47.5	604.0	(8,232)	1,151	(13,377)	D−③
나가요 정(長与町)	↘	−43.9	2288.0	(27,295)	4,080	(40,780)	D−②
이사하야 시(諫早市)	↑	−42.2	7005.0	(93,988)	12,112	(133,852)	D−②
하사미 정(波佐見町)	↘	−41.3	758.0	(9,942)	1,292	(14,291)	D−②
나가사키 시(長崎市)	↗	−38.1	24040.0	(280,138)	38,847	(409,118)	D−③
사세보 시(佐世保市)	↗	−37.8	13916.0	(165,944)	22,386	(243,223)	D−②
도기쓰 정(時津町)	↘	−36.9	1892.0	(21,524)	2,998	(29,339)	D−②
샤자 정(佐□町)	↗	−31.2	948.0	(11,017)	1,378	(13,912)	D−②
오무라 시(大村市)	↘	−24.8	7584.0	(85,005)	10,089	(95,397)	D−②

구마 촌(球磨村)	↘	−75.2	33.0	(650)	133	(2,433)	C−①
사가라 촌(相良村)	↘	−70.7	68.0	(1,887)	232	(4,070)	C−①
아시키타 정(芦北町)	↘	−63.3	345.0	(6,880)	941	(15,681)	C−①
미사토 정(美里町)	↗	−62.7	205.0	(4,484)	550	(9,392)	C−②
가미아마쿠사 시(上天草市)	↗	−62.3	605.0	(11,669)	1,605	(24,563)	C−①
유노마에 정(湯前町)	↗	−61.5	72.0	(1,809)	187	(3,627)	C−①
야마토 정(山都町)	↗	−61.1	249.0	(5,466)	640	(13,503)	C−①
레이호쿠 정(苓北町)	↗	−61.0	157.0	(3,537)	402	(7,114)	C−①
쓰나기 정(津奈木町)	↘	−59.5	104.0	(2,177)	257	(4,254)	C−①
야먀에 촌(山江村)	↘	−59.2	98.0	(1,717)	240	(3,238)	C−①
아마쿠사 시(天草市)	↗	−58.0	2010.0	(39,327)	4,780	(75,783)	C−①

다카모리 정(高森町)	↗	−57.3	160.0	(3,149)	375	(5,789)	C–①
다라기 정(多良木町)	↗	−53.7	245.0	(4,775)	529	(9,076)	C–①
우부야마 촌(産山村)	↓	−52.5	38.0	(750)	80	(1,382)	C–①
나고미 정(和水町)	↘	−52.0	287.0	(5,077)	598	(9,342)	C–①
히카와 정(氷川町)	↘	−51.9	387.0	(6,499)	805	(11,094)	C–②
미나마타 시(水俣市)	↗	−51.3	804.0	(12,700)	1,651	(23,557)	C–①
오구니 정(小国町)	↗	−50.0	214.0	(3,579)	428	(6,590)	C–①
난칸 정(南関町)	↑	−49.6	355.0	(5,179)	704	(8,979)	D–②
히토요시 시(人吉市)	↑	−47.6	1208.0	(19,186)	2,307	(31,108)	D–②
아사기리 정(あさぎり町)	↑	−46.7	583.0	(8,822)	1,094	(14,676)	D–②
아소 시(阿蘇市)	↘	−45.2	1049.0	(15,160)	1,914	(24,930)	D–②
나가스 정(長洲町)	↑	−43.7	724.0	(10,057)	1,286	(15,372)	D–②
야마가 시(山鹿市)	↗	−43.6	2214.0	(30,205)	3,926	(49,025)	D–②
니시키 정(錦町)	↑	−42.0	474.0	(6,911)	817	(10,288)	D–②
미즈카미 촌(水上村)	↑	−37.5	60.0	(1,064)	96	(2,033)	D–②
야쓰시로 시(八代市)	↗	−36.7	7146.0	(86,864)	11,290	(123,067)	D–③
우키 시(宇城市)	↗	−35.7	3211.0	(40,339)	4,992	(57,032)	D–②
기쿠치 시(菊池市)	↗	−35.0	2761.0	(32,894)	4,249	(46,416)	D–②
다마나 시(玉名市)	↗	−34.4	3799.0	(45,585)	5,795	(64,292)	D–③
미나미오구니 정(南小国町)	↗	−34.1	184.0	(2,473)	279	(3,750)	D–②
교쿠토 정(玉東町)	↗	−32.9	261.0	(3,433)	389	(5,045)	D–②
아라오 시(荒尾市)	↗	−32.6	2884.0	(35,395)	4,281	(50,832)	D–②
이쓰키 촌(五木村)	↑	−30.8	36.0	(470)	52	(931)	D–②
우토 시(宇土市)	↗	−30.6	2352.0	(28,006)	3,388	(36,122)	D–②
고사 정(甲佐町)	↑	−29.8	532.0	(6,953)	758	(10,132)	D–②
니시하라 촌(西原村)	↘	−24.3	428.0	(6,013)	565	(6,426)	D–②
구마모토 시(熊本市)	↗	−22.0	64387.0	(648,196)	82,553	(738,865)	D–③
미후네 정(御船町)	↗	−12.7	1272.0	(13,560)	1,457	(16,303)	A
오즈 정(大津町)	↘	−12.2	3641.0	(36,639)	4,149	(35,187)	A
기쿠요 정(菊陽町)	↗	−11.2	4646.0	(46,391)	5,233	(43,337)	A
고시 시(合志市)	↗	−8.5	5779.0	(62,225)	6,314	(61,772)	A
마시키 정(益城町)	↗	−8.0	2834.0	(30,601)	3,079	(32,510)	A
가시마 정(嘉島町)	↗	−6.9	933.0	(9,545)	1,002	(9,547)	A
미나미아소 촌(南阿蘇村)	↑	−5.9	525.0	(7,031)	558	(9,836)	A
오이타 현(大分県)							
히메시마 촌(姫島村)	↘	−76.3	14.0	(558)	59	(1,725)	C–①
쓰쿠미 시(津久見市)	↘	−65.5	331.0	(6,800)	958	(16,100)	C–②
구니사키 시(国東市)	↗	−60.7	687.0	(14,119)	1,749	(26,232)	C–②
고코노에 정(九重町)	↘	−59.3	211.0	(4,159)	519	(8,541)	C–①
구스 정(玖珠町)	↗	−58.7	421.0	(7,515)	1,020	(14,386)	C–①

사이키 시(佐伯市)	↗	−55.1	2006.0	(35,779)	4,468	(66,851)	C—①
다케타 시(竹田市)	↗	−54.5	547.0	(9,699)	1,202	(20,332)	C—②
분고오노 시(豊後大野市)	↗	−52.3	1066.0	(18,093)	2,236	(33,695)	C—②
우스키 시(臼杵市)	↗	−52.1	1150.0	(19,842)	2,403	(36,158)	C—②
기쓰키 시(杵築市)	↓	−50.4	1075.0	(16,456)	2,168	(27,999)	C—②
히타 시(日田市)	↑	−45.5	2607.0	(38,839)	4,785	(62,657)	D—②
우사 시(宇佐市)	↗	−40.6	2490.0	(35,431)	4,193	(52,771)	D—②
분고타카다 시(豊後高田市)	↑	−38.7	1196.0	(15,895)	1,951	(22,112)	D—③
벳푸 시(別府市)	↗	−28.6	8085.0	(84,031)	11,319	(115,321)	D—③
나카쓰 시(中津市)	↗	−25.6	5741.0	(69,547)	7,711	(82,863)	D—②
유후 시(由布市)	↗	−24.2	2397.0	(25,542)	3,161	(32,772)	D—③
히지 정(日出町)	↘	−23.8	2024.0	(23,163)	2,656	(27,723)	D—②
오이타 시(大分市)	↗	−21.9	38116.0	(415,875)	48,813	(475,614)	D—③
미야자키 현(宮崎県)							
모로쓰카 촌(諸塚村)	↘	−72.6	23.0	(676)	84	(1,486)	C—①
미사토 정(美郷町)	↘	−65.3	85.0	(2,103)	245	(4,826)	C—①
시바 촌(椎葉村)	↗	−63.2	46.0	(1,063)	125	(2,503)	C—①
다카치호 정(高千穂町)	↗	−57.5	304.0	(5,833)	715	(11,642)	C—①
히노카게 정(日之影町)	↗	−55.9	86.0	(1,782)	195	(3,635)	C—①
에비노 시(えびの市)	↘	−54.5	520.0	(8,876)	1,142	(17,638)	C—①
구니토미 정(国富町)	↗	−52.9	656.0	(10,940)	1,392	(18,398)	C—①
구시마 시(串間市)	↗	−52.8	503.0	(8,183)	1,065	(16,822)	C—①
다카하루 정(高原町)	↗	−50.9	276.0	(4,797)	562	(8,639)	C—①
사이토 시(西都市)	↘	−49.5	1075.0	(16,977)	2,128	(28,610)	D—②
고카세 정(五ヶ瀬町)	↑	−49.4	84.0	(1,699)	166	(3,472)	D—②
가와미나미 정(川南町)	↘	−49.0	678.0	(9,640)	1,329	(15,194)	D—③
니치난 시(日南市)	↑	−48.1	1993.0	(29,534)	3,837	(50,848)	D—②
쓰노 정(都農町)	↑	−45.7	391.0	(6,062)	720	(9,906)	D—②
노베오카 시(延岡市)	↗	−44.0	5412.0	(76,142)	9,658	(118,394)	D—②
가도카와 정(門川町)	↘	−40.8	811.0	(11,430)	1,369	(17,379)	D—②
고바야시 시(小林市)	↑	−40.6	2089.0	(28,975)	3,519	(43,670)	D—②
신토미 정(新富町)	↗	−40.0	846.0	(11,268)	1,410	(16,564)	D—②
니시메라 촌(西米良村)	↑	−40.0	39.0	(568)	65	(1,000)	D—②
휴가 시(日向市)	↗	−37.6	3096.0	(42,324)	4,961	(59,629)	D—②
다카나베 정(高鍋町)	↗	−37.5	1086.0	(13,931)	1,738	(19,922)	D—②
기조 정(木城町)	↗	−34.4	258.0	(3,151)	393	(4,895)	D—②
아야 정(綾町)	↑	−34.1	339.0	(4,917)	514	(6,934)	D—②
미야코노조 시(都城市)	↗	−28.3	11026.0	(124,930)	15,368	(160,640)	D—②
미야자키 시(宮崎市)	↗	−23.4	31462.0	(348,569)	41,088	(401,339)	D—③
미마타 정(三股町)	↗	−22.7	1956.0	(22,261)	2,529	(25,591)	D—②

가고시마 현(鹿児島県)						
유스이 정(湧水町)	↗	−64.5	186.0	(4,513)	524	(9,119)	C-①
미나미오스미 정(南大隅町)	↗	−63.8	105.0	(2,516)	290	(6,481)	C-①
긴코 정(錦江町)	↗	−63.1	144.0	(3,069)	390	(6,944)	C-①
다루미즈 시(垂水市)	↗	−62.2	389.0	(6,629)	1,029	(13,819)	C-②
아쿠네 시(阿久根市)	↗	−60.7	503.0	(9,559)	1,281	(19,270)	C-①
사쓰마 정(さつま町)	↘	−59.3	636.0	(10,222)	1,562	(20,243)	C-②
소오 시(曽於市)	↗	−59.1	984.0	(17,078)	2,405	(33,310)	C-①
미나미큐슈 시(南九州市)	↗	−57.7	1004.0	(17,345)	2,372	(33,080)	C-①
니시노오모테 시(西之表市)	↗	−55.6	434.0	(8,492)	978	(14,708)	C-①
마쿠라자키 시(枕崎市)	↗	−53.1	713.0	(10,844)	1,519	(20,033)	C-②
야마토 촌(大和村)	↗	−52.7	35.0	(730)	74	(1,364)	C-①
기모쓰키 정(肝付町)	↗	−51.8	420.0	(7,454)	872	(14,227)	C-①
아마기 정(天城町)	↗	−51.6	163.0	(3,430)	337	(5,517)	C-①
미시마 촌(三島村)	↗	−50.0	19.0	(219)	38	(405)	C-①
기카이 정(喜界町)	↗	−50.0	193.0	(3,892)	386	(6,629)	C-①
아마미 시(奄美市)	↑	−49.6	1652.0	(26,905)	3,278	(41,390)	D-②
이사 시(伊佐市)	↑	−49.4	874.0	(13,332)	1,727	(24,453)	D-②
미나미타네 정(南種子町)	↑	−47.7	168.0	(3,295)	321	(5,445)	D-②
이부스키 시(指宿市)	↗	−47.1	1680.0	(23,308)	3,174	(39,011)	D-③
도쿠노시마 정(徳之島町)	↑	−46.8	412.0	(6,170)	775	(10,147)	D-②
와도마리 정(和泊町)	↘	−46.4	261.0	(4,038)	487	(6,246)	D-②
이치키쿠시키노 시(いちき串木野市)	↑	−46.4	1091.0	(15,772)	2,034	(27,490)	D-②
세토우치 정(瀬戸内町)	↑	−45.2	308.0	(5,511)	562	(8,546)	D-②
시부시 시(志布志市)	↗	−44.8	1345.0	(18,307)	2,438	(29,329)	D-②
나가시마 정(長島町)	↑	−43.7	409.0	(5,897)	727	(9,705)	D-②
나카타네 정(中種子町)	↑	−42.5	273.0	(4,552)	475	(7,539)	D-②
도시마 촌(十島村)	↑	−42.0	40.0	(532)	69	(740)	D-②
이즈미 시(出水市)	↗	−40.5	2751.0	(36,313)	4,625	(51,994)	D-②
지나 정(知名町)	↑	−40.3	247.0	(3,627)	414	(5,750)	D-②
미나미사쓰마 시(南さつま市)	↑	−38.7	1499.0	(19,607)	2,446	(32,887)	D-②
오사키 정(大崎町)	↑	−36.0	641.0	(7,513)	1,002	(12,385)	D-③
히오키 시(日置市)	↗	−35.9	2464.0	(33,179)	3,846	(47,153)	D-②
히가시쿠시라 정(東串良町)	↗	−35.1	328.0	(4,430)	505	(6,237)	D-②
사쓰마센다이 시(薩摩川内市)	↗	−34.1	5354.0	(67,988)	8,128	(92,403)	D-②
이센 정(伊仙町)	↑	−33.8	255.0	(4,251)	385	(6,139)	D-②
요론 정(与論町)	↑	−31.4	256.0	(3,782)	373	(5,115)	D-②
가노야 시(鹿屋市)	↗	−29.2	6914.0	(78,294)	9,763	(101,096)	D-②
야쿠시마 정(屋久島町)	↗	−27.8	612.0	(8,111)	848	(11,858)	D-②
기리시마 시(霧島市)	↗	−27.8	8957.0	(101,030)	12,405	(123,135)	D-②

지역							
가고시마 시(鹿児島市)	↗	−25.6	48234.0	(498,125)	64,821	(593,128)	D-③
아이라 시(姶良市)	↗	−24.5	5514.0	(64,544)	7,305	(76,348)	D-②
다쓰고 정(龍郷町)	↘	−24.3	364.0	(5,088)	481	(5,817)	D-②
우켄 촌(宇検村)	↑	−14.6	70.0	(1,109)	82	(1,621)	A
오키나와 현(沖縄県)							
구메지마 정(久米島町)	↑	−44.3	327.0	(4,520)	587	(7,192)	D-②
구니가미 촌(国頭村)	↗	−39.6	220.0	(2,996)	364	(4,517)	D-②
이헤야 촌(伊平屋村)	↘	−39.5	49.0	(644)	81	(1,126)	D-②
나키진 촌(今帰仁村)	↗	−36.8	428.0	(6,672)	677	(8,894)	D-②
히가시 촌(東村)	↑	−35.8	61.0	(1,128)	95	(1,598)	D-②
오기미 촌(大宜味村)	↗	−35.5	142.0	(2,346)	220	(3,092)	D-②
자마미 촌(座間味村)	↑	−34.6	72.0	(690)	110	(892)	D-③
이에 촌(伊江村)	↑	−33.5	183.0	(2,640)	275	(4,118)	D-②
모토부 정(本部町)	↑	−31.8	773.0	(9,070)	1,133	(12,530)	D-②
도나키 촌(渡名喜村)	↗	−30.0	14.0	(221)	20	(346)	D-③
요나구니 정(与那国町)	↑	−29.1	112.0	(1,111)	158	(1,676)	D-②
기타다이토 촌(北大東村)	↗	−28.0	36.0	(467)	50	(590)	D-②
이제나 촌(伊是名村)	↑	−27.7	68.0	(883)	94	(1,322)	D-②
미야코지마 시(宮古島市)	↗	−26.1	3678.0	(47,218)	4,977	(52,931)	D-②
아구니 촌(粟国村)	↗	−25.0	33.0	(457)	44	(683)	D-②
니시하라 정(西原町)	↗	−23.8	2952.0	(31,073)	3,872	(34,984)	D-②
나하 시(那覇市)	↗	−22.5	27463.0	(280,108)	35,414	(317,625)	D-③
도카시키 촌(渡嘉敷村)	↑	−21.5	73.0	(551)	93	(718)	D-③
이토만 시(糸満市)	↗	−21.2	5414.0	(58,237)	6,870	(61,007)	D-②
이시가키 시(石垣市)	↗	−20.8	4108.0	(45,098)	5,189	(47,637)	D-②
미나미다이토 촌(南大東村)	↗	−20.8	84.0	(953)	106	(1,285)	D-②
오키나와 시(沖縄市)	↗	−20.6	13133.0	(140,354)	16,541	(142,752)	D-②
나고 시(名護市)	↗	−20.6	6016.0	(60,200)	7,577	(63,554)	D-②
우라소에 시(浦添市)	↘	−19.9	10873.0	(108,581)	13,572	(115,690)	A
요미탄 촌(読谷村)	↗	−19.0	3643.0	(40,018)	4,499	(41,206)	A
기노완 시(宜野湾市)	↗	−18.9	10134.0	(97,722)	12,502	(100,125)	A
자탄 정(北谷町)	↗	−18.7	2719.0	(26,454)	3,344	(28,201)	A
가데나 정(嘉手納町)	↗	−18.6	1166.0	(12,026)	1,432	(13,521)	A
기타나카구스쿠 촌(北中城村)	↗	−18.0	1618.0	(18,269)	1,972	(17,969)	A
다케토미 정(竹富町)	↑	−17.9	400.0	(3,346)	487	(3,942)	A
우루마 시(うるま市)	↘	−17.8	11235.0	(124,641)	13,667	(125,303)	A
난조 시(南城市)	↗	−14.3	3776.0	(44,876)	4,405	(44,043)	A
하에바루 정(南風原町)	↘	−14.0	4309.0	(41,255)	5,012	(40,440)	A
도미구스쿠 시(豊見城市)	↘	−13.8	6593.0	(65,786)	7,647	(64,612)	A
온나 촌(恩納村)	↗	−13.3	1144.0	(11,249)	1,320	(10,869)	D-①

요나바루 정(与那原町)	↗	−12.9	2137.0	(21,504)	2,453	(19,695)	A
긴 정(金武町)	↗	−12.0	854.0	(10,222)	970	(10,806)	A
야에세 정(八重瀬町)	↗	−8.7	3099.0	(34,340)	3,393	(30,941)	A
나카구스쿠 촌(中城村)	↗	−5.6	2625.0	(26,102)	2,780	(22,157)	A
기노자 촌(宜野座村)	↗	−4.8	518.0	(6,304)	544	(5,833)	A
다라마 촌(多良間村)	↑	0.0	60.0	(681)	60	(1,058)	A

인구전략회의 구성원 소개

미무라 아키오(三村明夫)   의장, 일본제철 주식회사 명예회장
마스다 히로야(增田寬也)   부의장, 일본우정 주식회사 사장
아베 슈이치(阿部守一)   나가노 현 지사
오하시 데쓰지(大橋徹二)   주식회사 고마쓰제작소 대표회장
오키나 유리(翁 百合)   주식회사 일본종합연구소 이사장
가네코 류이치(金子隆一)   메이지대학 특임교수
구니베 다케시(國部 毅)   주식회사 미스이스미토모 파이낸셜그룹 대표이사회장
고가 노부아키(古賀伸明)   공익사단법인 국제경제노동연구소 회장
고가 노부유키(古賀信行)   노무라홀딩스 주식회사 명예고문
고다이라 노부요리(小平信因)   공익재단법인 도요타재단 회장
사이토 히데카즈(齊藤英和)   의료법인사단 에이켄카이 우메가오카 산부인과아트센터장
시라카와 마사아키(白川方明)   아오야마학원대학교 특별초빙교수
스미 슈조(隅 修三)   도쿄해상일동화재보험주식회사 상담역
쓰지 다쿠야(辻 琢也)   히토쓰바시대학교 교수
도야마 가즈히코(富山和彦)   주식회사 경영공창기반IGPI그룹 회장
나가세 노부코(永瀬伸子)   오차노미즈여자대학교 교수
히구치 요시오(樋口美雄)   게이오기주쿠대학교 명예교수
미야케 구니히코(宮家邦彦)   일반재단법인 캐논글로벌전략연구소 연구주간
야자키 요시오(矢崎義雄)   학교법인 도쿄의과대학교 이사장
야스코치 가타히로(安河内賢弘)   JAM 회장
와다 마사루(和田 勝)   복지사회종합연구소 대표, 국제의료복지대학교 객원교수

[실무 간사]

이가라시 지카코(五十嵐智嘉子)   일반사단법인 홋카이도종합연구조사회 이사장
이나가와 히데카즈(伊奈川秀和)   도요대학교 교수
세키네 도시타카(關根敏隆)   히토쓰바시대학교 교수
니시야마 게이타(西山圭太)   도쿄대학교 미래비전연구센터 객원교수
하부카 시게키(羽深成樹)   라쿠텐그룹 주식회사 대표이사
반도 구미코(板東久美子)   일본적십자사 상임이사
후지 다케시(藤井 健)   수도고속도로주식회사 대표이사
야마자키 시로(山崎史郎)   일본의료대학교 객원교수

(2024년 4월 24일 기준)

이 책은 〈주오코론〉 2024년 2월호, 3월호, 6월호, 9월호에 게재된

논고 및 대담을 편집한 내용입니다.

인구전략회의
급격한 인구 감소를 앞두고 미래로 선택할 수 있는 바람직한 사회를 구상하기 위해 2023년 7월 민간에서 뜻이 있는 이들에 의해 설립된 싱크탱크다. 2024년 1월 〈인구 비전 2100 – 안정적이면서 성장력 있는 '인구 8,000만 국가'를 향해〉를 정리해 정부에 제언했다. 의장은 미무라 아키오(일본제철 명예회장), 부의장은 마스다 히로야(일본우정 사장)이다.

수도권 쏠림이 만든 인구 위기,
해법은 어디에 있는가

천천히 무너지는 지방 도시

대응할 틈도 없이 찾아오는 위기가 있다. 지진, 코로나와 같은 감염병, 전쟁이나 대형 교통사고와 같이 갑작스럽게 터지는 위기다. 이런 사건은 평화롭던 일상을 한순간에 뒤흔들며 우리 기억에 선명한 자국을 남긴다. 이전과 이후가 또렷하게 갈라지기 때문에 사회 전체가 충격을 받고 즉각 대응에 나선다. 급작스러운 위기는 공포를 통해 우리를 각성시키고 대비책을 마련하게 만든다.

그러나 더 위험한 것은 천천히 다가오는 위기다. 조용히, 그리고 느리게 스며드는 위기는 그 얼굴이 또렷하지 않다. 우리의 인식이 일상의 변화에 조금씩 적응하기 때문이다. 어떤 병은 통증으로 경고하지 않는다. 대표적인 것이 침묵의 살인자로 불리는 고혈압이다. 특별한 증상이 없기 때문에 사람들은 경각심을 갖지 않는다. 그러나 보이지 않는 사이 혈관 벽은 조금씩 두꺼워지고 탄력을 잃는다. 결국 어느 날 심각한 질환으로 이어진다. 천천히 진행되는 변화의 무서움은 바로 여기에 있다. 사람들은 변화를 느끼지 못한 채 그 변화에 적응해 버리고, 문제가 분명해졌을 때는 이미 되돌리기 어려운 단계에 이르러 있기 때문이다.

인구 감소가 바로 그런 위기다. 인구는 조금씩 줄어든다. 어느 날 갑자기 도시가 사라지는 일은 없다. 대신 어린이집이 하나씩 문을 닫고, 학교의 학생 수가 줄어들고, 병원의 야간 진료가 끊긴다. 버스 노선도 슬그머니 사라진다. 하지만 우리는 불편함을 감수하며 그때마다 기막히게 '적응'한다. 그래서 밖에서 아무리 위험하다고 경고해도 쉽게 와닿지 않는다.

내가 방문했던 쇠퇴 도시들의 풍경은 통계보다 훨씬 평온해서 오히려 더 낯설었다. 인구가 지난 15년 동안 20~30%나 줄어들었고, 시장 바닥에 상인보다 빈 좌판이 더 많은 상황에서도 주민들은 이렇게 말하곤 했다. "조금 어려워진 것 같긴 해요. 시간이 지나면 좋아지겠지요." 위기가 서서히 진행될 때 사람들은 그 변화를 위기로 인식하기보다 그저 일상의 불편 정도로 받아들였다. '소멸'이나 '파산'이라는 말도 대부분은 나와 관계없는 이야기, 혹은 먼 미래의 일처럼 여겼다.

지역 연구를 시작한 지도 어느덧 20년이 되어간다. 하지만 그 20년 동안 지방이 더 나아졌던 시기는 단 한 번도 없었다. 20년 전은 10년 전보다 나았고, 10년 전은 5년 전보다 나았다. 그리고 5년 전은 지금보다 나았다. 문제는 이제 상황이 더 나빠지는 것조차 사람들에게는 더 이상 놀라운 일이 아니라는 점이다.

저출산을 부추기는 수도권 쏠림

이제 그 위기의 실체를 숫자로 뜯어보자. 천천히, 그러나 확실하게 다가오는 지방의 인구 위기는 두 갈래로 진행된다.

첫째는 출생이 줄어드는 '자연 감소'다. 2025년 우리나라의 합계출산율은 약 0.8명 수준이다. 이 출산율이 반등하지 않는다면 우리에게 미래는 없다. 예를 들어 남녀 100명, 즉 50쌍이 아이를 낳는다고 가정해 보자. 출산율이 0.8명이라면 다음 세대에는 약 40명이 태어나고, 그 40명이 다시 아이를 낳으면 다음 세대는 16명으로 줄어든다. 불과 두 세대, 약 60년 사이에 인구의 80% 이상이 사라지는 구조다.

둘째는 청년이 떠나가는 '사회 감소'다. 인구 감소 지역에서는 청년 100명 가운데 매년 약 5명이 지역을 떠난다. 이 흐름이 계속되면 10년 뒤에는 청년 인구가 절반 가까이 줄어든다. 출생이 줄어드는 상황에서 청년들까지 빠져나간다면 지역 인구 구조는 훨씬 더 빠른 속도로 무너질 수밖에 없다.

앞에서 말한 두 흐름을 각각 '저출산 위기'와 '인구 이탈 위기'라고 부를 수 있다. 많은 사람들이 지방 소멸의 원인으로 저출산을 먼저 떠올리지만, 실제 데이터를 보면 이야기는 조금 다르다. 최근 발표된 〈한국의 사회동향 2025〉의 통계는 자못 충격적이다. 2000년부터

2023년까지 24년 동안 인구 감소 지역의 인구는 연평균 약 1만 9000명 줄어들었다. 이 가운데 자연 감소, 즉 출생보다 사망이 많아서 줄어든 인구는 약 6200명 수준이다. 반면 다른 지역으로 이동하면서 줄어든 인구, 즉 사회 감소는 약 1만 2800명에 이른다. 지방 인구 감소의 상당 부분이 청년들의 이동에서 비롯된 셈이다. 지방 소멸의 직접적인 동력은 저출산보다 청년 유출에 가깝다.

여기서 한 가지 중요한 사실은 저출산과 인구 이탈이 서로 별개의 현상이 아니라는 점이다. 두 현상은 서로 영향을 주고받으며 함께 악화된다. 특히 청년들이 수도권으로 몰리는 현상은 지방의 인구 구조를 무너뜨리는 데 그치지 않고, 국가 전체의 출산율을 바닥까지 끌어내리고 있다. 지금 이 순간에도 수도권으로의 쏠림은 계속되고 있다. 청년들은 더 많은 기회를 찾아 수도권으로 이동한다. 그러나 그곳의 현실이 반드시 밝은 것만은 아니다. 수도권에는 이미 수많은 청년들이 몰려 극심한 경쟁에 노출되어 있다. 서울의 집값 상승률은 다른 지역을 압도하고 있고, 사교육비 역시 빠르게 치솟고 있다. 결혼을 결심하기도, 아이를 낳아 키우기도 점점 어려운 환경이 되어가고 있다. 수도권 젊은이들의 생존 경쟁이 결혼과 출산을 압도하는 현상이 나타나고 있는 것이다.

그렇다고 지방의 상황이 낫다고 보기도 어렵다. 인구가 줄어들면서 지역의 산업 기반도 약해지고 있다. 지방의 많은 도시에서는 여전히 전통 제조업이 핵심 산업을 이루고 있지만, 그 일자리의 임금 수준은 높지 않고 미래 전망도 불투명하다. 청년들이 그 산업 안에서 20년 뒤의 자신의 모습을 그려보기는 쉽지 않다. 게다가 이런 일자리들마저 서서히 줄어들고 있다.

결국 청년들은 두 가지 선택지 사이에 놓여 있다. 인구 밀도가 과도하게 높아진 수도권에서도, 인구 밀도가 급격히 낮아지는 지방에서도 미래를 낙관하기 어렵다. 그럼에도 많은 청년들이 수도권을 선택하는 이유는 그곳이 더 나아서라기보다 그나마 가능성이 남아 있는 곳으로 보이기 때문이다. 희망이 증발한 땅에서 어찌 미래 세대를 계획할 수 있겠는가? 쏠림의 끝은 결국 국가 전체의 파멸적 축소로 이어질 뿐이다.

청년들은 왜 떠나는가?

그렇다. 우리는 이미 답을 알고 있다. 청년들이 지방을 등지고 수도권으로 향하는 이유는 결국 '일자리'다. "청년들이 떠나는 이유는 일자리 때문이다. 그러니 청년들이 선호하는 일자리를 만들어야 한다." 틀린 말은 아니다. 그러나 대부분의 논의는 여기에서 멈춘다. "그렇다면 그런 일자리를 어떻게 만들 것인가?"라는 질문 앞에서는 쉽게 답이 나오지 않는다.

수도권행을 선택한 청년들의 이동은 단순한 개인의 선택이라기보다 변화하는 환경에 대한 대응에 가깝다. 지금 청년들이 겪고 있는 이동은 산업구조 변화 속에서 나타나는 일종의 '생존을 위한 이동'이라고 볼 수 있다. 그렇다면 어떤 변화가 이 이동을 만들어 내고 있는 것일까. 가장 큰 변화는 산업구조 자체가 빠르게 바뀌고 있다는 점이다. 과거의 산업은 공장과 설비가 중심이었다. 그러나 오늘날의 첨단 산업은 오직 '사람'이 모여야만 싹을 틔울 수 있는 구조다. 인재가 핵심 자원이 되면서 기업들은 더 많은 인재를 만날 수 있는 곳으로 모이기 시작했다. 인구가 밀집한 도시일수록 이런 산업이 성장하기 유리하다. 자연스럽게 새로운 일자리도 그런 곳에서 만들어진다.

청년들 역시 이런 환경을 선호한다. 사람들이 많이 모인 곳에서는 다양한 정보와 아이디어가 빠르게 교환된다. 이런 과정에서 교과서로 배우기 어려운 지식, 이른바 '암묵지'가 축적된다. 청년들은 이런 환경에서 자신의 경쟁력을 키우려 하고, 기업은 그런 인재를 찾기 위해 다시 그곳으로 모여든다. 인재를 쫓는 기업과 기업을 쫓는 청년이 서로의 꼬리를 무는 이 과정이 '공간적 집적의 메커니즘'이다. 문제는 수도권에만 이런 집중이 강해질수록 지방의 인구와 산업 기반은 더 빠르게 약해질 수밖에 없다는 점이다.

여기에 또 하나의 변화가 겹친다. 청년들의 취업문 자체가 점점 더 좁아지고 있다는 점이다. 예전에는 열심히 준비해 기업의 문을 두드리면 신입사원으로 들어가 경험을 쌓을 기회가 있었다. 그러나 지금의 취업시장은 점점 다른 모습으로 바뀌고 있다. 이제 기업들은 '들어와서 배우는 사람'보다 '이미 배워 온 사람'을 더 선호한다. 이 변화의 배경에는 저성장이 있다. 과거에는 기업들이 인재를 채용해 내부에서 교육하고 키우는 방식이 일반적이었다. 그러나 저성장 국면에 들어서면서 기업들은 장기적인 인재 육성보다 당장의 성과에 더 민감해졌다. 1~2년 뒤의 성장보다 당장의 분기 실적이 생존과 직결되는 것이다. 그러다 보니 옆 회사에서 이미 검증된 사람을 데려오는 방식이 점점 일반화되고 있다. 이게 소위 '중고 신입'이라는 기이한 단어가 등장한 배경이다.

기술 변화도 청년들의 취업문이 높아지는 흐름을 강화하고 있다. 과거 신입사원이 맡던 기초 업무, 예를 들어 데이터 정리나 자료 조사 같은 일은 이제 AI와 소프트웨어가 훨씬 빠르게 처리한다. 기업이 기대하는 인재상도 달라졌다. 이제 기업들은 조직에 들어와 배우는 사람보다 들어오자마자 바로 성과를 낼 수 있는 사람을 찾는다.

이러한 변화는 수도권 집중을 더욱 강화한다. 기업들이 신입을 키우기보다 경력직을 선호하는 구조에서는 청년들에게 더욱 중요한 문제가 생긴다. 바로 '첫 경력을 어디에서 시작할 것인가'이다. 청년들에게 가장 두려운 상황은 자신의 능력을 증명할 기회조차 얻지 못하는 것이다. 지방 중소도시의 산업 구조는 여전히 전통 제조업이나 단순 노무 중심인 경우가 많다. 이런 산업에서 쌓은 경력은 신성장 산업이 요구하는 경험으로 인정받기 어렵다.

반면 수도권에는 규모가 작은 기업이라도 이후 더 큰 기업이나 유망 산업으로 이동할 수 있는 징검다리 역할을 하는 일자리들이 많다. 청년들이 수도권으로 향하는 이유가 여기에 있다. 이처럼 저성장 시대에 청년들에게 가장 큰 안전장치는 '많은 기업이 모여 있는 곳'이다. 취업이 어려워질수록 청년들은 노동시장의 규모를 중요하게 생각한다. 기업이 많아야 기회도 많고, 한 번의 실패가 곧바로 인생의 실패로 이어지지 않기 때문이다. 이직이 가능한 시장, 다시 도전할 수 있는 시장이 청년들에게는 가장 중요한 안전망이 된다. 결국 노동시장이 큰 수도권으로 인구가 몰리는 현상은 자연스러운 결과이기도 하다.

이제 지방은 새로운 선택을 해야 한다. 지역이 함께 힘을 모아 새로운 산업 생태계를 구축해야 한다. 지속적인 성장이 가능한 미래 산업을 키우지 못한다면 인구 감소의 흐름을 멈추기 어렵다. 그것이 휴머노이드 로봇이든, 반도체이든, 해양관광이든 지역이 가진 자원과 잠재력에 기반한 산업이어야 한다. 역사적으로도 일자리를 만들어 낸 지역은 번성했고 그렇지 못한 지역은 쇠락했다. 이 명제는 역사적으로 단 한 번의 예외도 허용하지 않았던, 거의 자연과학의 법칙에 가까운 진리다.

청년이 돌아오는 도시를 만들려면

청년들이 선호하는 일자리를 만들기 위해 가장 중요한 것은 산업 전략이다. 그러나 오늘날 산업 전략은 공간 전략과 분리해서 생각하기 어렵다. 앞서 강조했듯 지식서비스와 첨단 산업이 꽃피는 공간의 조건은 사람들이 밀집한 곳이다. 다양한 사람들이 모여 정보를 교환하고 아이디어를 나누는 환경에서 새로운 지식이 만들어지기 때문이다. 결국 밀도, 다양성, 소통이라는 조건을 갖춘 공간에서 산업도 함께 성장한다. 이제 기업은 땅값이 싼 곳이 아니라, '혁신이 일어날 수 있는 빽빽한 공간'을 찾아 움직인다.

수도권의 성장 과정은 이 구조를 잘 보여준다. 사람들이 수도권으로 몰리자 집값이 상승했고, 주거 불만이 커지자 외곽에 대규모 주택 단지가 들어섰다. 외곽으로 이동한 사람들이 여전히 서울에서 일하자 광역 교통망이 빠르게 확장되었다. 이러한 과정이 반복되면서 수도권은 점점 더 넓은 범위의, 하나의 거대한 도시권으로 작동하게 되었다.

현재 수도권에는 60개가 넘는 기초 지자체가 존재하지만, 실제로는 하나의 거대한 노동시장과 생활권을 이루고 있다. 이런 구조 속에서 청년 인구의 수도권 이동은 쉽게 멈추지 않는다. 수도권은 집적이 만들어내는 문제를 해결하기 위해 더 빠른 교통망과 더 넓은 도시권을 만들어 가고 있기 때문이다. 이런 흐름이 계속된다면 앞으로 20~30년 사이에 상당수 지방 도시들은 속수무책으로 무너질 가능성이 크다. 우리가 수도권 인구 집중의 문제를 풀기 위해 깔고 있는 주택사업과 교통망 구축사업이, 역설적으로 지방을 메마르게 하고 있다.

지금과 같은 방식으로는 지방의 쇠퇴를 막기 어렵다. 안타까운 점은 수도권의 거대한 인력에 맞설 '큰 그림'을 그리기보다, 바로 옆 지자체에게 인구 몇 명을 뺏기지 않으려 벌이는 소모적인 '인구 쟁탈전'에 힘을 낭비하고 있다는 사실이다. 그러나 이런 경쟁 속에서는 어느 도시도 근본적인 해답을 찾기 어렵다. 서로 인구를 끌어오려는 경쟁이 계속되는 동안 지방 전체의 기반은 함께 약해지고 있기 때문이다.

이제 지방은 다른 선택을 해야 한다. 수도권이라는 거대한 힘에 대응하려면 지방 도시들이 서로 협력해야 한다. 이제는 뭉쳐야 한다. 개별 도시의 경쟁이 아니라 광역적인 도시권을 만들어야 한다. 다시 말해 지방에도 수도권에 대응할 수 있는 '제2의 수도권'과 같은 경제·생활권이 형성될 필요가 있다. 그래야 수도권의 과밀 문제와 지방의 쇠퇴 문제를 동시에 완화할 수 있다.

무엇보다 중요한 것은 젊은 세대가 미래를 그릴 수 있는 환경을 만드는 일이다. 그 핵심은 결국 좋은 일자리다. 지역에서도 청년들이 선호하는 일자리가 만들어지도록 산업 전략을 세워야 한다. 이를 위해 지자체, 기업, 연구소, 공공기관, 대학이 하나의 유기체처럼 움직이는 '로컬 킬러 생태계'가 절실하다. 기술이 창업으로 이어지고, 창업이 다시 성장 기업으로 발전하는 구조가 지역 안에서 작동해야 한다.

이 과정에서 중요한 것은 산업 정책을 공간 전략과 함께 설계하는 것이다. 산업 생태계는 특정 지점이 아니라 하나의 광역 공간 안에서 작동한다. 광역 도시권 안에 핵심 거점을 만들고, 그 거점들을 교통망으로 연결해야 한다. 그리고 그 거점에서 청년들이 선호하는 신산업의 씨앗을 뿌려야 한다. 청년들이 모이면 문화와 소비가 생기고, 도시의 활력이 만들어진다. 결국 도시의 미래는 사람과 일자리가 모이는 공간을 어떻게 만들어 내느냐에 달려 있다.

분명한 사실은, 인구 문제는 출산 장려금이나 복지 혜택 같은 '인구 정책'의 틀 안에서는 결코 풀릴 수 없다는 점이다. 우리 사회가 직면한 극심한 인구 감소의 본질은, 이 땅의 청년들이 '20년 후의 미래를 상상할 수 없게 된 구조'에 있기 때문이다. 생존을 위해 청년들은 수도권이라는 좁은 문으로 자신을 밀어 넣는다. 이는 개인에게는 합리적인 선택이지만, 그 선택이 모이면 모두를 공멸로 몰아넣는 역설이 된다. 경제학에서 말하는 전형적인 '구성의 오류(fallacy of composition)'다.

이 오류를 깨트릴 유일한 방법은 청년들이 기꺼이 머물고 싶은 일자리를 지방에 만드는 것이다. 그리고 그 일자리는 자잘하게 나뉘어 각자도생하는 지금의 지자체 구조로는 결코 만들 수 없다. 이제는 인접한 도시들이 행정의 벽을 허물고 자원을 공유하며, 하나의 공동 목표를 향해 거대한 경제권을 형성해야 한다. 흩어진 모래알을 모아 단단한 바위를 만들 때만 지역의 재생은 비로소 시작될 수 있다. 더 이상 늦기 전에, 지방의 연대를 통해 청년들이 20년 후를 기약하며 뿌리 내릴 수 있는 '희망의 공간'을 다시 설계해야 한다. 결국 지방의 미래는 청년들이 다시 돌아올 수 있는 도시를 만들 수 있는가에 달려 있다.

마강래(중앙대학교 도시계획부동산학과 교수)

일본이 귀띔한 지방 소멸 대응전략

일본의 '과소 로컬'을 찾아다닌 지 10여 년을 넘긴다. 이제 47개 광역지자체(도도부현) 중 남겨진 곳은 손에 꼽는다. 매년 1~2회 다녀보니 일본판 지방 소멸의 유입 경로와 대응 궤도는 일정 부분 범주·구조화된다. 확실한 모범사례의 감동만큼이나 설익은 과대포장의 실망도 적잖다. 이는 갈 때마다 느끼는, 이제는 경험칙(?)에 가깝다. 더욱이 인구 소멸의 상징 통계인 출산율은 일본보다 한국이 더 문제다. 늦게 시작됐는데, 일본 추월을 넘어 세계 1위급으로 최저신기록까지 찍었다. 이제 일본 현지 면담자들도 "일본보다 한국이 더 걱정"이라는 데 동의한다. "우리에게 배울 게 아니라 가르쳐달라"는 웃픈 이야기까지 들린다.

이대로면 일본 훈수는 유통기한 종료다. 통원치료의 경증환자가 말기에 임박한 위중환자에게 들려줄 힌트는 없다. 확실히 지방 소멸 이슈는 한국이 일본보다 더 위급하다. 월등히 나쁜 시한부의 절멸 수준에 가깝다. 지방 소멸에 이르는 원인이 많고 루트까지 넓어 결과는 깊을 수밖에 없다. 그럼에도, 그렇기에, 일본은 소중한 연구대상이다. 먼저 쌓은 임상경험의 유효분석은 밑 빠진 독의 갈등적인 '맨땅 헤딩'보다 최소한 한국형을 논하는 잣대로 좋다. '반면교사 vs. 벤치마킹'은 상관없다. 기준조차 없는 갑론을박보다 실효 해법의 출발 논제·논의 재료로 제격인 까닭이다.

드라마틱한 일본 추월은 광범위하다. 좇지 않았으면 하는 지방 소멸도 그렇다. 그렇다고 손 놓고 있을 수는 없다. 변화·현실을 뜻하는 팩트는 말 그대로 팩트일 뿐, 위기억제와 기회 발현은 숙명이자 지향이다. 다행스러운 것은 선발자인 일본의 최초 경험·선행실험에 어울리듯 백화점식 대응카드와 상황별 성과평가가 확인된다는 점이다. 그만큼 지방 소멸은 빨랐고 험했다. 실제로 1990년대 저출생·고령화와 연결된 '도농 불균형'은 절실한 사회 문제였다. 도시 집중·지방 소멸이 정책 의제로 정착되며 다각적인 대응 체계가 총동원됐다. 행정 혁신, 산업 규제, 균형 발전, 고용 정책, 자치 분권 등 항목은 달라도 '구조 개혁=소멸 방어'의 취지는 같았다. 그럼에도 쉽지 않았다. 지방 소멸이 난제로 불리는 이유다. 지금 목격되는 일부의 모범성과는 그때 뿌린 씨앗이 고군분투로 일궈낸 열매일 따름이다.

시대가 변하면 질서는 바뀐다. 지속 가능성은 낯선 사회 변화를 신규 질서로 수정·반영할 때 완성된다. 도시화·현대화·산업화의 인플레형 압축·고도 성장은 끝났다. 패러다임이 일단락되면서 새로운 질서를 향한 수정 압력이 커진다. 새로운 질서는 달라진 인식과 정밀한 통계로 다가온다. 그래서 이 책의 전작인《지방 소멸》은 농산어촌의 '한계 로컬'을 신형 통계의 인구 변화로 입증해낸 기념비적인 위치에 선다. 유명한 '소멸 지수' 때문이다. 지금은 한국의 소멸 지역 기준 통계로 채택, 2031년까지 10조 원을 지원하는 기금(지방 소멸 대응)까지 만들어낸 주역이다. 자연 증감(출생-사망)보다 사회 증감(전출-전입)에 주목해 실존·체감적인 지방 소멸을 알려 화제를 모았다.

소멸 지수는 큰 반향을 얻었다. 연구책임자인 마스다 히로야의 이름을 딴 '마스다 리포트'에 오른 896개의 소멸 가능성 도시 탓이다. 지자체 1,747개 중 절반의 기초지자체가 존속불능의 경고장을 받은 것이다. 소멸 지수(65세 이상/20~39세 여성=50% 이상)는 인구 재생산력에 주목해 이들이 얼마나 정주하느냐에 무게 중심을 둔 통계다. 핵심 기제인 가임 여성(≒청년 인구)의 정주 여부가 소멸 수준을 정한다고 봐서다. 이들이 교육·취업을 찾아 로컬 전출·도시 전입이 심화되면 지방 소멸은 가속화된다. 또 기존 통계(인구 추계)의 허점인 '유령 인구(주민등록과 실제 거주의 불일치)'의 존재도 부각됐다. 주민등록상 농산어촌(고출생지)인데 실거주는 일극수도(저출생지)라면 인구 추계는 과다산정일의 혐의가 짙어서다. 이처럼《지방 소멸》은 새로운 기준으로 달라진 질서를 추동한 돋보이는 연구 결과로 평가된다.

그로부터 10여 년이 흐른 지금, 드디어 이 책《지방 창생》이 모습을 드러냈다. '가속하는 저출산과 새로운 인구 비전'이라는 원서의 부제처럼 그간의 경과 평가와 함께 달라진 목표 설정의 의지를 담아낸 후 속작이다. 앞부분의 톤은 '그럼에도 불구하고 꽤 난감하다'라고 할 수 있다. 지방 도시 744개(지자체 1,729개 중)로 평균적인 소멸 로컬은 줄었지만, 여전히 40%대인 것은 출생 기조에 변화의 조짐이 없다는 투다. 소멸 지수로 추산하면 2100년 일본 총인구는 6,300만 명까지 줄어든다는 결과도 덧붙인다. 왜 이리 박할까 싶지만, 뜯어보면 끄덕여진다. 근본적인 구조 개혁보다 현상적인 도농 격차에만 매달려 가성비가 떨어진다는 견해다. 일률적인 정책도 질타한다. 지역 특성별 인구 대책이 필요해서다. 가령 봉쇄 인구(인구 이동 없음)의 여성 급감이면 출생 증가가 중요하나, 이동이 활발할 때는 전출 감소가 한층 유효하기 때문이다.

그래서일까. 이 책은 구체적인 액션 플랜을 위한 맞춤 분석에 공을 들인다. 지자체별 인구 감소 요인과 패턴을 아홉 개로 분류한 것이다. 전국을 카테고리화해서 개별 지역의 특수성을 다면적으로 평가·대응하기 위해서다. 결과를 보면 봉쇄 인구·이동 가정 모두 20% 미만의 감소율을 보이는, 이른바 '자립·지속 가능성'은 65개로 요약된다. 100년 후에도 청년 여성 50%가 잔존해 지속 가능성이 있다고 본 사례다. 최악은 감소율 50% 이상인 23개 기초단체다. 자연 감소·사회 감소 모두에서 적극적인 정책 개입이 요구된다. 특히 현실성이 높은 사회 전출 50% 이상은 예외 없이 '자연 감소→사회 감소'의 정책 전환을 강조한다. 이는 도합 744개로 압도적이다. 한편 사회 전입(외부 유입 의존형)이 많아 전출 억제보다는 출생 장려가 절실한 '블랙홀형'은

25개에 그친다. 대부분 도쿄권역에 속하는 유형이다.

이 책이 전작보다 유의미한 건 현실 경고를 넘어 구체적인 근본 해법을 제안한다는 점이다. 이를 위해 인구전략회의라는 일본 리딩그룹의 '인적 결합(편저)'이 돋보인다. 산학관민의 전문가가 모여 '2100년 8,000만 국가' 유지를 목표로 다양한 제언(《인구 비전 2100》)을 묶어냈다. 책은 총리에게도 보고된 그 결과물을 엮어 탄생했다. 여러 대응 정책에도 불구하고, 인구 감소가 멈춰지지 않은 분석 재료로 외국인(이민), 행정통합, 디지털 등의 10년 행보도 분해된다.

결국 중요한 건 비전과 액션이다. 책은 8,000만 명의 성장력을 갖춘 안정적인 인구 규모를 위해 3대 기본과제를 내건다. 위기 의식 공유, 청년 중시(특히 여성), 공동 양육 사회 등이다. 청년 여성과 세대 연대 등은 한국에도 시급한 우선순위란 점에서 무척이나 설득력 있다. 하위 인구 전략은 인구 감소의 속도 완화(정상화 전략)와 소형 인구의 사회 지속(강인화 전략)이라는 두 축으로 정리된다. '속도를 늦추고, 줄어도 잘살자'는 차원이다.

특히 이 책에서 눈여겨봐야 할 지점은 본질적인 시선을 다룬 파트다. 일본의 제반 구조를 근본부터 재수정하는 최종 보고로 평가된다. 인구 감소·지방 소멸의 불가피한 파도인 사회 시스템을 21세기에 맞춰 강력하게 업데이트하는 최후 찬스로 쓰자는 차원이다. 1990년대 불량 채권처럼 후속 세대의 외상 장부를 재점검하고, 정규·비정규직 간의 임금 격차 해소를 최우선순위로 둔다. 아울러 청년 그룹의 도쿄 집중을 분산하자는 아이디어가 동원된다. 특히 비관도 낙관도 아닌 전략적인 리얼리즘을 전략화한 건 실용주의 일본답다. 하나같이 장기적으로 안착된 사회 구조의 근본 개편을 염두에 둔 실천적인 해법 모색이라는 점에서 면밀하게 뜯어볼 만하다. 2100년은커녕 2050년 비전조차 없는 한국으로서는 부러운 대목이다.

이 책의 묵직한 화두와 드러난 목록은 이제 한국을 향한다. 한국의 지방 소멸은 누가, 무엇을, 어떻게 하도록 설계·운영해야 할까? 정답이 없듯 논쟁은 뜨겁다. 소멸 극복의 취지는 같은데, 목표 달성의 경로는 다르다. 그만큼 책이 담아낸 '일본판 선행 경험'은 알차고 중하다. 소멸 속도·범위가 일본을 추월했다지만, 그들의 극복 실험에서 축적된 뼈아픈 시행착오와 소중한 성공 변수는 한국 사회의 해법 도출에 큰 힘이 된다. 최소한 없는 것보다 낫다. 단, 한일 양국은 다른 게 더 많기에 없는 정답표를 찾기보다 이정표를 알려주는 해설적인 참고서로 활용하면 좋겠다. 무조건적인 선진 사례로 닮아보자는 것은 위험하다. 어디까지나 사견이라는 점을 전제로 일본의 지방 소멸 대응 체제가 우리보다 한 수 위인 건 맞지만, 그렇다고 아주 탁월한 모범적인 성공 사례로 보긴 어렵다.

지방 소멸의 후폭풍은 갈수록 거칠고 매서울 전망이다. 초유의 대형 문제임에도 막막한 현실 상황이라 이대로면 조만간 한국 사회를 집어삼킬 기세다. 실제 사회 문제의 근원적인 출발은 도농격차형 소멸 현장에서 대부분 확인되고 수렴된다. 저속 성장, 고용 장벽, 집값

갈등, 연금 불안, 교육 맹신 등 얽히고설킨 문제 발생의 공통분모는 하나같이 도시 집중·로컬 소멸로 설명해도 무방하다. 그렇다면 지금 당장 나서야 하고, 나설 수밖에 없다. 정해진 미래가 불러온 당연한 수순이다. 증상은 깊고, 시간은 없다. 대증요법은 거부된다. 일본이 이를 증빙한다.

필요한 건 구조 개혁이다. 긴 시간 한국 사회를 움직인 인식·제도·정책 등 상하위 톱니바퀴의 전면 교체가 지향된다. 인구 감소와 로컬 소멸은 어정쩡한 면피대책으로 막을 수 없다. 그나마 거대 인구·축적 자산·신뢰 통화 등을 지닌 일본조차 지방 소멸 대책은 실패와 반성이 기본값이다. 소멸 경고에 정면으로 응전할 강력한 의지와 꾸준한 실천을 기대한다.

전영수(한양대학교 국제대학원 교수)

지방 창생

초판 1쇄 인쇄 2026년 4월 14일 | 초판 1쇄 발행 2026년 4월 23일

지은이 인구전략회의 | 옮긴이 김영혜

펴낸이 신광수
출판IP사업본부장 강윤구 | 출판IP개발실장 위귀영 | 출판IP사업실장 이용복
크로스오버IP팀 오유미, 김혜연, 전해인, 조문채, 정혜리
출판IP디자인팀 최진아, 당승근 | 글로벌IP사업팀 정승재, 김마이, 박재영, 이아람, 전지현
출판IP사업팀 민현기, 우광일, 김선영, 이강원, 정유, 정슬기, 허성배, 정재욱, 박세화, 김종민, 정영묵
출판IP지원파트 이우성, 이주연, 전효정 | 생산관제팀 외주제작파트 이형배, 장현우

펴낸곳 (주)미래엔 | 등록 1950년 11월 1일(제16-67호)
주소 06532 서울시 서초구 신반포로 321
미래엔 고객센터 1800-8890
팩스 (02)541-8249 | 이메일 bookfolio@mirae-n.com
홈페이지 www.mirae-n.com

ISBN 979-11-7548-762-8 (03300)

* 와이즈베리는 ㈜미래엔의 성인단행본 브랜드입니다.

* 책값은 뒤표지에 있습니다.

* 파본은 구입처에서 교환해 드리며, 관련 법령에 따라 환불해 드립니다.
  다만, 제품 훼손 시 환불이 불가능합니다.

와이즈베리는 참신한 시각, 독창적인 아이디어를 환영합니다.
기획 취지와 개요, 연락처를 bookfolio@mirae-n.com으로 보내주십시오.
와이즈베리와 함께 새로운 문화를 창조할 여러분의 많은 투고를 기다립니다.